ひつじ書房

話題別コーパス
が拓く
日本語教育と
日本語学

Japanese Topic-Oriented Conversation Corpus:
A New Field of Japanese Linguistics
and Japanese Language Education

中俣尚己 編

Edited by
NAKAMATA Naoki

まえがき

　本書は究極的に言えば、たった 1 つの問いに答えるために作られた。「話題が変われば使用される語彙も変わる。同様に、話題が変われば使用される文法も変わるのではないか？」というものである。言語学の観点からすれば、そんな馬鹿な、と思われるかもしれない。しかし、日本語教育の観点からすれば、「話題によって使われやすい文法項目がある」ということは、初級における導入の「定番場面」などを思い出せば、「確かにそういう傾向はあるかもしれない」と思えるのではないだろうか。

　編者にこの問いを突き付けたのは、かつて制作した『日中 Skype 会話コーパス』という小規模の接触場面会話コーパスを分析した結果である。2017年にこの結果を見るまでは、編者も「まさかヴォイスの「れる」やアスペクトの「ている」がある話題の特徴語になることはないだろう」と思っていた。しかし、眼前のデータは Yes と言っている。ただし、接触場面であるということが関係しているかもしれない。編者の直観では「話題が変われば文法が変わるか？」の答えは「十中八九 Yes」と思われたが、やはり断言はできない。

　本書はこの「十中八九 Yes」を「確実に Yes」にするための 4 年間の格闘の結果である。そのために、研究体制を組織し、研究資金を獲得し、『名大会話コーパス』を全文目視し、全国で 120 組の大学生の会話を録音し、コーパスを構築し、語彙表を構築し、統計的に分析を行う必要があった。

　そうして、できあがったのが新規コーパスである『日本語話題別会話コーパス：J-TOCC』と既存の会話コーパスから作り上げた『話題別日本語語彙表』という 2 つの言語資源である。この 2 つの言語資源は「話題」というものについて相反する特徴を持っているが、「会話」や「語」が話題と紐づけられているという点で、2023 年時点では唯一無二の存在である。J-TOCCは 15 話題についての会話がほぼ同量含まれているというコーパスであり、

同じ人間どうしが同じ空間で話していても、話題が変われば話し方が変わるということを確実に立証することができる。『話題別日本語語彙表』はより自然な会話から作られており、90を超える多様な話題についての語彙の情報を得ることができる。そして、設計思想が異なる2つの言語資源から「アスペクトの「ている」はアニメや動画の話題で多く出現する」という首尾一貫した結果が得られれば、それは偶然とは考えられない。確かに話題によって使用される文法も変化するのである。このことは内容が重視されている昨今の言語教育の潮流においても重要である。

　このように、2つの言語資源は「話題が変われば文法が変わるか？」というたった1つの問いに答えるために整備されたものであるが、無論、利用可能性はそれだけにとどまらない。J-TOCCは話題が固定されることで、その他の変数の影響をより厳密に測定することが可能になった。例えば、第2部の太田論文は「関西人はオノマトペを多用するか？」という問いに答えるものである。この問いも「十中八九Yes」と直観している読者は多いだろうが、話題や時間を固定したJ-TOCCの存在によってはじめて確実に答えを出すことができる問いである。また、第3部の建石論文は「『話題別日本語語彙表』は類義語分析に使える」という主張を行っており、文法のみならず日本語教育の様々な面で言語資源を活用できることを示している。

　筆者は非母語話者のための日本語教育を専門としているが、これらの言語資源が明らかにすることは、母語話者のための学校教育にも示唆を与えるかもしれない。本書の第2部の論文を通読すると感じることであるが、「身近な話題」と「社会にもかかわる話題」の2つの間に、何か話し方・スタイルの違いがあるように思われる。それは「生活言語」と「学習言語」あるいは「一次的ことば」と「二次的ことば」といった分類法と関連があるかもしれない。本書が明らかにしたことは、そのような違いは会話の「場」とか「相手」の違いによるものではなく、同じ空間、同じ相手においてもまさに話題の違いによって引き起こされているということである。

　話題の影響を総括的にとらえ、論じるまでには本書は至っていない。むしろ本書はこれまで言語研究において等閑視されてきた「話題による影響」について研究を開始する、その第一歩と位置付けられる。しかし、価値のある

第一歩であると信じたい。書名に用いた「拓く」にはこれから新しい研究分野を開拓するという意気込みをこめた。

　ここで、本書の執筆陣について簡単に紹介したい。2017 年に話題別コーパスを作ろうと決意した時、まず声をかけたのが、同年にくろしお出版から出版された『コーパスから始まる例文作り』を共同執筆した澤田浩子氏、清水由貴子氏、加藤恵梨氏、小西円氏、太田陽子氏、堀内仁氏、建石始氏の 7 名であった。コーパス研究の結果を日本語教育に応用していくという点で志を同じくする先輩方である。次に、日本語教育において「話題」を最も広範に扱っている山内博之氏と、日本語教材における読み物の話題別データベースを構築している橋本直幸氏にも、「話題」という観点から議論に加わってもらった。さらに、コーパス言語学について豊富な経験を持つ石川慎一郎氏、森篤嗣氏にもメンバーにも加わってもらえることになったのは幸運であった。コーパス構築にあたり、多大な助力が得られた。最後に、学習者コーパスを使った研究者であり、TBLT の実践者でもある小口悠紀子氏にも加わって頂き、言語資源の活用法について考えてもらった。

　また、本書には参加していないものの「話題別コーパス」プロジェクトに参加してくださった方のお名前を挙げさせて頂きたい。まず、茂木俊伸氏にはコーパス構築の観点から助言を頂き、特に、規約関係の整備に貴重な助言を頂いた。山本和英氏には、プログラムを用いた自然言語処理に精通していない編者のために、様々な処理を行って頂き、また自然言語処理の世界の動向についても教えて頂いた。誇張ではなく、御二方のお力は本書の完成に不可欠なものであった。

　最後に、言語資源の整備に力を貸して頂いたアルバイトの学生のみなさん、J-TOCC の録音に協力して頂いた 240 名の大学生のみなさん、そしてそれらの事務手続きを行って下さった各大学の職員のみなさんに感謝を申し上げたい。

2023 年 12 月
中俣尚己

目　次

第2部
話題と言語現象

第3部
話題と日本語教育

第 1 部
『日本語話題別会話コーパス：J-TOCC』と
『話題別日本語語彙表』

プロジェクトの紹介と本書の構成

中俣尚己

　本稿では、著者たちが「話題別コーパス」を構築しようとしたその背景とプロジェクトの全体像について解説する。日本語教育を含む言語教育の潮流として、CBI、CLIL、TBLT など「内容志向型」の教授法が主流になりつつある。そこから内容すなわち話題と言語形式の関係をとらえようという問題意識が生まれてくる。話題と言語形式の関係は文法積み上げ型シラバスにおいても重要であり、その関係を明らかにすることは日本語教育に寄与することにつながる。

　本稿では話題について「テキスト内話題」と「テキスト外話題」という 2 方向の考え方が可能であることを示し、それが 2 種類の成果物に対応することについて述べる。さらに、本書に収められている各論文の概要を示す。

1　本プロジェクトの背景―日本語教育と話題

　本書は、JSPS 科研費 18H00676「話題が語彙・文法・談話ストラテジーに与える影響の解明」（以下、本プロジェクト）の成果をまとめたものである。本プロジェクトの概要は、日本語教育の視点から出発し、話題と言語形式の関係を探るというものであり、そのために 2 種の「話題別コーパス」を整備した。

　すべての談話は話題を持つ。話題なき言語活動はありえない。これが本プロジェクトの基本的な考え方である。日本語教育もまた、何らかの言語活動を念頭に置くことが大半であるため、教室活動においても不可避的に何らかの話題が出現することになる。そのことは日本語教育の本質というべきもの

であるが、近年では日本語教育における「話題」の重要性がより認識されつ
つある。

　まず、近年の日本語教育では学習者の到達目標として課題遂行能力が重視
されている。そして、この課題遂行は具体的な場面・話題と結びついたもの
である。例えば国際交流基金が開発した JF スタンダードでは全ての Can-
Do に「自分と家族」「住まいと住環境」のように 15 種類の「トピック」を
付与している[1]。実際に教育を行うときは、複数の課題遂行能力を場面ある
いは話題でまとめてシラバスにすることが多い。先述の JF スタンダードに
準拠した教科書である『まるごと　日本のことばと文化』シリーズも「にほ
んご」「わたし」「たべもの」といったより具体的なトピックを中心としてそ
れぞれの課が組み立てられている。

　また、学習者の能力記述においても、限られた話題でのみ課題を遂行でき
るのか、様々な話題について課題を遂行できるのかといったことが熟達度の
指標となっている。CEFR（ヨーロッパ共通参照枠）では全体的な尺度の記
述文としておおむね中級相当の B1 では「仕事、学校、娯楽で普段出会うよ
うな身近な話題について、標準的な話し方であれば主要点を理解できる」、
また、上級相当の C1 では「いろいろな種類の高度な内容のかなり長いテク
ストを理解することができ、含意を把握できる」としている（Council of
Europe 2001: 25、吉島・大橋 2004: 25）。日本語能力試験の「認定の目安」（The
Japan Foundation & Japan Educational Exchanges and Services 2020）でも、中
級相当の N3 では「日常的な話題」、上級相当の N2 では「幅広い話題」と
いった用語が用いられている。

　さらに、近年では CBI（Content Based Instruction: 内容中心の教授法）や
CLIL（Content-Language Integrated Learning: 内容と言語の統合的学習）、
TBLT（Task-Based Language Teaching）といった、石川（2017）が内容志向型
教授法と呼ぶ教育法が日本語教育にも取り入れられ、研究や教材開発が行わ
れるようになってきた（佐藤ほか編 2015、奥野編 2018; 2021、小口 2018）。

　一方で、『みんなの日本語』のような従来型の文型積み上げシラバスを採
用するとしても、そこには必ず会話活動があり、会話活動は必ず何らかの話
題を伴う。

そのため、話題ごとに課題遂行のためにどのような語彙・文法・談話ストラテジーが必要となるか、また、少ない言語知識で課題の遂行ができる話題と、より多くの言語知識を必要とする話題とが明らかになれば、話題シラバスにせよ、文法積み上げシラバスにせよ、日本語教育現場にとって有益な情報となる。

2　話題と言語形式

一方、言語学の分野に目を転じると、談話研究の文脈において話題転換の研究はメイナード (1993) をはじめ盛んに行われてきたと言える。しかし、話題と言語形式の関係に着目した研究はほとんど見られない。もちろん、話題が異なれば出現する実質語が異なることは自明であり、小宮 (1995) など専門語抽出の研究などはこれに該当すると思われる。しかし、機能語までを射程に含めたものはほとんどない。

話題と語彙の関係をまとめたもので最も大きな成果物として、山内編 (2013) を挙げることができる。これは「食」「酒」「衣」「旅行」など具体的な 100 の話題を設定し、構文ごとによく用いられる名詞などを分類したものである。そのレベルは JF スタンダードのように 15 話題ですべてをカバーするという発想よりはもう少し具体的である。語がどの話題と関連が深いかを探り、授業に応用するためには具体的なレベルで話題を設定する必要があるためである。ただし、収録語の大部分は旧日本語能力試験出題基準に記載された語彙であり、分類は主観による (山内編 2013: 8)。また、機能語は話題に従属しない語としている。

これに対して、Nakamata (2019) は、小規模な接触場面会話コーパスである『日中 Skype 会話コーパス』を用いた調査を行い、例えばテンス・アスペクト形式の「た」や「てある」、時間副詞の「昨日」や「来年」は「ポップ・カルチャー」に多く使用されているということを指摘している。機能語が話題の影響を強く受けるという事実は、日本語教材開発にとって大きな意味を持つ。しかしながら、この研究で利用されたデータは話題の統制がされていたわけではない。また、接触場面のデータであることから、母語話者の会

話でも話題により同様の偏りが見られるかは未検証であった。そのため、本プロジェクトではより正確に話題の影響を測定するため、言語資源の整備を行うところから始めることにした。

3　本プロジェクトにおける話題

　ここで、本プロジェクトにおける「話題」について簡単に定義を行う。とはいえ、そもそも「話題」とは何なのか、ということについて完全な定義を行うことは本プロジェクトの範疇を超えた問いである。ここでは、「話題」の考え方にボトムアップ的なものとトップダウン的なものがあることを押さえ、本プロジェクトが 2 つの方向から話題を捉えることを述べる。

　話題に関する研究として三牧（1999）を嚆矢とする「初対面場面における話題選択」に関する一連の研究がある。三牧（1999）は話題を「会話の中で導入、展開された内容的に結束性を有する事柄の集合を認定し、その発話の集合体に共通した概念」と定義している（p.50）。ここでの話題とは「日本語学概論の最初の授業の話」「茶道部に見学に行った話」のような個別的なものである。これらの話題が集まって「授業」「サークル活動」のような話題項目を形成し、さらに話題項目が集まって「大学生活」「居住」「出身」などの話題カテゴリーを形成するというのが三牧（1999）の方法論である。

　また、自然言語処理の世界では近年「トピックモデル」という手法が広く用いられている。ここでいうトピックとは語の発生確率を与える確率分布のことであり、直接観測できず、また人間が見て納得できるものとは限らない（田中 2021）。語の使用を決める隠れた因子のような存在であるが、話題がどのように語に影響を与えるか、ではなく、語の出現に影響を与える何かを話題と呼んでいる点は興味深い。これも当然、テキストからボトムアップ的に計算されるものであり、与えるテキストに応じて「トピック」の大きさも様々に変化する。

　このように、話題はテキスト内の語から計算されると考えることができ、これを「テキスト内話題（Topic-in-Text）」と呼ぶ。発話から今の話題を推測するという行為は、発話に伴い我々も常時行っている行為といえよう。

　一方で、話題が先に決まっていてテキストが決まるというトップダウン的な処理が行われることもあることも認めなければならない。そうでなければ、会議で事前に議題を決めておくことや、会議中に「今の話は議題とは少し関係ないですね」と議長が注意することができなくなってしまう。また、内容重視の教授法においては、先に話題を決めなければ教室活動を行うことはほとんど不可能であろう。むしろ、話題を事前に決めないことは文型重視の教授法に対する批判点でもある。そこで、実際の発話とは独立して設定される話題を「テキスト外話題（Topic-out-of-Text）」と呼ぶ。

　「テキスト内話題」と「テキスト外話題」はもちろん緊密に関連している。「テキスト内話題」は what has been said に、「テキスト外話題」は what should be said に対応し、両者はリアルタイムに常に確認され、更新されるものである。

　さらに、自然言語処理の世界では近年、語の意味をベクトルとして捉える動きが主流であるが、これを受け入れるならば、「テキスト内話題」は発話された語の意味から合成されるベクトル、あるいは「テキストの方向性」であり、「テキスト外話題」はあらかじめ与えられた大まかな「ベクトル」ないし「方向性」であるといえる。

4　本プロジェクトの 2 つの成果物

　本プロジェクトの目的は話題が語彙・文法・談話ストラテジーに与える影響の解明である。そのために必要となるのは、言語情報以外に話題の情報が付与されたコーパスである。

　そこで、まずは話題を統制した新規の会話コーパスを構築した。これは「テキスト外話題」を与え、トップダウン的な処理を行っている。大学生 2 名に対して様々な話題を与え、どれも 5 分間ずつ話してもらうのである。このようにすれば、時間・話者・話者同士の関係は同じで話題だけが異なる会話データが手に入る。話題の影響を厳密に測定することができる。

　一方で、話題を決められて 5 分だけ話すということは日常生活では起こりにくいシチュエーションであり、真正性に欠けるデータともいえる。しか

し、ここで思い出すべきなのは、「すべての談話は話題を持つ」という原則
である。つまり、すでに公開されている自然会話コーパスを手作業で話題に
分割すれば、真正性を持った話題別コーパスが完成するのである。ここでの
話題は「テキスト内話題」に該当し、ボトムアップ的な話題の処理を行う。

　自然会話には当然話題の偏りがあるため、各話題の語数は大幅に異なる。
そのため、話題の影響を厳密に測定するのには向かないという欠点はある。
一方で、どのような話題が現実に多く話されているかというような情報はこ
の手法でなければわからない。また、事前に話題を設定しない分、より広範
な話題に関するデータが手に入る。

　それぞれの手法に長所と短所があるため、本プロジェクトでは2つの言語
資源を用意することにした。2つの言語資源は設計思想が異なり、完全に独
立している。そのため、2つの言語資源で同様の結果が出た場合、その結果
は強い説得力を持つことになる。2つの言語資源の詳細についてはそれぞ
れ、2章・3章で述べる。以下、表1に2つの言語資源の相違点を示す。

表1　2つの成果物の比較

プロジェクト名称	新規コーパス構築	既存コーパス分割
コーパスの名称	『日本語話題別会話コーパス：J-TOCC』	『名大会話コーパス』を話題別に分割したもの
サイズ	150時間	約100時間
話題の処理	テキスト外話題を指定	テキスト内話題を認定
話題数	15	98
真正性	低	高
統制	話者固定・時間固定	なし
性別	男男・男女・女女 それぞれ40ペア	統制無し。女性が多い。
年齢	大学生のみ	統制無し。さまざま。
録音地	東日本60ペア、西日本60ペア。	名古屋が中心。

コーパス本文の公開	http://nakamata.info/で公開。要登録。無料。	本文は非公開。行番号と話題を記述したアノテーションデータを言語資源協会で公開。会員は無料。非会員は有料。
語彙表の名称	『日本語話題別会話コーパス：J-TOCC 語彙表』	『話題別日本語語彙表』
語彙表の語数	19,644 語（短単位） 43,110 語（長単位） ×15 話題	5,027 語（短単位） 3,324 語（長単位） ×98 話題
語彙表の公開	http://nakamata.info/で公開。登録不要。無料。	http://nakamata.info/で公開。登録不要。無料。

5　本書の構成と内容

　以下は本書の構成である。本書は大きく 3 つの部から構成される。

　第 1 部は「『日本語話題別会話コーパス：J-TOCC』と『話題別日本語語彙表』」であり、先に述べた 2 つの言語資源の諸特性についてさらに詳しい紹介を行う。「『日本語話題別会話コーパス：J-TOCC』の解説」（中俣尚己・太田陽子・加藤恵梨・澤田浩子・清水由貴子・森篤嗣）と「『話題別日本語語彙表』の解説」（中俣尚己・小口悠紀子・小西円・建石始・堀内仁）は既存の論文や解説資料を元にしたいわば両言語資源のオフィシャルな解説文書にあたる。両資源を使用する際に参考にして頂きたい。続く、「話題コーパスの独自性―話題と話者の関係を考える」（石川慎一郎）は、特に J-TOCC を対象に、本当に話題の特徴が出ているか、地域や性別による偏りはないかを検証している。J-TOCC のユニークな点や利用時の注意点についても触れられているため、J-TOCC 利用者はぜひ一読してほしい。

　第 2 部は「話題と言語現象」であり、主に日本語学的な観点から話題によって言語使用が変化する興味深いトピックを取り上げる。「話題と無助詞現象」（清水由貴子）は助詞なしの「こと φ ある／ない」と助詞ありの「こと［が は］ある／ない」の比較を行ったもので、助詞なしパターンは身近な経験を語る時に多く、助詞ありパターンは身近でない話題に多いことを明らかにし

ている。また、両者の後節要素にも違いが見られる。「話題による「まあ」
の使用傾向」（加藤恵梨）はフィラー的にも用いられることのある副詞「ま
あ」について、複数の話題で使われ方を比較している。全体の数に違いが見
られるのはもちろんのこと、「まあ」の用法の下位分類についても違いが見
られることを明らかにしている。「話題・地域による自問発話の使用傾向」
（小西円）は「何だっけ」「何だろう」「何て言う」などの自問発話を扱った
論文である。地域によって好まれる形式に違いがあること、話題によって形
式や機能に違いが見られることを明らかにしている。「話題と助詞の出現頻
度―間投助詞「さ」に注目して」（中俣尚己）はまず、J-TOCC全体の助詞の
出現頻度をマクロな視点で見た後、話題による非常に大きな差が見られた間
投助詞「さ」について、一般化線形混合モデルで分析を行ったものである。
この論文では「話題」「地域」「性別」「話題精通度」の4要因が与える影響
の大きさを比較しているが、これは全ての話者が同等量の発話をしている
J-TOCCだからこそできる研究である。「地域・性別によるオノマトペの使
用傾向」（太田陽子）は多くの人間が漠然と持っている認識「関西人はオノマ
トペを多用する」の真偽に量的手法で挑んだ論文である。これもまた話題と
時間が固定されたJ-TOCCだからこそ初めて可能になった研究成果である。
　第3部は「話題と日本語教育」であり、教育的な観点から話題と言語の関
係を考察した論文を集めている。「話題精通度と言語表現の出現傾向の関
係」（森篤嗣）はJ-TOCCが持つユニークな指標である「話題精通度」に着目
し、「その話題に詳しい人間ほどよく使う形式」を明らかにしている。「日本
語教材における話題の分布と難易度」（橋本直幸）は、筆者が構築した『日本
語教科書読み物データベース』を利用し、どのレベルの教科書でどのような
話題が多いかを分析した貴重な報告である。さらに本プロジェクトとの関連
から今後必要となる話題について提言が行われている。「話題と統語的複雑
さ」（堀内仁）は『名大会話コーパス』に対するアノテーションデータを元
に、文の長さと節の埋め込み数を基に統語的複雑さが高い話題と低い話題に
分類したものである。この分類はレベルに応じた話題選びの指標にもなると
いう提案が行われている。「話題は類義語分析に使える」（建石始）は『話題
別日本語語彙表』を活用し、類義語の中でも使用される話題が異なるものが

あるという例を紹介している。多くの類義語分析の例が示されるほか、反義
語とされるものの中にも好まれる話題が異なるものがあるというケースも報
告されている。さらに、他の言語理論との関連についても論じられている。
「J-TOCC と『話題別日本語語彙表』を活用したタスクベースの日本語指導」
(小口悠紀子)は成果物を利用した貴重な実践報告である。話題から出発し、
タスクベースの言語指導(TBLT)をどのように作り上げればよいか、参考に
なる情報が多く含まれている。本書の最後を飾る「話題を制する者は日本語
教育を制す」(山内博之)は文法は『みんなの日本語』に沿うという制約のも
とで、どのように話題から始まる日本語シラバスを考えればよいかという提
案を行っている。具体的に各課で扱える話題と動詞が挙げられるほか、口頭
能力テストについても提言が行われている。

6　おわりに

　以上、話題と言語をめぐる様々な論考が本書におさめられていると言える
が、本プロジェクトの意義を一言で述べるならば、これまで、研究者・実践
者が直観的に感じていた「話題と語彙・文法の関係」を定量的なデータとし
て示す道が拓かれたという点にあるだろう。
　これらの興味深いデータを基に、日本語教育現場、あるいは日本語研究の
議論において話題をどのように扱うべきかという議論がさらに広がることを
望む。まず、言語学のフィールドでは話題選択など話題そのものの議論はあ
ったとしても、話題と言語形式の関係についてはほとんど議論されておら
ず、本書が言語研究に新しい視点をもたらすことができるのではないかと考
える。また、日本語教育現場では話題を巡る意思決定はこれまでも意識的な
いし無意識的に行われていたと考えられるが、それを経験のみに頼らず、デ
ータを基に意思決定ができるようになるということに意義がある。
　ただし、本プロジェクトの成果物であるコーパスと語彙表は、テキストフ
ァイルや Excel の操作に慣れていない方にとっては気軽に利用できるものと
は言い難い。そこで、本プロジェクトの継続プロジェクトとして、JSPS 科
研費 22H00668「「話題から始まる日本語教育」を支援する情報サイトの構

築と話題別会話コーパスの拡充」を 2022 年度よりスタートさせている。コ
ーパスから得られた情報を加工し、「話題から語」、「語から話題」を簡単に
抽出し話題から始まる日本語教育に取り組む現場教員を支援できるサイトの
構築がその第一の目標である。また、本プロジェクトはまず手始めに日常的
な話題に重点を置いてデータを収集した。一方で、中上級以上の活動ではよ
り複雑な話題も求められる。また、言語学的な分析結果からも、身近な話題
とそうでない話題で、大きく言語形式の使用傾向が変わるという現象が共通
して見出された。そのため、「身近でない、複雑な話題」を中心に J-TOCC
を拡張する計画を進めている。

　話題を巡る諸現象を定量的に研究することは本プロジェクトをもって初め
てその準備が整ったと言うことが出来る。今後、多くの研究者が話題という
変数に関心を寄せ、日本語学・日本語教育研究の新しい世界を拓いていって
くれればと期待する。本書がその嚆矢となれば幸いである。

注

1　「みんなの Can-do サイト」(https://www.jfstandard.jpf.go.jp/cando/) というウェブサ
　　イトで閲覧でき、話題から Can-do を探すこともできる。

参考文献

石川慎一郎 (2017)『ベーシック応用言語学—L2 の習得・処理・学習・教授・評価』ひ
　　つじ書房
奥野由紀子 (編) (2018)『日本語教師のための CLIL (内容言語統合型学習) 入門』凡人
　　社
奥野由紀子 (編) (2021)『日本語で PEACE［POVERTY 中上級］』凡人社
小口悠紀子 (2018)「スタンダードを利用したタスク・ベースの言語指導 (TBLT)」岩
　　田一成 (編)『語から始まる教材作り』pp. 17-30, くろしお出版
小宮千鶴子 (1995)「専門日本語教育の専門語—経済の基本的な専門語の特定をめざし
　　て」『日本語教育』86: pp. 81-92.
佐藤慎司・高見智子・神吉宇一・熊谷由理 (編) (2015)『未来を創ることばの教育をめ
　　ざして—内容重視の批判的言語教育 (Critical ContentBased Instruction) の実践』

ココ出版

田中省作（2021）「論文のトピック分析による研究者のつながりのマイニング」内田
　　諭・大賀哲・中藤哲也（編）『知を再構築する異分野融合研究のためのテキスト
　　マイニング』pp. 111–123, ひつじ書房

三牧陽子（1999）「初対面会話における話題選択スキーマとストラテジー―大学生会話
　　の分析」『日本語教育』103: pp. 9–58.

メイナード，泉子・K（1993）『会話分析』くろしお出版

山内博之（編）（2013）『実践日本語教育スタンダード』ひつじ書房

吉島茂・大橋理枝（訳編）（2004）『外国語教育 II　外国語の学習、教授、評価のための
　　ヨーロッパ共通参照枠』朝日出版社

Council of Europe. (2001) *Common European Framework of Reference for Languages:
　　Learning, teaching, assessment.* Cambridge: Cambridge University Press.

Nakamata, Naoki. (2019) Vocabulary Depends on Topic, and So Does Grammar, *Journal of
　　Japanese Linguistics*, 35 (2): pp. 213–234.

The Japan Foundation & Japan Educational Exchanges and Services. (2020)「日本語能力
　　試験　合格者と専門家の評価によるレベル別 Can-do リスト―わたしが日本語
　　でできること」　https://www.jlpt.jp/about/pdf/cdslist_all_2020.pdf

『日本語話題別会話コーパス：J-TOCC』の解説

中俣尚己・太田陽子・加藤恵梨・澤田浩子・清水由貴子・森篤嗣

本稿では、筆者らが構築した『日本語話題別会話コーパス：J-TOCC』についてその仕様や構築のプロセスなどを解説する。また、その基礎的性質についても紹介し、語数や使用方法についても簡単に解説を加えるとともに、遅れて公開した語彙表についても述べる。

1 J-TOCC の構成

『日本語話題別会話コーパス：J-TOCC』(以下、J-TOCC) は、特に日本語教育において話題を中心とした学習活動や教材開発を支援することを目的に構築された会話コーパスである。その最大の特徴は同じ会話協力者のペアが15 の話題について、それぞれ 5 分間ずつ会話を行っていることであり、他の条件を統制したうえで話題が語彙・文法・談話ストラテジーなどに与える影響を検討することに特化したコーパスである。なお、J-TOCC の名称はJapanese Topic-Oriented Conversation Corpus の略である。「ジェイトック」と読む。

J-TOCC は筆頭著者のウェブサイトで公開されている (http://nakamata. info/database/)。ダウンロードした圧縮ファイルを展開すると、corpus というフォルダと documents というフォルダが表示される。corpus フォルダを開くと、表 1 に示すような 15 の話題別フォルダが表示される。

各フォルダの中には「E. 東日本」「W. 西日本」という 2 つの録音地フォルダがあり、さらにそれぞれの中に「1. 男男」「2. 男女」「3. 女女」という

話者の性別による 3 つのフォルダがある。そして、それぞれのフォルダに 20 のファイルがある。これを図示すると、図 1 のようになる。

表 1　J-TOCC の 15 の話題

「01. 食べること」「02. ファッション」「03. 旅行」「04. スポーツ」
「05. マンガ・ゲーム」「06. 家事」「07. 学校」「08. スマートフォン」
「09. アルバイト」「10. 動物」「11. 天気」「12. 夢・将来設計」「13. マナー」
「14. 住環境」「15. 日本の未来」

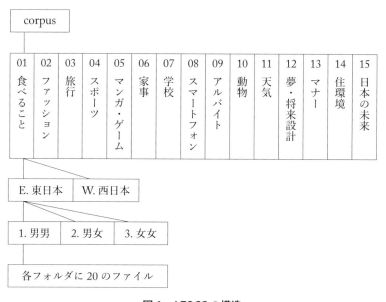

図 1　J-TOCC の構造

コーパスの総ファイル数は 20×3×2×15 ＝ 1,800 ファイルである。全ての話題について 120 のファイル、10 時間分のデータがあることが特徴である。

　また、ファイルの命名規則は「録音地記号 - 性別ペア番号 - 話題番号」となっている。

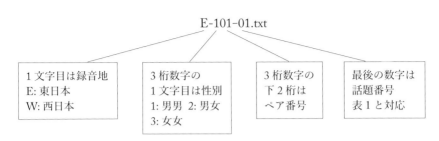

図2　ファイル名の命名規則

2　話題の選定

　話題選定の基準としては山内編（2013）に掲載されている100話題を出発点とし、コーパスサイズや教材としてのまとまりから15前後を目標にすることにした。山内編（2013: 11）は各話題で使われている名詞を身近で会話に必ず必要なAレベルから、身近ではなく、抽象度・専門度が高いCレベルに分けている。さらに、山内（2018: 5）ではこの情報に従い、親密度・必要度によって話題を三段階に分けている。そして、{（Aの名詞数）×1点＋（Bの名詞数（×0.5点）＋（Cの名詞数）×0点}÷総名詞数×100の計算式で「親密度・必要度」を計算し、この値が50％以上のものを親密度・必要度I、42％～49％のものを親密度・必要度II、41％以下のものを親密度・必要度IIIとしている。この結果に従い、まずは親密度・必要度IIIの48話題を除外した。

　残る52話題から以下の4つの観点を考慮し、11の「身の回りの話題」を選んだ。

a.　大学生にとって身近である。
b.　初級日本語学習者むけとしてふさわしい。
c.　プライバシー上問題となる情報が多く出てこない。
d.　他の話題と近すぎない。

　決定方針としては消去法的であり、例えば「音楽」の話題は身近であるものの、西日本地区で予備調査を行った際に「テレテレテレレー」のように歌を歌う場面が見られ、文字起こしでは意味がわからない恐れがあること、また仮に発言に歌詞が含まれた場合には別途著作権処理が必要となる恐れがあるため、採用しなかった。このような方法でまず 11 の話題が選ばれた。また、山内編（2013）では「家電・機械」といった話題があるが、これを大学生にとって最も身近な電気製品である「スマートフォン」にするなどの変更も行っている。

　この 11 の話題はすべてが「身の回りの話題」である。一方で、「様々な話題」を扱うコーパスを構築する目的を考え、やや複雑な「社会にかかわる内容も含む話題」を 4 つ追加で選定した。この 4 話題は親密度・必要度 III の話題も含まれている。

　最終的に選定された 15 の話題は表 2 の通りである。「親密」「具体」の列については山内（2018: 5）によるもので、対応する話題の値を示している。「親密」は親密度・必要度のことで、計算方法はすでに説明した通りである。「具体」は具体度のことで、具体名詞の割合の多寡による分類である。具体度 A から具体度 D の 4 段階で表される。

表 2　J-TOCC の 15 話題（詳細）

番号	話題	参加者への指示内容	親密	具体
身の周りの話題				
01	食べること	例えば：好きな料理、外食。 ※料理を作る話は除く	I	A
02	ファッション	〈指示内容なし〉	II	B
03	旅行	例えば：行きたい場所、行ったことがある場所	I	B
04	スポーツ	例えば：運動の経験、スポーツ観戦	II	C
05	マンガ・ゲーム	アニメ、ケータイゲームを含む	II	B
06	家事	例えば：料理、洗濯、掃除	II	B

07	学校	小学校、中学校、高校時代の思い出	I	B
08	スマートフォン	例えば：機種、アプリ、SNS ※ゲームは除く	I	A
09	アルバイト	アルバイト経験、やってみたいアルバイト	II	A
10	動物	例えば：好きな動物、ペット	II	A
11	天気	例えば：最近の天気、温暖化	I	D
社会にかかわる内容も含む話題				
12	夢・将来設計	例えば：就職・結婚・家庭	III	D
13	マナー	公共交通機関でのマナーについて	II	C
14	住環境	都会がいいか、地方がいいか	III	A
15	日本の未来	少子化・高齢化をどう考えるか	III	D

3　会話録音の方法

3.1　組織体制

　会話の録音は表 3 のような体制で行った。なお、より上位のものが下位の役割を兼ねることもあった。

表 3　会話録音の組織体制

役割	仕事	アクセスできるデータ
研究代表者 （中俣尚己）	全体の進捗管理 方針決定	全体の進捗データ PC 内の音声・フェイスシートのデータ（全録音地）
録音統括者 （大学教員）	録音地ごとの 進捗管理	全体の進捗データ PC 内の音声・フェイスシートのデータ 録音地の調査協力者の個人情報
録音者 （学生バイト）	録音の説明 録音の実施	IC レコーダーと紙（フェイスシート、同意書など）のみ
調査協力者 （学生バイト）	会話を行う	なし

3.2　録音の準備

　指定した様々な話題を話してもらう必要があることから、会話を録音する調査協力者は様々な話題について自然に話しやすい 20 代大学生の親しい友人同士の関係に限定した。大学院生は万一研究のテーマが発言に含まれると容易に個人を特定できるため、学部生のみを調査協力者とした。関東地区と関西地区でバランスをとり、さらにそれぞれ「男女」「男男」「女女」の 3 グループを同じペア数だけ収録した。1 グループあたり、20 ペア（40 名）が参加しており、話者の重なりはない。全体では 120 ペア、240 名となる。

3.3　調査協力者

　机の上に時計と IC レコーダー 2 台を並べる。1 台は不測の事態に対する備えである。IC レコーダーの下には振動を吸収するため、タオルなどを敷くようにした。
　室内の机の配置は調査地によって異なるが、調査協力者はテーブルに対して直角になるように座ってもらった。また、録音者は会話をしている間は調査協力者から見えない位置で待機するようにした。

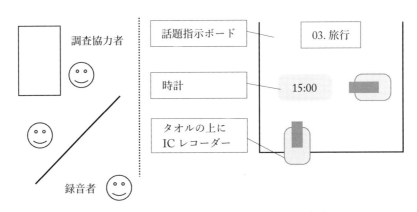

図 3　録音の配置の略図（左）と、机の上の略図（右）

3.3　録音の流れ

　録音は 2018 年から 2019 年にかけて行われた。録音の日程が決まったら、

調査協力者にはペアで指定の場所に来てもらい、まずは録音者による説明を受ける。調査協力者が部屋に来たら、ある程度の長丁場の調査になるため、飲み物などを自由に用意するように告げた。その後、説明文書を配布する。説明文書を録音者が読み上げるとともに、確実に説明をした証拠として、配布文書の説明を行った箇所には蛍光ペンで印をつけていった。

　説明が終わったら、疑問点を確認し、疑問がなくなったところで、録音を開始する。録音開始前には以下のように指示を行った。

　「話してもらう話題は、私が紙に出して指示します。30秒間、その話題について考えることができます。その後、私がレコーダーのスイッチを入れ、「スタート」と言ったら、話し始めてください。できるだけ、示した話題の中で話してください。話が途切れたら、提示した話題の中から別の内容を探してください。また、時間が来たらこちらで止めるように指示しますので、5分以上話すようにしてください。会話を終わらせたり残り時間を気にする必要はありません。」

　まず、話題ボードを1枚見せ、30秒間無言で考える時間を与える。この話題ボードには表1の「話題」に加え、「参加者への指示内容」の列に書かれた内容が記されている。その後、ICレコーダーのスイッチを入れてから、まずは録音者が「ペア番号ダブリューイチマルイチのイチ。話題、食べること。スタート。」のように発言する。直後から調査協力者は会話を開始し、録音者は調査協力者から見えない位置に移動して待機する。

　会話の時間は5分間であり、調査協力者には時間は示されているが、話をまとめようとせずに、時間が来ても話し続けるように依頼した。5分経過したら、録音者はまず無言でレコーダーのスイッチを切り、それから会話を中止させる。よって、必ずしも1つの会話が5分とは限らないが、文字化の際に話し始めから5分ぶんを文字化する方法で統一を図った。その後、次の話題ボードを見せる。また、適宜休憩をとり、休憩中のコミュニケーションや飲食は自由とした。さらに、会話録音の最中でもスマートフォンの利用は自由とし、実際にスマートフォンを見ながら会話を行ったペアも存在した。

　話題の提示順はペアごとにランダムになるように計画した。1番目の話題は後の話題よりもぎこちなく発話量が少ないことも予想されるため、カウンターバランスをとった。

　録音終了後、調査協力者にはフェイスシートと同意書に記入してもらった。同意書では、録音したファイルを公開しても問題ないかを改めて確認するとともに、マスキングを希望する用語についても確認した。ここで希望があった語は、4節で述べるマスキングの基準とは無関係にマスキングされる。

3.4　フェイスシートと話題精通度

　フェイスシートの内容は、氏名・性別・言語形成地（6 〜 12歳の間に居住していた都道府県。複数回答あり）・話題精通度である。話題精通度とは、「それぞれの話題についてどれだけ詳しいか、あるいはどれだけ自信を持って話すことができたか」という概念であり、その詳しさ・自信の度合いを5段階で評価してもらった。知りたかったのは「詳しさ」であるが、例えば「天気」などの話題は気象予報士の勉強をしているのでなければ、詳しいという尺度は馴染まないため、このような聞き方をした。

　コーパスには話者の情報として氏名以外のデータが付属している。話題ごとの話題精通度を用いることで、ある話題について詳しい者とそうでない者の比較を行うこともできる。

4　文字化とマスキング

4.1　文字化とマスキングの手順

　J-TOCC は録音したデータを文字起こしし、そのテキストファイルのみを公開する。文字化はまず業者に依頼し、次に録音地とは異なる大学の学生アルバイトを雇い、文字化のチェックと個人情報のマスキングを行った。

　本コーパスは語彙の計量を大きな目的とするため、基本的には語未満の発話断片は削除し、語以上の重複は残すという方針をとった。例えば、「そ、それは」は「それは」に整形し、「それ、それは」はそのまま残すといった方針である。これは機械での形態素解析をスムーズに行うためである。

　また、並行して第一次のマスキングの作業を行った。まず、録音地の録音統括者がざっとファイルを目視し、削除すべき用語のリストを作成した。録音終了後に調査協力者から申請があったものもメモとして加える。このリストを作業を行う別の大学の学生に送付した。別の大学の学生に依頼したのは、同じ大学の学生が作業をした場合、会話の内容から容易に個人を特定できる可能性があるためである。当初は、東日本のファイルを西日本の学生が、西日本のファイルを東日本の学生が作業することも考えたが、方言の聞き取りの問題や、地名はマスクするが、その地方の人間なら誰でも訪れる可能性のある著名な地名はマスクしないといった判断を行う必要があるため、西日本、東日本の中で、別大学の学生に作業を依頼した。

　その後、録音を担当した録音統括者が第二次のマスキングを行った。実際にはアルバイトの学生は個人の特定に繋がらないような地名も機械的にマスキングすることが多く、問題のない部分はマスキングを解除し、できるだけ意味がわかるようにした。

　最後に、研究代表者が第三次マスキング作業として、集約した「削除すべき語のリスト」を全て全文検索で検索し、細かい部分の修正を行った。

4.2　文字化とマスキングの例
　文字化の例は以下の通りである。

（1）　E-102-2M：この2か月ぐらい食べてなかったの。
　　　　E-102-1M：うん。
　　　　E-102-2M：食べてないっていうか、食べる習慣がなくなった
　　　　　　　　　（E-102-1M：うん）からなんだけど。いや、でも合宿中
　　　　　　　　　ね、やっぱ朝ご飯食べてたけど（E-102-1M：うん）、出
　　　　　　　　　てくるからね、刑務所のごとく3食出てくるから。
　　　　E-102-1M：うん。
　　　　E-102-2M：あのね、やっぱり良かったですよ。おいしかった。
　　　　E-102-1M：そうね。なんか、うちも。
　　　　E-102-2M：だって、頭の働きが全然違うもん。

　　　　　E-102-1M：そうなの？　　　　　　　　　　　　　　（E-102-1）
（2）　E-118-2M：えー、じゃあ、逆に何好きなの？　何好きで、食べてる
　　　　　　　　　の？　いつも。
　　　　　E-118-1M：何だろ。まあ、牛丼とかもね、あんま行かないんだよね。
　　　　　　　　　　　　　　　　　　　　　　　　　　　　　（E-118-1）

　　会話内容の前には全角コロンを挟んで話者記号を付した。話者記号の末尾
の数字は個人番号、M は男性、F は女性を示す。また、短い相づちは全角
の丸括弧の中に入れ、話者記号とコロンの後にその内容を文字化した。上昇
調の文は「？」で終わっている。J-TOCC では全ての文が句点「。」か疑問
符「？」で終わっている。
　　マスキングについては、大方針として、調査協力者の特定もしくは調査地
の大学の特定につながる情報をマスクするという方針を立てた。人名・地名
であっても、有名人の名前や、誰もが訪れるような有名な地名はマスキング
の対象外となる。マスキングは全て、隅つき括弧で示し、その中にカテゴリ
を表す語を「〜名」の形で記入している。
　　人名については【人名：1 人称】・【人名：2 人称】・【人名：3 人称】の区
別を設けた。地名については、原則は市区町村レベルまではそのまま公開
し、それよりも下位の地名をマスキングしたが、人口の多寡の関係からこの
点はケースバイケースである。「大阪市」「京都市」など政令指定都市レベル
の名称はそのままである。また、市区町村以下の地名であっても、旅行先の
地名など話者の特定にはつながらないと判断されるものは、そのままに公開
とした。以下にマスキングの例を示す。

（3）　E-213-1F：受ける。い、【人名：2 人称】発なのそれ。
　　　　　E-213-2M：そうそう、そうそう。で、あの【店名】行って飲んで。
　　　　　　　　　　（E-213-1F：へー）で、昨日はあの、【店名】で【人名：
　　　　　　　　　　3 人称】と食べ飲み放して。
　　　　　E-213-1F：【店名】って食べ飲み放あんの？　　　（E-213-1）

聞き取れなかった箇所は、「●」で示した。

（4）　E-311-1F：例えば、何かさ、お肉とかでもさ、あの、ロース（E-311-
　　　　　　2F：ああ）とかを食べてたけど、だい、だんだんこう、
　　　　　　●　　　　　　　　　　　　　　　　　　　　（E-311-1）

聞き取れたが、確信が持てない箇所は「〓　〓」でくくられている。

（5）　W-112-2M：そんな化けもん、飲んでたの、お前、〓一度〓。お前、
　　　　　　それ、でかくなるわ。　　　　　　　　　　（W-112-1）

　発話ではない注釈は＜　＞でくくられている。

（6）　E-105-1M：ここに書いてある。料理を＜聞き取り不能＞
　　　　　　　　　　　　　　　　　　　　　　　　　　（E-105-1）

5　J-TOCC の特徴と利用方法

5.1　J-TOCC のサイズ
　最終的な J-TOCC のサイズは 120 ペアが 5 分ずつ 15 の話題について会話
をしたため、1 話題につき 10 時間、合計で 150 時間となる。他のコーパス
と比較した際の J-TOCC の最大の特徴は、同じ話者が異なる 15 の話題を話
していることである。話題以外の条件が統制されているため話題の影響だけ
を測定することができる。
　表 4 に中・長単位解析器 Comainu（小澤ほか 2014）という解析ツールで計
量した、各話題の語数などの一覧を示した。Comainu は国語研の「中納言」
などで使われている「長単位」に相当する単位で語を分割するツールであ
り、「ている」などの日本語教育で用いられる複合辞や「勉強する」などサ
変動詞が 1 つの単位として切り出される。以下の値は全て長単位のものであ
る。

表4　J-TOCCの話題ごとの語数（長単位）

話題	延べ語数				話題精通度（平均）
	延べ語数	（記号除）	異なり語数	TTR	
01. 食べること	145,361	108,022	6,338	0.0587	3.78
02. ファッション	148,909	112,627	6,111	0.0543	2.87
03. 旅行	147,386	110,123	6,660	0.0605	3.50
04. スポーツ	148,722	112,482	6,810	0.0605	3.35
05. マンガ・ゲーム	151,454	112,535	7,106	0.0631	3.70
06. 家事	147,950	111,915	6,141	0.0549	3.16
07. 学校	145,198	110,321	6,794	0.0616	3.71
08. スマートフォン	144,745	109,175	6,145	0.0563	3.48
09. アルバイト	147,120	111,168	6,791	0.0611	3.70
10. 動物	148,636	111,851	6,455	0.0577	3.44
11. 天気	146,245	110,713	6,242	0.0564	2.91
12. 夢・将来設計	141,101	107,460	6,034	0.0562	3.20
13. マナー	148,209	114,035	5,586	0.0490	3.27
14. 住環境	141,934	107,907	5,578	0.0517	3.27
15. 日本の未来	136,718	105,604	5,950	0.0563	2.81
合計	2,189,688	1,655,938	42,756	0.0258	3.34

　延べ語数の列を見ると、最大値である「05.マンガ・ゲーム」と最小値である「15.日本の未来」にいささか開きがあるように見えるが、これは作品名に鍵括弧などが多く使われていた影響である。次列に品詞が補助記号となる括弧や句読点を除いたデータを示したが、この列では最大値と最小値の差は8,431であり、どの話題もおおよそ11万語のデータを含んでいるということができる。

　一方で、異なり語数はもう少し話題による差が大きい。傾向として、社会

にかかわる内容も含む話題（12 ～ 15）は全て、身の回りの話題（1 ～ 11）よ
りも異なり語数が少なかった。その右の列には Type-Token Ratio（TTR）を
示す。これは異なり語数÷述べ語数（記号除）という式で計算した。

　一番右の列にはフェイスシートで質問した話題精通度の平均値を掲載し
た。大学生が最も詳しく、自信を持って話せた話題は「05. マンガ・ゲーム」
であり、最も自信がなかった話題は「15. 日本の未来」である。しかし、身
近な話題の中でも「02. ファッション」や「11. 天気」など、この値が低い
ものもあった。また、話題精通度と述べ語数（記号除）との相関係数は .132
とほとんど見られなかったが、異なり語数との相関係数は .600 と中程度で
あった。話題精通度はあくまでも自己申告であるが、話題に詳しいかどうか
は延べ語数ではなく異なり語数に反映されると考えられる。

5.2　J-TOCC の活用例

　J-TOCC は表 4 に示したように、各話題の語数がほぼ等しい。よって、
厳密な研究のためには調整頻度を計算する必要があるが、簡便に情報を得る
ためならば、横断検索を行って得られた粗頻度からもどの話題に多いかとい
う情報を得ることができる。

　例えば、図 4 はテキストエディタであるサクラエディタで「割れ」という
文字列を GREP 検索した結果である。配布時には J-TOCC はまず話題別に
分かれたフォルダに格納されているため、この結果を見ればどの話題に多い
のかが一目瞭然である。図 4 を見ると、上から「01. 食べること」「02. ファ
ッション」「04. スポーツ」「07. 学校」というフォルダから用例が取り出さ
れていることがわかるが、「08. スマートフォン」の量の多さが目立つ。大
学生にとって割れるものと言えばスマートフォンであることがわかる。

```
[¥J-TOCC¥text¥01.食べること¥E.東日本¥3.女女¥E-309-1.txt(53,85) [UTF-8]: E-309-1F:そう。何かね
[¥J-TOCC¥text¥02.ファッション¥W.西日本¥3.女女¥W-302-2.txt(33,49) [UTF-8]: W-302-1F:ちょっと膝
[¥J-TOCC¥text¥04.スポーツ¥W.西日本¥1.男男¥W-111-4.txt(31,95) [UTF-8]: W-111-1M:あ、でもただ、
[¥J-TOCC¥text¥07.学校¥E.東日本¥1.男男¥E-105-7.txt(100,11) [UTF-8]: E-105-1M:割れたらまずいも、
[¥J-TOCC¥text¥07.学校¥E.東日本¥1.男男¥E-105-7.txt(101,15) [UTF-8]: E-105-2M:眼鏡割れたら怖い。
[¥J-TOCC¥text¥07.学校¥E.東日本¥1.男男¥E-120-7.txt(75,21) [UTF-8]: E-120-2M:しかも定員割れして
[¥J-TOCC¥text¥07.学校¥W.西日本¥1.男男¥W-111-7.txt(42,157) [UTF-8]: W-111-1M:●いろいろあった？
[¥J-TOCC¥text¥08.スマートフォン¥E.東日本¥1.男男¥E-118-8.txt(33,151) [UTF-8]: E-118-2M:結局、
[¥J-TOCC¥text¥08.スマートフォン¥E.東日本¥1.男男¥E-119-8.txt(14,115) [UTF-8]: E-119-1M:俺ワイ
[¥J-TOCC¥text¥08.スマートフォン¥E.東日本¥2.男女¥E-206-8.txt(61,11) [UTF-8]: E-206-1F:割れちゃ
[¥J-TOCC¥text¥08.スマートフォン¥E.東日本¥2.男女¥E-211-8.txt(35,57) [UTF-8]: E-211-2M:そう、落
[¥J-TOCC¥text¥08.スマートフォン¥E.東日本¥2.男女¥E-211-8.txt(63,71) [UTF-8]: E-211-2M:アイフェ
[¥J-TOCC¥text¥08.スマートフォン¥E.東日本¥2.男女¥E-211-8.txt(64,57) [UTF-8]: E-211-1F:ええー、
[¥J-TOCC¥text¥08.スマートフォン¥E.東日本¥3.女女¥E-301-8.txt(26,27) [UTF-8]: E-301-2F:私も今、
[¥J-TOCC¥text¥08.スマートフォン¥E.東日本¥3.女女¥E-308-8.txt(86,17) [UTF-8]: E-308-2F:あと、割
[¥J-TOCC¥text¥08.スマートフォン¥E.東日本¥3.女女¥E-313-8.txt(10,15) [UTF-8]: E-313-2F:けど割れ
[¥J-TOCC¥text¥08.スマートフォン¥W.西日本¥1.男男¥W-101-8.txt(59,25) [UTF-8]: W-101-2M:あのな、
[¥J-TOCC¥text¥08.スマートフォン¥W.西日本¥1.男男¥W-101-8.txt(71,81) [UTF-8]: W-101-2M:ま、数が
[¥J-TOCC¥text¥08.スマートフォン¥W.西日本¥1.男男¥W-101-8.txt(73,27) [UTF-8]: W-101-1M:めっちゃ
[¥J-TOCC¥text¥08.スマートフォン¥W.西日本¥1.男男¥W-101-8.txt(74,15) [UTF-8]: W-101-1M:あ、割れ
[¥J-TOCC¥text¥08.スマートフォン¥W.西日本¥1.男男¥W-101-8.txt(76,11) [UTF-8]: W-101-1M:割れてて
[¥J-TOCC¥text¥08.スマートフォン¥W.西日本¥1.男男¥W-101-8.txt(86,71) [UTF-8]: W-101-1M:あ、なん
[¥J-TOCC¥text¥08.スマートフォン¥W.西日本¥1.男男¥W-106-8.txt(18,37) [UTF-8]: W-106-2M:俺も理解
[¥J-TOCC¥text¥08.スマートフォン¥W.西日本¥1.男男¥W-106-8.txt(19,67) [UTF-8]: W-106-1M:ああ、
[¥J-TOCC¥text¥08.スマートフォン¥W.西日本¥1.男男¥W-106-8.txt(20,11) [UTF-8]: W-106-2M:割れない
```

図4 「割れ」の検索結果

　次に、別の例として、話題が文法に与える影響についても見てみよう。本プロジェクトの動機の一つともいえる、Nakamata（2019）の「テンス・アスペクト形式は「ポップ・カルチャー」の話題に偏る」という傾向は確認されるだろうか。これについては先述の Comainu による解析結果を利用する。アスペクト形式「てる」の話題ごとの出現数は表5のようになった。なお、非縮約形の「ている」の総出現数が580であるのに対し、縮約形の総出現数は26,410であった。縮約：非縮約の比率は98:2にも達している。

表5　話題ごとの「てる」の出現数

食べること	ファッション	旅行	スポーツ	マンガゲーム	家事	学校	スマートフォン
1,321	1,869	1,187	2,065	2,573	1,550	1,824	2,291

アルバイト	動物	天気	夢・将来設計	マナー	住環境	日本の未来
1,841	1,927	1,857	1,431	2,120	1,088	1,466

　表5を見ると「てる」の出現数は話題によって大きな開きがあり、最小値と最大値の差は2.5倍ほどである。「てる」が多く使われるのは「05.マンガ

・ゲーム」であり次に「08. スマートフォン」が多い。Nakamata（2019）における「ポップ・カルチャー」はマンガやテレビドラマの話題である。以前よりもスマートフォンなどで動画を視聴する傾向が増えてきたことを考えると、これらの内容は J-TOCC の「05. マンガ・アニメ」「08. スマートフォン」に相当し、この検証結果は Nakamata（2019）の主張を支持すると言える。無論、これはわずか 1 形式の簡易的な調査であるが、今後様々な文法形式と話題の関係を明らかにしていくことが可能であろう。

6　『日本語話題別会話コーパス：J-TOCC 語彙表』

　コーパス本体とは別に、形態素解析を行った結果を集計した『日本語話題別会話コーパス：J-TOCC 語彙表』も筆頭著者のウェブサイトで公開している。

　語彙表は 2 種類のデータからなる。1 つは、「話題別特徴語表」であり、縦に語が並び、横に 15 の話題が並ぶ。それぞれの語がどの話題で多く使われているかを見るための表である。語の切り方として、短単位と長単位があり、また指標として粗頻度と対数尤度比（LLR）を用意し、4 枚のシートからなる xlsx ファイルとして提供する。

　もう 1 つは「話者別使用頻度表」であり、こちらも縦に語が並び、横には J-TOCC の 240 名の参加協力者が並ぶ。そして各セルには各話者がその話題で何度その語を使用したかの数字が並ぶ。ここから 240 人の話者のうち何人が特定の話題で語を使用したかという使用率を計算することができるほか、話題精通度のデータと照合することで精通度と発語数の関係を調査したり、話者の個人差も考慮した統計モデリングを行うこともできる。話題ごとに表を作り、15 個の csv ファイルで提供する。

　形態素解析には先述の Comainu を用い、短単位データと長単位データの両方を用意している。ただし、コーパス内で（　）で表されている相づちの部分はカウントしていない。

7　おわりに

　本稿では、『日本語話題別会話コーパス：J-TOCC』について紹介した。その最大の特徴は話題を統制し、すべての話題について同じ時間の会話を収録したことで、話題が語彙や文法、談話ストラテジーに与える影響をより直接的に研究できるようになることである。その知見を活かした日本語学研究の成果は本書の第 2 部で、教育への応用可能性は本書の第 3 部で論じられる。

　また、J-TOCC の開発の背景には日本語教育への貢献があるが、本コーパスは日本語研究の他の分野でも利用価値があると考えられる。話し言葉の変化は著しく、新しいコーパスにはその時代の新しい特徴が記録される。例えば、本コーパスには「冬さ、全然雪降らへんかったくない？怖いぐらい降らんかったくない？」(W-316-11) のようなクナイ形の多用が記録されており、2018 年から 2019 年の大学生の活き活きとした言葉を記録したという点も時を経れば価値を持つであろう。

　さらに、J-TOCC の特徴として、性別の組み合わせや録音地についても同数ずつサンプルがあるため、少し手を加えれば、東日本と西日本の話し方の比較や、男性どうしの会話と女性どうしの会話の比較、あるいは男女の話し方の比較といった研究にも利用することが考えられる。これらの研究を行う場合は、特定の話題のファイルに限定することで、話題の影響を排除して話者の属性を比較することができる。これも従来の大規模コーパスでは難しかったことである。

　このコーパスが日本語教育や日本語研究の各方面で利用され、価値ある情報を提供できれば幸いである。

謝辞

　本稿は以下の文献を基に再構成・加筆を行ったものである。

中俣尚己 (2021)「日本語話題別会話コーパス：J-TOCC 解説資料」http://nakamata.
　　info/database/j-tocc_document.pdf

中俣尚己・太田陽子・加藤恵梨・澤田浩子・清水由貴子・森篤嗣 (2021)「『日本語話題

別会話コーパス：J-TOCC』」『計量国語学』33-1, 205-213.
中俣尚己・麻子軒（2022）「『日本語話題別会話コーパス：J-TOCC 語彙表』の公開と
　　日本語教育むけ情報サイトにむけた指標の検討」『言語資源ワークショップ
　　2022 発表論文集』
　　https://doi.org/10.15084/00003723
　また、本稿の執筆には JSPS 科研費 18H00676、22H00668 の支援を受けた。

参考文献

小澤俊介・内元清貴・伝康晴（2014）「BCCWJ に基づく中・長単位解析ツール
　　Comainu」『言語処理学会第 20 回年次大会論文集』pp. 582-585.
山内博之（編）（2013）『実践日本語教育スタンダード』ひつじ書房
山内博之（2018）「話題による日本語教育の見取り図」岩田一成（編）『語から始まる教
　　材作り』pp. 3-16, くろしお出版
Nakamata, Naoki（2019）Vocabulary Depends on Topic, and So Does Grammar, *Journal of Japanese Linguistics*, 35-2, pp. 213-234.

『話題別日本語語彙表』の解説

中俣尚己・小口悠紀子・小西円・建石始・堀内仁

　本稿では、『話題別日本語語彙表』について、その制作手順と基礎的性質、利用方法を紹介する。この語彙表は自然会話コーパスである『名大会話コーパス』を手動で話題ごとに分割したデータを基に作られている。この語彙表は「話題から語」「語から話題」の双方向に利用することができる。前者では、教室活動で導入すべき語を選定するのに役立つ。後者では機能語の導入にふさわしい話題を考えたり、類義語の比較をしたりする際に利用できることを述べる。

1　制作の手順

1.1　作業対象のコーパス

　本プロジェクトでは真正性のある会話における談話と語彙・文法・談話ストラテジーの関係を調査するため、既存の会話コーパスに話題アノテーションを行うという手法を選んだ。分析対象は『名大会話コーパス』(藤村ほか 2011) である。このコーパスは 2001 年から 2003 年にかけて録音されたおよそ 100 時間分の自然会話コーパスで、以下のような特徴を持つ[1]。特に、話題を制限していないという点から話題面で真正性のあるデータとして選んだ。

1.　名古屋近辺で録音されたデータが最も多いが、東京近辺、北海道、新潟で録音されたものもある。
2.　共通語による会話が大半を占めるが、方言も使われている。

3. 参加者の年代は様々で10代〜90代までと幅広い。女性の方が多い[2]。

4. 日本語教育関係者、言語研究者が多いので、日本語のメタ言語的な使い
　　方が多い。

5. 親しい者同士の雑談が多いが、初対面同士、研究メンバー同士の会話も
　　一部入っている。先輩一後輩の会話もある。

6. 話題を一切制限していない雑談であるが、参加者は録音していることを
　　知らされていた。

1.2　話題のアノテーションの手順

　ここではアノテーション作業について説明する。まず、予備調査として1
つのファイルに対し、日本語教育関係者5名で作業を行ったところ、分割箇
所についてはほぼ揺れが見られなかった[3]。そこで、以降は1ファイルに対
して、3名の作業者でアノテーションを進めた。『名大会話コーパス』は129
のファイルからなる。これを4つのグループに等割して作業を進めた。うち
2グループはこの論文の著者3名で担当した。残りの2グループは論文著者
1名と各2名の文系の大学院生で作業を行った。著者のうち1名が全てのファ
イルの作業を行うことで、一貫性を担保した。

　作業者はファイルを目視し、話題が変わっている箇所に行を挿入し、該当
すると思われる話題タグをタグセットから選び、@に続けて書き入れた。

　話者が交代するまでの発話の持続をターンと呼ぶ。話題タグをつける単位
としては5ターン以上継続したものを対象とし、4ターン以下のものは前後
の話題に含めることにした。ある程度まとまった長さがなければ、文中に含
まれる単語によってのみ話題に分割し、そこからまた各話題に含まれる語を
抽出するという循環に陥るためである。

　（1）では、「@食」「@医療・健康」がそれより下の行の話題タグである。

（1）　@食
　　　F144：F1448ちゃん、これ食べられる？
　　　F148：からい。
　　　F144：これかなりからいよねえ。

（中略）

好き嫌い、言われてみるとあるなあ。

F148：あるんだよ。

F144：＜笑い＞何も取り柄ないじゃないとか。

@医療・健康

F148：昨日か何か、「あるある大辞典」で（ええ、ええ）亜鉛が大事と
　　　かっていうのをやってたんだね。見なかった？

F144：ああ、はいはい。味覚障害がね、（そうそうそうそう）亜鉛がっ
　　　て、何か言われてるけど。
　　　　　　　　　　　　　　　　　　　　　　　　　　　　　（data034）

　個別の作業が完了した後、同じファイルに対して作業を行った3人の作業
者が対面で合議を行い、1つの話題タグに決定した。合議においてもセクショ
ンの切れ目、すなわち話題が変更する箇所については作業者間の揺れはほ
ぼ見られなかった。むしろ合議では複数のタグセットの中からどの話題タグ
を採用するかということに時間を費やした。意見が分かれた場合はキーワー
ドとなる語を山内編（2013）の索引で調べるなどして方針を固めた。

1.3　話題タグセット

　ここでは話題タグのセットについて解説する。本研究で用いたタグセット
は日本語教育のために作成された山内編（2013）の100の話題タグセットを
基にした。また、山内編（2013）をベースに日本語読解教材を話題ごとに分
類するために作られた橋本（2018）も話題の一覧を提案している。読解教材
と日常会話という違いはあるが、語ではなくテクストを対象にした話題分類
という点では橋本（2018）のほうが本研究に近いため、可能な範囲でこちら
も参考にした。実質的には同じであるものの、山内編（2013）から橋本（2018）
にかけて名称の変更があったタグもあり、多くの場合で変更後の橋本（2018）
に従った。

　タグセットは全部で104であり、表1に示した通りである。（）内の数字
は、出現した箇所の数、すなわちセッション数である。表内で印のないもの
は、山内編（2013）から名称変更のないもので、71種類ある。▲は山内編

(2013) よりタグ名称を変更したものであり、全部で 18 種類ある。●は山内
編 (2013) に加えたもので、全部で 8 種類ある。橋本 (2018) の段階で加わっ
たものと、本研究で独自に加えた「名大会話」「贈り物」「持ち物」がある。
「名大会話」とは調査そのものについての質問、フェイスシートを書く際の
会話、録音機材についての会話などであり、分析の対象からは外すべき箇所
に付与した。◆は採用したものの、名大会話コーパスには出現しなかった話
題で、7 種類ある。

表 1　利用したタグセット (全 104)

食 (313), ●名大会話 (171), 旅行 (147), 交通 (128), 言葉 (119), 労働 (116), 大学
(107), ●教育・学び (96), 友達 (93), 調査・研究 (85), ▲家庭 (80), ▲医療・健康
(73), 衣 (72), 人づきあい (71), ▲日常生活 (67), 通信 (63), 町 (63), ▲ヒト (62),
芸能界 (57), 就職活動 (47), 写真 (46), ▲お金 (44), 住 (43), メディア (42), ●人
生・生き方 (42), 恋愛 (42), 性格 (41), 思い出 (41), 喧嘩・トラブル (40), 音楽 (39),
▲美容 (38), ▲買い物・消費 (38), パーティー (37), 映画・演劇 (37), 結婚 (36),
動物 (35), 気象 (34), ▲自動車 (34), 年中行事 (33), ●贈り物 (32), 家事 (32), 試
験 (31), ▲文芸・漫画・アニメ (28), ●国際交流・異文化理解 (28), 趣味 (28), 学
校 (小中高) (28), ▲家電 (27), スポーツ (24), 事件・事故 (24), 酒 (23), ▲宗教・
風習 (22), 遊び・ゲーム (23), 育児 (21), 習い事 (19), コンピュータ (20), ▲もの
づくり (17), 出産 (15), 絵画 (14), ▲農林業・畜産 (13), ▲外交・国際関係 (12),
ふるさと (12), 死 (12), 植物 (11), 夢・目標 (11), マナー・習慣 (10), 戦争 (10),
●持ち物 (10), 引っ越し (9), 工芸 (8), 悩み (8), 建設・土木 (7), テクノロジー (7),
少子高齢化 (7), 歴史 (7), ▲社会活動 (6), ギャンブル (6), 自然・地勢 (6), ビジネ
ス (6), コレクション (6), 政治 (5), ●ジェンダー (5), 会議 (4), ▲伝統文化・芸道
(4), 社会保障・福祉 (4), 環境問題 (4), サイエンス (3), 芸術一般 (3), 祭り (3), ▲
国際経済・貿易 (2), 災害 (2), 宇宙 (2), 税 (2), 株 (1), 文化一般 (1), ●若者論 (1),
水産業 (1), ▲法律・裁判 (1), ◆工業一般 (0), ◆重工業 (0), ◆軽工業・機械工業
(0), ◆エネルギー (0), ◆差別 (0), ◆選挙 (0), ◆算数・数学 (0)

無印　山内編 (2013) と同じ　　▲……山内編 (2013) より名称変更
●……新たに追加　　◆……コーパスに出現せず

1.4 『話題別日本語語彙表』の出力

　1.3 までの方法で、名大会話コーパスを 97 の話題に分類することができた。
なお、ここまでの結果は、行番号と話題の対応を csv ファイルにし、「自然
会話コーパスアノテーション情報」として、言語資源協会で配布している[4]。

また、中俣（2020）では話題分割の手順をより詳細に説明している。

　次に、各サブコーパスを中・長単位解析器 Comainu（小澤ほか 2014）という解析ツールで国語研の「長単位」に相当する単位で分割した。最後に、話題別サブコーパス 1 つ 1 つに対し、1 つを当該資料、残り 96 を参照資料と位置づけ、特徴語の指標としてよく使用されている対数尤度比（LLR）を計算した。計算方法は田中・近藤（2011）にならい、以下の方法を用いた。

2（alna+blnb+clnc+dlnd-（a+b）ln（a+b）-（a+c）ln（a+c）-（b+d）ln（b+d）-（c+d）ln（c+d）+（a+b+c+d）ln（a+b+c+d））

a：当該資料での当該語の度数　　b：参照資料での当該語の度数

c：当該資料の延べ語数 − a　　d：参照資料の延べ語数 − b

ln は自然対数を表す。a または b が 0 の場合、alna または blnb を 0 として計算する。

ad-bc<0 の場合の場合、-1 を乗じる補正を行う。

　最後に、名大会話コーパスでの総出現頻度が 10 以上の語に絞り、話題ごとの LLR の値を出力し、『話題別日本語語彙表』を作成した。『話題別日本語語彙表』は列方向に 97 の話題、行方向に 3,324 の語が並び、各セルには語のその話題における特徴度が LLR で記されている。Excel 形式で、筆頭著者である中俣の公式ウェブサイト（http://nakamata.info/database/）から誰でも自由にダウンロードでき、登録も不要である。

　『話題別日本語語彙表』は一見、数字の羅列であるが、実際には「話題からよく使われる語を探す」「語からよく使われる話題を探す」という 2 つの方向で利用することができる。

2　『話題別日本語語彙表』の利用方法
―（1）話題から語彙

2.1　全体の傾向

田中・近藤（2011）では LLR が 10.83 以上の語を特徴語としている。いく

つかの話題について、延べ語数、異なり語数、出現セッション数、出現会話数と特徴語数をまとめたものが表2である。

表2　話題ごとの基礎統計量

話題	Token 頻度	Type 頻度	セッション数	会話数	特徴語数
食	95,250	5,565	313	85	236（最大）
パーティー	10,648	1,279	37	16	76
家電	6,700	833	27	21	48（中央）
コンピュータ	6,294	867	20	15	29
税	260	119	2	2	1（最小）

　特徴語の数は他の基礎統計量と相関するが、最も相関が高いのは Type 頻度である（$r = .943$）。そのため、最も特徴語数が多かったのは Token 頻度、Type 頻度ともに最も高い値を示した「食」の話題であり、特徴語の数は 236 であった[5]。また、最も特徴語数が少なかったのは「税」の話題であり、数は 1 であった。これは『名大会話コーパス』全体でも 2 回しか出現しなかった話題である。特徴語数の平均値・中央値はともに 48 で、「年中行事」「家電」「死」などの話題が該当する。

　以下、ケーススタディーとして、最も多く出現した「食」と、相対的に小規模な「コンピュータ」について特徴語がどのように現れるかを分析する。

2.2 「食」の場合

　表2にも示した通り、「食」の話題に特徴語は 236 語見つかった。この中には句点「。」なども含まれているが、これは「食」の語数が最も多く、また短い文の発話が比較的多かったことによる。品詞の列でフィルタをかけることで不要な語は除去できる。

　以下、表3に名詞、動詞、形容詞、その他（記号類を除く）の 4 カテゴリでそれぞれ特徴度の高い 10 語を挙げる[6]。括弧内の数値は LLR である。

　まず、名詞は 145 語と特徴語の過半数を占めているが、以下の 2 つの理

由から深い議論は避けることにする。

　1つはそもそも話題分割の際に、特徴語となるような語を見ているのではないかというデータの性質の問題である。話題分割の際に利用している情報は基本的に名詞である。例えば「好き」のような述語から、この話題は「食」であると判断することはできない。しかし、「味」や「パン」という名詞からは話題が「食」であると判断できる。よって、「食」サブコーパスにこのような名詞が含まれるのはある意味当然である。

　もう1つの理由は、名詞は非常にバラエティが多く、いくらリストを作ったところで、それを日本語教育の現場に応用することは難しいという実際的な問題である。山内（2018: 91）は「直接的に名詞を収集しない。動詞を収集し、収集した動詞に名詞を収集させる」という語彙教材作成の方針を示している。つまり、学習者が好きなものや食べたものは千差万別であり、その名詞は辞書や翻訳サイトなどを使って学習者が調べればよい。しかし、文の基本となる動詞については学習活動の中心となり、覚えるべき語を提示する必要があるということになる。

表 3　「食」の話題に特徴的な語（抜粋）

	名詞　（N = 145）	動詞　（N = 35）	形容詞　（N = 26）	その他　（N = 26）
1	味（308）	食べる（2,514）	美味しい（1,735）	これ（82）
2	パン（216）	入れる（210）	好き（154）	そう - 様態（77）
3	コーヒー（142）	飲む（140）	固い（88）	まー（71）
4	鍋（140）	頂く（135）	甘い（88）	どうぞ（70）
5	御飯（124）	煮る（134）	御腹一杯（71）	はい（69）
6	肉（123）	食べれる（129）	旨い（67）	あ（52）
7	ケーキ（120）	作る（121）	大好き（55）	はあい（37）
8	魚（119）	焼く（93）	酸っぱい（54）	ちょっと（35）
9	デザート（110）	食う（88）	辛い（42）	ぶう[7]（33）
10	紅茶（105）	食える（65）	生（41）	ます（28）

　さて、表 3 で動詞に注目すると、「食べる」「飲む」の他、「入れる」という語が非常によく使われていることがわかる。また、表にはないが、自動詞の「入る」も特徴語であり、「肉が入っているかいないか」など学習者にとって必須の情報を知るために必要な重要語である。その他は、調理手段の動詞が目立つ。また、「食べれる」「食える」のような可能表現がこの話題で多く用いられていることがわかる。可能表現というと、能力可能や状況可能が思い浮かぶが、食の場面での「可能」は命にかかわることもあるので、非常に重要と考えられる。

　形容詞は味覚に関するものの他、「固い」も特徴語であった。表 3 には含まれないが、対義語の「軟らかい」も特徴語である。

　その他では指示語の「これ」が最も特徴度が高かった。これは、食事場面の眼前の料理を指すためであろう。また、「そう - 様態」は「おいしそう」などの「そう」である。それ以外では「まー」「はい」「あ」「はあい」などの感動詞が目立った。感動詞と話題の関係について考察する意義は薄いかもしれないが、食事場面では相互行為や応答がよく用いられていると分析できる。表 3 にない語で日本語教育で文型と見なされる形式として、他に「てある」「てみる」も特徴語であった。これらに加えて動詞で見られた可能表現が「食」の話題に特徴的な文法と言うことができる。

2.3　「コンピュータ」の場合

　次に特徴語数がそれほど多くない話題として「コンピュータ」を取り上げる。このような話題についても、本語彙表は情報を提供できる。以下、特徴語を表 4 に示す。括弧内の数値は LLR であり、下線を付した語はその語の LLR が「コンピュータ」の話題で最も高かったことを意味する。

表4　「コンピュータ」の話題に特徴的な語

名詞		動詞・形容詞	その他
ウイルス (135)	メール (21)	使う (47)	のです (27)
パソコン (92)	人間 (21)	開く (28)	へーえ (88)
マック (83)	物理 (19)	移す (27)	所為 (13)
コンピュータ (80)	ソフト (17)	古い (19)	取り敢えず (12)
マック (77)	物 (14)	止まる (13)	のだ (12)
ウィンドウズ (77)	ゲーム (13)		らしい (11)
ノート (49)	事務 (11)		
エクセル (38)	二ゼロ (11)		
ソニー (36)			

　名詞の上位にはカタカナ語が並ぶ。カタカナ語の重要性はこのようなところからもわかる。「マック」が2回出てくるがそれぞれ固有名詞と人名という別品詞の語として解析された結果である。また、最後の「二ゼロ」とは当時主流だったOSであるWindows2000のことである。『名大会話コーパス』の収録時にはまだインターネットが普及し始めた時期であるため、名詞などは2023年と比較すると大きな違いがあると思われる。

　一方、動詞の「使う」「開く」「移す」「止まる」は、2023年現在でもその重要性は変わらない。ソフトウェアの名詞は時代によって変化するが、「～を使う」というコロケーションは変化せず、動詞から捉えることの重要性を示していると言える。また、「移す」などは実際のコミュニケーションでは「データを移す」という文脈で使われているというのは見過ごされがちで、コーパスを基にした語彙表であるからこそ浮き彫りになる事実である。

　また、その他の列を見ると、「所為（せい）」「取り敢えず」といった語からはトラブルについて語られている様子がわかる。動詞には「止まる」があり、名詞では「ウイルス」のほか10.83の基準をぎりぎり下回っているものの、この後には「壊れる」や「問題」といった語が続く。コンピュータの話題と言えばトラブルの内容が多いということである。また、副詞「取り敢え

ず」は「コンピュータ」以外では「喧嘩・トラブル」でのみ特徴語となっており、トラブルに対処する際に使われることがわかる。さらに、「へーえ」「らしい」などからは話者がコンピュータについてあまり詳しくない様子が読み取れる。説明のモダリティとされる「のです」「のだ」が特徴語として抽出されたことも興味深い。問題が起きて解決を求めたり、詳しくないことについて説明を求めるというタスクと「コンピュータ」という話題には密接な関係があると言える。

2.4　「話題から語」の教育での使い方―タスクシラバスの場合

　2.2では「食」、2.3では「コンピュータ」という話題においてどのような特徴語が出現するかを確認した。ここでは話題別語彙表に存在する97の話題とその特徴語をどのようにコミュニケーションを重視した教育活動に活用できるかについて述べる。

　Willis and Willis(2007)や奥野編(2020)によると、CLILやTBLTによる授業実践では、話題(トピック、テーマ)を決定してからタスクや活動内容を考える手法が推奨されている。例えば小口(2018)では、山内編(2013)を利用して「結婚」という話題から、結婚と女性のキャリアについて悩む友人にアドバイスをするというタスクを作成する方法が紹介されている。こうしたタスクを作成する際、どのような語彙を扱うかは、タスク作成者、もしくは、実践者である教師がタスク中のやりとりを想像し、授業冒頭で提示する方法が取られることが多い。英語教育においては、Willis and Willis(2007)がコーパスに高頻度で出現する上位語をリスト化し、出現頻度が高い語彙をタスク・デザインに組み込むことが学習者の効率的な語彙学習につながるとしているが、話題別にはなっておらず、日本語教育でも話題ベースのタスクを作成した際に参考になるような語彙リストは存在しない。この点で、本語彙表は、設定された具体的な話題ごとに、どのような語彙の出現頻度が高いのかという情報を提供するものとして、非常に有効であると言える。つまり、授業計画を立てる教師にとっては、真正性が高いデータをもとに、話題と関連性の高い語彙を把握することが可能となり、それらの語彙が習得されるようにタスク・デザインを組むこともできる。

　以下、より具体的な例を挙げる。例えば、初級〜初中級クラスで「食」という話題を用いて授業を行う際には、特徴語である「入る」「食べれる」（食べられる）に基づき、「肉抜きで注文した料理に肉が使われていたので、店員に丁寧に苦情を言って作り直してもらう」という問題解決タスク、「ゼミのメンバーに食べられないものがないかを尋ね、飲み会の店を決める」という意見一致タスクを作成することが可能である。また、情報専攻の学生を対象に「コンピュータ」をトピックにしたタスクを行う場合、「使う」「開く」「移す」「止まる」「所為（せい）」「止まる」「取り敢えず」という語彙を導入したあとで、「今まで経験したコンピュータ関連のトラブルについて3つリストアップし、その時にどのように対処したかを共有する」というようなリスト作成タスク、個人的経験の共有というタイプのタスクを作成することが可能である。

　学習者のニーズや目的によって教育機関、教室で扱うトピックは大きく異なる。『話題別日本語語彙表』は地域日本語教室、専門日本語教育、看護・介護のための日本語教育などそれぞれの教育現場で優先的に扱う必要があるトピックに応じて、コースや授業を計画する際に効果的に用いることができるであろう。

3　『話題別日本語語彙表』の利用方法―（2）語から話題

3.1　全体の傾向

　『話題別日本語語彙表』の一番左の列で検索して語を探すと、その語がどの話題の特徴語になっているのかを知ることができる。以下、その語が特徴語となるような話題を特徴話題と呼ぶ。また、1つ以上何らかの特徴話題を持つ語を話題に依存する語、1つも特徴話題を持たない語を話題に依存しない語と呼ぶ。

　全体として、話題に依存しない語の割合は26％であった。逆に言えば、『名大会話コーパス』に出現する頻度10以上の語の4分の3が何らかの形で話題に依存していると言える。

　次に、主な品詞について、特徴話題を持たない語と1つ以上の特徴話題を

持つ語の比率を表したものが図1である。図1を見ると形容詞（イ形容詞）と普通名詞では8割の語が何らかの特徴話題を持つことがわかり、動詞がそれに次ぐ値を示す。本話題表が多くの語について特徴となる話題の情報を提供できることがわかる。一方で、副詞、接続詞、形状詞（ナ形容詞）は半数以上の語が話題に依存しない。形容詞と形状詞に大きな違いが見られるのは意外であるが、これは UniDic の形状詞には「十分」「いっぱい」のように副詞的な使われ方をするものが多く含まれているためだと考えられる。「十分」や「いっぱい」は特徴話題を持たない。「暇」「静か」のようなより形容詞らしい語はそれぞれ「日常生活」「旅行」のように特徴話題を持つ。

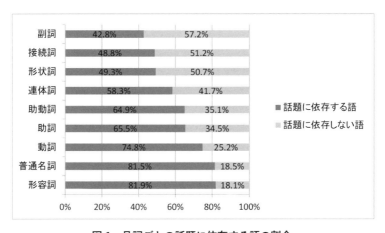

図1 品詞ごとの話題に依存する語の割合

　特徴話題は1語につき1つとは限らないが、全体の40%の語が1つの特徴話題、20%が2つの特徴話題を持っていた。名詞や動詞が特徴話題を持つということは一見当たり前のようにも感じられるが、『話題別日本語語彙表』が提供する情報はそれだけにとどまらない。以下、ケーススタディーとして、3.2で「類義語の比較」、3.3で「機能語と話題」について述べる。

3.2　類義語の比較

　『話題別日本語語彙表』は類義語の違いの説明にも有用であると考えられ

る。以下、ケーススタディーとして、類義の形容詞「ハンサム」「かっこいい」「きれい」「美しい」「かわいい」を取り上げる。この5語の特徴話題を表5にまとめた。

表5　類義語の特徴話題の比較

語	特徴話題
ハンサム	映画・演劇
かっこいい	芸能界、恋愛、写真、衣
きれい	芸能界、写真、工芸、植物、旅行、建設・土木、町、自然・地勢、死
美しい	マナー・習慣
かわいい	芸能界、写真、衣、美容、工芸、ものづくり、動物

　表5を見ると、「ハンサム」は「映画・演劇」という限られた話題でのみ特徴度が高い。「ハンサム」は『みんなの日本語』第8課で初めてナ形容詞を学習する際に取り上げられる語であるが、実際の会話では映画スターのような人間に対してしか使われない語であることがわかる。これに対して意味が似ている「かっこいい」は「芸能界」に加えて、「恋愛」「写真」「衣」でも特徴度が高く、身の回りの人間や衣服に対しても使われている。「きれい」は5語の中で最も範囲が広く、人物にも使われるが、工芸品や旅行先で見た建築物や自然に対しても使われている。対して、「美しい」は非常に狭く、「マナー・習慣」でのみ特徴語となっている。これは「美しい」が主に書き言葉で使われるということもある。話し言葉においては「美しい」は目に見える美しさよりも心などの抽象物に対して使われており、「かわいい」は7つの話題で特徴語となっているが、大きく「人間の容姿やファッション」に対して使われるケースと「小物や小動物」に対して使われるケースに二分できる。
　ここで挙げたのはあくまでも一例であるが、話題別語彙表はこのように類義語を「使用される話題の違い」で説明することが可能になるという点で特徴のあるツールと言える。学習者に類義語を意味の観点から説明するのは難

しい。また、コロケーションで区別することもできるが、コロケーションを
リストの形で提示するのは負担が大きい。しかし、「特徴的な話題」につい
ては数も少なく、学習者にとっての負担も小さいと考えられる。

3.3 機能語と話題

　本プロジェクトの目的の1つに機能語の出現数もまた話題の影響を受ける
ことを確認することがあった。ここでは Nakamata (2019) で偏りが示唆され
たアスペクト形式を取り上げる。表6は各種のアスペクト形式が特徴語とな
る話題の一覧である。

表6　アスペクト形式の特徴話題の比較

語	特徴話題
てる	映画・演劇、音楽、ヒト、友達
ている	教育・学び、試験、調査・研究
てある	ものづくり、工芸、コレクション、植物、農林・畜産業、食
とく	パーティー、ものづくり、工芸
ておく	家事
ちゃう	喧嘩・トラブル、医療・健康、交通、スポーツ
てしまう	酒
た	思い出、旅行、事件・事故、喧嘩・トラブル、死、スポーツ、友達、映画・演劇、歴史、絵画

　まず、「てる」は「映画・演劇」「音楽」で特徴度が高く、Nakamata (2019)
の「ポップ・カルチャー」に多いという主張を支持する結果となった[8]。こ
れは、新規コーパスである J-TOCC における結果とも一致する（本書
「『J-TOCC』の解説」）。これ以外にも、「友達」「ヒト」の話題にも多い。「ヒ
ト」とは衣服などを除く、身体的特徴の話題であり、例えば「がっしりして
る」「痩せてる」などが含まれる。また、興味深いことに、縮約形の「てる」
と非縮約形の「ている」では特徴となる話題が異なっていた。『名大会話コ

ーパス』の参与者は日本語教育関係者が多く、「教育・学び」「試験」「調査・研究」という話題は全て「仕事」の話題とまとめることができるが、このような「仕事」に関連する話題で「ている」が特徴語となっている。つまり、社会にかかわる話題では非縮約形が使われている。

　他の形式についても簡単にまとめる。「てある」は何かを作る話題や育てる話題、そして「食」に多いとまとめることができる。「とく」「ておく」は初級教科書ではパーティーの場面が用いられることが多いが、実際にその話題に多いことが確かめられた。加えて、「家事」の話題と何かを作る話題で用いられている。「ちゃう」「てしまう」は「スポーツ」を除くと後悔や失敗の内容が出てきやすい話題で特徴度が高くなっている。「た」は特徴語となる話題の数も多いが、過去の内容が出てきやすい話題で特徴度が高くなっている。

　以上、機能語であっても相対的に多く使われる話題があることを確認した。この方法で機能語の導入やタスクを考える際の参考にすることができる。特徴語となる話題は1つとは限らないが、教育においては複数の場面・文脈の活動を考えることができるという点ではむしろ強みになろう。

3.4　「語から話題」の教育での使い方―構造シラバスの場合

　2.4ではTBLTやCLILのような内容中心の日本語教育において、どのように話題別語彙表が使えるか考えてみたが、国内の日本語教育の実態としては、構造（文法積み上げ）シラバスを前提に授業をしている機関が多い。そこで本節では、あらかじめ指導すべき学習文型が設定されている状況において、教師がどのように話題別語彙表を活用できるのかについて考えたい[9]。

　構造シラバスに基づく授業であっても、近年はコミュニケーション能力の育成を意識し、ロールプレイやディスカッションなどの言語活動を合わせた指導が行われるのが一般的である。その際、日常生活で行うコミュニケーション活動に近づけるためには、その文型を使わなければならない必然性が高い場面や状況を作り出すことが重要である。そこで、実際の自然会話をベースに作成された話題別語彙表を用いることで、ある文型がどのような話題において出現しやすいのかを確認し、活動を作成することが可能である。具体

的には、3.3 で見たように機能語を手掛かりとするとよい。

　例えば、「ておく」の特徴話題は、「家事」であった。これは単にこの話題で動詞が「準備」の「ておく」と結びついているということ以上の意味を持つと考えられる。男女共同参画が求められる近年においては、家事の分担などについても話し合うことが多くなった。家族のメンバーがそれぞれ家庭生活を営むために日々何をし「ておく」べきか考え、話し合うことは意味のある活動となるであろう。

　モデル例などを考える際に迷う場合には、2 節 で示した「話題から語を見る」方法に戻り、突き止めた話題に関連する特徴語をヒントにすることも可能である。以下、「家事」の特徴語を各カテゴリごとに 10 語ずつ示す。

表 7　「家事」の話題に特徴的な語（抜粋）

	名詞	動詞	その他
1	料理 (78)	作る (206)	こう (20)
2	ミキサー (62)	洗う (47)	たり (15)
3	御鍋 (33)	作れる (39)	冷たい (14)
4	御弁当 (32)	出来る (35)	を (13)
5	骨 (28)	焚く (29)	ておく (13)
6	掃除 (27)	捌ける (24)	御前 (12)
7	息子 (27)	掃除する (23)	ばいい (11)
8	御飯 (25)	遣る (18)	普段 (11)
9	夕飯 (23)	諦める (16)	
10	お料理 (23)	剥く (13)	

　既に述べたように、名詞は多様である。「ておく」の機能に注意する場合には動詞に注目することが重要である。可能形や「諦める」以外の動詞は「ておく」と結びついてもおかしくはない。表にはないが、他に「混ぜる」「回す」などもある。ここで興味深いのは、元になった『名大会話コーパス』において

実際に「ておく」と共起しているのは「作っておく」のみであるという点である。つまり、『名大会話コーパス』の規模では具体的な話題・場面まで指定してしまうと、コロケーションのパターンは極めて限定されてしまうのである。語と語の組み合わせは膨大である。しかし、その間に話題という概念を挟むことで、より多くの例を拾い上げ、考えることが可能になるのである。

　また、「その他」には「普段」という副詞が見られる。さらに、数値は10.83を下回るが、この直後には「毎日」という副詞もある。また、「御前」「ばいい」という語からは役割を押し付け合う様子が想像されるが、それは実際に『名大会話コーパス』にそのような場面が存在し、そこから抽出された表現である。

　話題別語彙表の情報を利用すれば、「ておく」を単に様々な動詞に対して使えるようになるだけではなく、生活を営む上での役割分担という文脈で使用されるという側面を意識し、具体的な言語活動につなげていくことが可能になると考える。

4　おわりに

　本稿では、『名大会話コーパス』を元にした『話題別日本語語彙表』についてその作成方法を解説し、その概要と日本語教育への応用方法について解説した。本語彙表の大きな特徴は「話題から語彙」と「語彙から話題」の二方向に活用できる点である。前者は話題から教室活動を考える際の参考となり、特に教師向けの情報を提供できると言える。後者はその語がどのような話題で使われるかという情報であり、類義語の意味の区別や機能語の導入場面の選定などにも役立つことを述べた。

　従来の語彙表との違いを述べるならば、この語彙表が真正性を持つコーパスから生まれたものであるという点である。そのため、「食」の話題に可能表現が出てきたり、「コンピュータ」の話題に「取り敢えず」という副詞が出てきたりする。これらは実際の会話で使われることが多く、教室用の言語活動を考える上でキーとなる表現と言える。また、単なるコーパス検索との違いとして、「話題」を挟むことでコーパス上の実際の共起表現以上の組み

合わせを見いだせることを述べた。

注

1　名大会話コーパス　https://mmsrv.ninjal.ac.jp/nucc/nucc_abst.html（2022 年 8 月 1 日閲覧）

2　具体的には女性が 161 名、男性が 37 名、参加者の合計は 198 名である。また、年代別には 10 代が 15 名、20 代が 88 名、30 代が 27 名、40 代が 24 名、50 代が 22 名、60 代が 15 名、70 代以上が 6 名、不明が 1 名である。

3　最終的にこのファイルは 18 の話題セッションに分割されたが、17 の切れ目は全て 3 名以上の人間が全く同じ箇所で認定している。

4　https://www.gsk.or.jp/catalog/gsk2020-b

5　「食」の話題が多いのは何かを食べながらの会話場面が最も多いからである。これは『名大会話コーパス』のみの特徴ではなく、小磯ほか（2017）の言語行動調査でも同様の結果が得られている。

6　品詞は動詞は Comainu の分類のままである。形容詞は形容詞（イ形容詞）と形状詞（ナ形容詞）を合算したが、助動詞語幹と下位分類があるものを除いた。名詞も同様に名詞類をすべて合わせたが、助動詞語幹となっているものを除いた。そして、それら以外を全て「その他」とした。

7　「文句をぶうぶう言う」の「ぶう」。1 つの会話に集中して見られること、また本来「ぶうぶう」で 1 語とみなすべきところ、形態素解析の結果 2 語とカウントされているため、「食」の特徴語にはあたらない。

8　なお、総使用数は「てる」が 13,104 例、「ている」は 603 例と縮約形の「てる」が圧倒的に多い。

9　なお、TBLT の手法として、構造シラバスが採用されているコースの中でタスクを補助的に用いる Task-Supported Language Teaching（TSLT）(Ellis 2003)、CLIL の手法にも、言語指導に重きがある中で CLIL の概念を取り入れる SOFT CLIL というバリエーションが存在しているが（渡部ほか 2011）、本節での提案はこれらの授業でももちろん利用可能である。

謝辞

　本稿は以下の文献を基に再構成・加筆を行ったものである。

中俣尚己・小口悠紀子・小西円・建石始・堀内仁（2021）「自然会話コーパスを基にした『話題別日本語語彙表』」「計量国語学」33-3, pp. 194-204.

　また、本稿の執筆には JSPS 科研費 18H00676、22H00668 の支援を受けた。

参考文献

奥野由紀子（編）（2020）『日本語教師のための CLIL（内容言語統合型学習）入門』凡人社

小澤俊介・内元清貴・伝康晴（2014）「BCCWJ に基づく中・長単位解析ツール Comainu」『言語処理学会第 20 回年次大会論文集』pp. 582–585.

小磯花絵・渡部涼子・土屋智行・横森大輔・相澤正夫・伝康晴（2017）『一日の会話行動に関する調査報告』国立国語研究所
　https://www2.ninjal.ac.jp/conversation/report/report01.pdf

小口悠紀子（2018）「スタンダードを利用したタスク・ベースの言語指導（TBLT）」岩田一成（編）『語から始まる教材作り』pp. 17-30、くろしお出版

田中牧郎・近藤明日子（2011）「教科書コーパス語彙表」『言語政策に役立つ、コーパスを用いた語彙表・漢字表等の作成と活用』pp. 55-63, 文部科学省科学研究費特定領域研究「代表性を有する大規模日本語書き言葉コーパスの構築—21 世紀の日本語研究の基盤整備」言語政策班

中俣尚己（2020）「「自然会話コーパス話題アノテーション情報 ver1.0」について」
　https://www.gsk.or.jp/files/catalog/GSK2020-B/readme.pdf

橋本直幸（2018）『話題別読解のための日本語教科書読み物リスト 2017』科研費報告書

藤村逸子・大曽美恵子・大島ディヴィッド義和（2011）「会話コーパスの構築によるコミュニケーション研究」藤村逸子・滝沢直宏（編）『言語研究の技法—データの収集と分析』pp. 43-72, ひつじ書房

山内博之（編）（2013）『実践日本語教育スタンダード』ひつじ書房

山内博之（2018）「スタンダードを利用した語彙の教材化」岩田一成（編）『語から始まる教材作り』pp. 91-103, くろしお出版

渡部良典・池田真・和泉伸一（2011）『CLIL 内容言語統合型学習　上智大学外国語教育の新たなる挑戦　第 1 巻　―原理と方法―』上智大学出版

Ellis, Rod. (2003) *Task-based Language Learning and Teaching*. Oxford: Oxford University Press.

Nakamata, Naoki. (2019) Vocabulary Depends on Topic, and So Does Grammar, *Journal of Japanese Linguistics*, 35（2）: pp. 213-234.

Willis, Dave. and Willis, Jane. (2007) *Doing task-based teaching*. Oxford: Oxford University Press.

話題別コーパスの独自性
話題と話者の関係を考える

　J-TOCC は話題を前面に押し出したユニークなコーパスで、日本語学・日本語教育研究への大きな貢献が期待される。今後、本コーパスや、本コーパスに基づく話題別語彙表は広く使用されると予想されるが、その際、留意すべきは、話題の背後にある個別話者の属性や多様性をどうとらえるか、という点である。本稿はこの点に着目し、個々の会話における話題からの逸脱や話題展開の多様性、話者属性の影響などについて検証を行った。検証により、J-TOCC が高い妥当性を持つことが確認された一方、研究にあたっては話者の地域・性別・関係性の影響に考慮すべきであることが示唆された。

1　はじめに

　コーパス言語学の発展に伴い、内外で様々なコーパスが作られてきた。その大半は、複数のジャンルを設定し、ジャンル間バランスを統制することで母集団に対する代表性を高めている。英語コーパスで言うと、1964 年リリースの Brown Corpus は、情報系 9 種（新聞の各種記事や各分野の書籍・資料など）、創作系 6 種（恋愛小説、推理小説など）、あわせて 15 ジャンルから事前に定めた比率でデータを収集している。現在も拡張中の Corpus of Contemporary American English は、テレビと映画、話し言葉、小説、雑誌、新聞、学術の 6 ジャンルから等量のデータを収集している。また、2011 年に公開された『現代日本語書き言葉均衡コーパス』は、書籍・新聞・雑誌など、11 種のメディア／ジャンルからデータを集めている。

こうした大規模コーパスを用いた研究が明らかにしてきたのは、ジャンルが変われば言語使用のパタンが大きく変化しうるという事実である。この点を敷衍すると、ジャンルよりさらに小さい単位である話題（トピック）によっても、言語は一定の範囲で変化すると予想されるが、言語に対する話題の影響を調査するのはきわめて困難である。というのも、既存コーパスのジャンルには様々な話題が混在しており、話題という極小レベルでデータを集めたコーパスは過去にほとんど存在しないからである。

　この意味において、120 組の話者ペアが 15 種の話題について同一条件で発話したデータを集めた J-TOCC は、他に例を見ないユニークなコーパスと言える。J-TOCC には、2 つの優れた特性がある。1 点目は、元の発話の総体を収録していることである。一般に、コーパスに対しては、切り取られた断片の集積であって、元の産出の文脈が失われているという批判がなされるわけだが（Widdowson 2000）、この批判は J-TOCC には当たらない。2 点目は、話題比較という研究目的に即し、話題以外の主要変数を慎重に統制していることである。120 組の話者ペアは、関東圏と関西圏が半数ずつで、さらには、男子ペア・女子ペア・男女ペアも同数となっている。

　こうした設計方針により、J-TOCC では信頼できる話題間比較が可能となり、全 15 話題の総体データといずれかの話題の総体データを比較することで、各話題で顕著に頻出する特徴語を統計的に抽出することもできる。コーパス開発者らが作成した『J-TOCC 話題別語彙表』(以下語彙表) には、短単位・長単位別に各話題の特徴語が記載されており、有益である。

　たとえば、「09. アルバイト」の特徴語(短単位)を見ると、「バイト」「アルバイト」「飲食」「遣る」「時給」「塾講」「塾」「客」「接客」「教える」などの語が並ぶ。こうしたリストがあれば、日本語教育において、新しい語や表現を提示する際、最も関連の深い話題を選ぶといったことも可能になろう。

　ただ、ここで留意したいのは、コーパスを用いた比較研究には一定の前提が存在するということである。一般に、2 種のデータセットを比較して得られる差が意味を持つのは、（1）各データセットがそれぞれ集めようとしているデータのみを正しく集めており、（2）各々が内部的に安定しており、（3）他要素の影響を受けていない場合である。逆に言えば、（1'）話題から

外れた内容が多く混入していたり、(2')個別会話間で話題の出方や展開に一貫性がなかったり、(3')話題以外の要因によって言語産出が強く影響されていたりするならば、話題比較研究の意義は棄損されることになる。

本稿は、J-TOCCを用いた話題比較研究の前提を確認するという立場のもと、前述の(1)と(2)に関して話題からの逸脱と会話ごとの内容・展開のずれを、(3)に関して話者の地域・性別・関係性の影響をそれぞれ検討する。この目的に沿い、下記の研究設問を設定する。

RQ1　話題からの逸脱と話題展開のずれはどの程度見られるか？
RQ2　話者属性は使用語彙にどのような影響を与えているか？
RQ3　話者属性はどのような相互関係にあるか？

2　研究手法

本分析では、アルバイト（以下、バイトと略記）を話題とする120会話をデータとする。RQ1では、関東圏学生データに含まれる3つのフォルダ（男子間会話・男女間会話・女子間会話）より各3ファイル、合計9ファイルを抽出して調査を行う。はじめに、ターンを内容上のかたまりに分けて内容コードを付与し、本来の話題から脱線した内容（逸脱）、特定の職種に関して、実際にやっている（いた）バイトの話（現実）、やってみたい、あるいは興味を持っているバイトの話（仮定）、また、バイト一般の話（一般）の4種に分類し、全ターン数に占めるそれぞれの比率を算出する。

一例としてE102のコーディング結果を示す。この会話（2名の話者をA、Bで示す）は、Aの企業説明会バイト経験（現実）→同じバイトをやっていた友人の話（逸脱）→Aの企業説明会バイトの詳細（現実）→Bが「楽な仕事」を紹介するガイド本を読んだ経験（逸脱）→当時のBの性格（甘い話に弱い）（逸脱）→Bの「プラカード持ち」の仕事への興味（仮定）→最近のガイド本の安易さ（逸脱）→Aのシンポジウム受付バイト経験（現実）→Bの塾バイト経験（現実）→Aが見つけた怪しい広告と人間の金儲けの本能（逸脱）、というように話題が展開する。内容タイプ別にターン数の比率を調べると、現実

（49％）＞逸脱（39％）＞仮定（12％）＞一般（0％）となる。同様のコーディングを全 9 会話に対して行う。

　続いて、RQ2 および RQ3 の準備作業として、関東圏（E）と関西圏（W）の各々につき、1_MM（男子間）、2_MF_MM（男女間会話の男子発話）、2_MF_FF（男女間会話の女子発話）、3_FF（女子間）の 4 つのマージファイル（全 8 個）を作成する。分析精度を上げるため、（1）相手による挿入発話の削除、（2）丸ガッコ記載部の削除（（笑）など）、（3）記号類削除、（4）マスキングコードのローマ字化（【地名】→ CHIMEI など）を行った後、「Web 茶まめ」（半角・全角処理、数字処理あり、現代語話し言葉辞書使用）で処理し、語彙素列データのみをテキストファイルに書き出す。なお、語彙素の後につくハイフン以下の付加情報は一律で削除する。

　RQ2 では、関東対関西、男子対女子、同性間対異性間で特徴語分析を行い、各条件で対数尤度比統計量が 10.83（α＝0.001、多重比較補正なし）を超える特徴語を抽出して、語彙表に記載されているバイト話題の特徴語上位 100 語（短単位。記号やコードは除く）と比較する。

　RQ3 では、8 種の話者属性タイプを変数、全体での高頻度上位 100 語（普通名詞および動詞のみ。関西方言の「本真」を除く）をケースとする頻度表に対して対応分析を実施し、属性と語の関係を考察する。対応分析は、頻度表の行列相関を最大化する少数の次元を取り出し、それらを軸とする同一平面上にデータを布置して相互関係を観察する多変量解析手法である。

3　結果と考察

3.1　RQ1 話題からの逸脱および話題展開の多様性

　ターンのまとまりを 4 種に分類したところ、表 1 の結果を得た。表中、左端の会話コードの下に示す数値は総ターン数で、各分類に示した数値と％は当該分類に合致するターン数と総ターン数に占める比率である。

表1　各会話の話題展開パタン

会話	逸脱	現実	仮定	一般
E101 (100)	6（6%） 会話手順確認	83（83%） 飲食、豚カツ屋、塾、牛丼屋	0（0%）	11（11%） 無職の気楽さ・バイトの意義
E102 (77)	30（39%） 友人、性格、仕事ガイド本、儲け話	38（49%） 企業説明会、シンポ、塾	9（12%） プラカード持ち	0（0%）
E103 (84)	21（25%） 勤務先情報のSNS暴露の社会的リスク	1（1%） 飲食店	27（32%） 各種代行業・カフェ	35（42%） 対人性・要求度・選択基準
E201 (63)	0（0%）	41（65%） 塾、惣菜店	22（35%） 塾、ケーキ屋	0（0%）
E202 (86)	0（0%）	86（100%） 家庭教師、インターンほか	0（0%）	0（0%）
E203 (135)	0（0%）	120（89%） うなぎ屋、塾ほか	1（1%） カフェ	14（10%） 仕事を変える億劫さ
E301 (68)	0（0%）	24（35%） 寿司店、モスバーガーほか	44（65%） 保育園・ビール売りほか	0（0%）
E302 (68)	0（0%）	2（3%） 保育園	61（90%） ディズニーランド・飲食ほか	5（7%） バイト先に友人を呼びたい
E303 (65)	9（14%） 勤務先所在地と交通経路	51（78%） バル・焼き肉屋	1（2%） やりたいバイトの質問	4（6%） バイトを増やしたい
平均	9.3%	56.0%	26.2%	8.5%

　まず、逸脱に関して、程度の差はあるが、バイトという話題からある程度逸脱した内容を含むのは4発話のみであった。E102のように、逸脱部の割合が高い会話もあるが、逸脱率の平均は9.3%で、全体的に見れば、参加者

の発話の 9 割以上はバイトという話題に直結していることが確認された。

　続いて、現実・仮定・一般という 3 観点に注目すると、個々の会話ごとに話の展開が全くばらばらというようなことはなく、どの会話であっても、実際の仕事の経験またはやりたい仕事についての話が中心で、一部、バイト一般についての話が加わるという共通した話題展開パタンが確認された。

　もっとも、細かい点では会話間の差も存在する。以下、観点別に見て行こう。まず、現実のバイト経験について言うと、全体に占める比率は平均 6 割弱だが、会話によって 1 〜 100% のばらつきが見られた。バイトを話題とした大学生の会話と聞くと、双方がバイト経験を語り合うものと思い込みがちだが、実際にはそれ以外のものも存在している。出て来る職種はばらつきが大きく、重なりは、塾など、ごく一部である。複数の職種に言及する会話が多いが、発話量は均等ではない。異性間会話である E203 には 4 つの職種が出て来るが、約 7 割は女子学生のうなぎ屋（料亭）でのバイトの話に集中している。これは男子学生が女子学生に集中的に質問を浴びせていたためである。なお、話の大部分は発話者自身のバイト経験であるが、他者の経験を伝聞風に語る例もあった（E301 など）。

　次に、仮定のバイト経験について言うと、比率の平均は 3 割弱だが、会話によって 0 〜 90% のばらつきが見られた。職種としては、カフェのように共通しているものもあるが、現実のバイト経験以上に会話間のばらつきが大きい。これは、やりたいバイトに関して、現実的な職種を語る会話と、人生経験になるような奇抜な職種を語る会話（E102、E103 など）が混在しているためである。複数の職種が出て来る場合、それぞれについての発話量もまちまちで、E302 はディズニーランドについての話が約 7 割を占めている。

　最後に、バイト一般についての発話に関して、比率の平均は 1 割未満だが、0 〜 42% のばらつきがあり、9 会話中 4 会話では 0% であった。一方、E103 は現実のバイト体験の話がほとんどなく、やってみたいバイトの話からバイトの「そもそも論」に話が広がり、人と関わらない職種への忌避感、正社員並みの要求をされることへの反感、バイト先での恋愛の可能性、バイトを選ぶ基準（仕事の楽さ、待遇、同僚）といった話が全体の約 4 割を占めている。

　現実のバイト経験と仮定のバイト経験の軽重という点で整理すると、9つ
の会話は、現実の経験のみを語るもの（E101、E202）、主として現実の経験
を語るもの（E102、E201、E203、E303）、主として仮定の経験を語るもの
（E103、E301、E302）に3区分されることがわかった。

　こうした会話ごとの話題展開のずれは、使用される語彙や表現の違いにつ
ながる。一例として、テンス・アスペクト・ムードへの影響を考えてみよう。
一般に、現実の経験であれば現在や過去の進行相（している、していた）が、
仮定の経験であれば願望・希望の助動詞（たい）などが出やすい。つまり、
同じバイトについての発話でも、現実のバイト経験が語られるのか、仮定の
バイト経験が語られるのかによって、まったく異なる傾向が検出される可能
性もある。

　J-TOCCでは各話題について120会話が収録されているため、全体をま
とめて処理することで、会話ごとの話題展開のずれはある程度打ち消される
と思われるが、データ分析にあたっては、同じ話題であっても会話間で内容
的な多様性がありうることを意識した上で、120会話を全体として処理する
だけでなく、個別会話の質的検証をあわせて実施することが必要だろう。

3.2　RQ2 話者属性別特徴語

3.2.1　話者属性別特徴語

　RQ1では、同一の話題であっても、個別の会話間で、内容や展開に一定
の差が存在する可能性が示唆された。では、個別会話の背後にある話者属性
は、実際の発話にどのような影響をもたらしているのであろうか。この点を
検証するため、3観点（地域・性別・関係性）に着目し、それぞれの下位区分
同士を比較し、特徴語を抽出したところ、表2の結果を得た。

表2　属性別特徴語（特徴度順）

観点	区分	特徴語
地域	関東	ね、だ、ない、よ、じゃん、本当、私、駄目、の、週、就活、止める、寒い、疲れる、タイ、塾、ちゃう、きつい、JUKUMEI、SANNINSHO、なんか、そう、ば、然も、弄る、否、子供、かてきょ、インターン、大変、まじ
	関西	や、ず、ねん、な、本真、へん、など、はい、なあ、とる、館、んー、レジ、映画、あの、コンビニ、はははは、彼、もう、目茶、パン、警備、しんどい、んっ、為る、奴、語、所、マック、爺、アルバイト、ちゃん、喋る、あはは、ははは、スーパー、やばい
性別	男子	俺、まあ、は、万、目茶苦茶、御前、其れ、僕、勉強、塾講、あの、引っ越し、だけ、別、其の、し、任期、USJ、否、まあまあ、なんか、きつい、介護、対、社会、な、座る、その、ゲーム、満了、矢張り
	女子	私、何、さん、か、えっ、ICHININSHO、パン、みたい、そう、可愛い、さ、歯、カフェ、えー、ええ、屋、服、映画、たい、ケーキ、うん、内、ねえ、食べる、やばい、最近、下さる、姉、楽しい、働く
関係	同性	本屋、目茶苦茶、スタバ、サービス、ディズニー、多い、な、準備、ず、が、焼き肉、単発、座る、あの、さ、たい
	異性	はははは、警備、CHIMEI、た、交通、月、費、カメラ、平日、三、です、（結婚／卒業）式、時給、五百、ホーム（センター）、飛ぶ、東京、ファミマ、掛け持ち

　以下、実際の用例を確認した上で、それぞれの特性を概観しよう。まず、地域差について、関東の学生は関西に比して「塾」や「家庭教師（かてきょ）」の仕事への言及が多い。また、仕事の辛さ（「寒い」「疲れる」「きつい」「大変」）を多く語る傾向がある。一方、関西の学生は「コンビニ」や「スーパー」での「レジ」打ちのほか、「警備」業、ファストフード店（「マック」）、「映画＋館」や「パン（屋）」に言及することが多い。仕事の辛さへの言及はあるが（「しんどい」）、関東に比べると相対的に少ない。

　次に、性差について、男子は「塾講」師の仕事や「勉強」を教える仕事、「引っ越し」、「介護」、遊園地（「USJ」）の仕事について語ることが多い。加えて、仕事の待遇（「〜万」）や期間（「任期＋満了」）、仕事の辛さ（「きつい」）や

楽さ（「座る」だけ）、卒業後を見据えた仕事と「社会」の関係に触れること
も多い。一方、女子は、おしゃれな仕事（「パン＋屋」「ケーキ＋屋」「服＋屋」
「カフェ」「歯（科医院）」「映画（館）」）への言及が多く、勤務先の制服や他の
女子店員が「可愛い」かどうかについての話も多い。また、自分のことを名
前で呼ぶ傾向も見られる（「ICHININSHO、あれやってみたい。野球場のビ
ール売っとうやろ」（W302））。

　最後に、話者の関係性について、同性間では性別特性が出やすく、男子間
では、塾の仕事の「準備」や「焼き肉」店の仕事、「座る」だけの仕事につ
いて語られるほか、話をいくぶん大げさに盛り上げる傾向も見られる（「目
茶苦茶」＋しんどい／怖い／暇／楽／体力使う）。女子間では、「ディズニー」
や「本屋」など、憧れの仕事について語ることが増える（「〜たい」）。一方、
異性間では、関係性に緊張感が生まれ、照れ隠しや無言の間を埋める笑いが
増える（「はははは」）。また、遠慮のためか、互いの仕事の中身に踏み込む
よりも、勤務先の所在地（「CHIMEI」）、「交通」費、「時給」、「月」あたり
の出勤回数や給料、これらに関する数詞（「三」「五百」）、「平日」勤務、「掛
け持ち」など、仕事の条件や待遇といった外形面についての話が増える。さ
らに、男子は、女子相手だと、同性相手の時以上に「警備」の仕事について
話しがちで、無意識的な男性性の誇示がなされている可能性もある（男：「ル
ミナリエの警備とか」女：「えー、すごいな」（W220））。

3.2.2　語彙表記載の特徴語との比較

　では、話者属性を加味しない場合と加味した場合で、話題特徴語はどのよ
うに変わってくるのであろうか。120会話の全体処理に基づいて抽出された
語彙表記載のバイト話題の特徴語上位100語を検証したところ、表3の結
果を得た。75語は属性別特徴語（表2）と重なっておらず中核性が高いが、
残りの25語は特定属性と強く結びついていることが示された。表3中の語
順は語彙表における特徴度順である。

表 3　語彙表記載のバイト話題上位 100 語（特徴度順）

観点	該当特徴語一覧
中核 (75)	バイト、飲食、遣る、客、接客、教える、店、居酒屋、派遣、円、楽、社員、作業、短期、ゼロ、時間、アパレル、コーヒー、忙しい、暇、募集、店長、入る、喫茶、経験、採点、箇月、シフト、巫女、一、マニュアル、賄い、ライブ、時、受け付け、事務、清掃、稼ぐ、スタッフ、ホテル、そう、休憩、仕事、応募、ホール、クレーム、厨房、て、金、キッチン、固定、貰う、運ぶ、個、今、式場、倉庫、品出し、受かる、色々、関わる、生、講師、五、回、ドラッグストアー、リーダー、数学、着ぐるみ、ドトール、給料、人、店員、バー、覚える
地域 (11)	関東：塾、止める、週、かてきょ、大変、きつい（関東・男） 関西：アルバイト、レジ、警備（異性間）、コンビニ、しんどい
性別 (8)	男子：塾講、任期 女子：屋、働く、たい（同性間）、さん、カフェ、楽しい
関係 (6)	同性：単発、本屋、スタバ 異性：時給、掛け持ち、月

　中核 75 語は、バイトの職種に関わるもの（「飲食（店）」「居酒屋」「アパレル」など）、条件に関わるもの（「円」「短期」「箇月」「シフト」「賄い」など）、仕事内容に関わるもの（「接客」「教える」「採点」「受け付け」「事務」「清掃」「運ぶ」「品出し」など）に大別できる。「巫女」や「着ぐるみ」といった特殊に見える語もあるが、前者は 5 会話、後者は 3 会話で出現しており、現代の大学生によるバイト話題会話の特徴語として一定の一般性を持つ。

　残り 25 語のうち、11 語は地域と関わっており、塾や家庭教師の仕事は関東、警備やコンビニの仕事は関西と結びつく。8 語は性別と関わっており、塾講（師）や仕事の任期の話は男子と、カフェや各種店舗（「〜屋」）での仕事、また、やりたい仕事について語ること（「〜たい」）などは女子と結びつく。6 語は関係性に影響を受けており、前述のように、バイトの外形面に関する語彙は異性間会話と結びつく。

　以上の概観により、120 会話をまとめて処理して得られた上位話題特徴語のうち、半数以上は属性影響からある程度独立しているものの、属性影響を強く受ける語も存在することが示された。

3.3　RQ3 属性間関係性

　RQ2 では、属性ごとに下位区分間で比較を行った結果、属性タイプの違いが言語使用に一定の影響を与えていることが示された。ただ、すべての属性が同じ強度で言語内容に影響を与えているとは限らない。そこで、対応分析を行い、上位の 2 次元で散布図を作成したところ、図 1 の結果を得た。

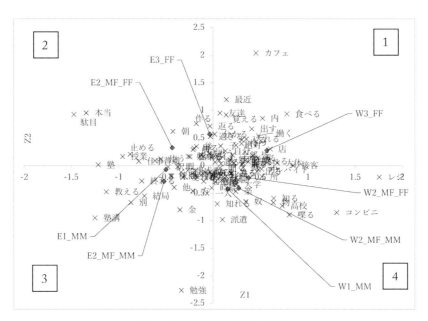

図 1　対応分析に基づく散布図

　次元 1（横軸）と次元 2（縦軸）の説明力は 27％と 20％で、両次元でデータの分散の約半分が説明される。説明力の差は相対的に小さく、両次元ともに言語使用に一定の影響を与えていると言える。

　まず、次元 1 に注目すると、右側に関西の 4 会話が、左側に関東の 4 会話が区分されており、バイトの会話の語彙がまずもって地域差の影響を受けることが示された。次元スコアを見ると、右端に位置する関西女子間会話と、左端に位置する関東男女間会話の男子発話において、関西・関東の特性がそれぞれ強く出ていることがわかる。次に、次元 2 に注目すると、上部に

女子発話3種が、下部に男子発話4種が分類されており、性差が第2の影響要因になっていることが示された。次元スコアを見ると、最上部に位置する関東女子間会話と、最下部に位置する関西男子間会話において、女性性・男性性が最も強く出ていることがわかる。ここで注目すべきは、男女間会話における関西女子発話が図の下部に分類されていることである。女子間であれ男女間であれ、関東女子は同一象限に布置されるが、関西女子は男女間だと象限が移動し、男子象限に近づく。女子相手だと女子らしく、男子相手だと男子らしく話すという点で、関西女子は自身の発話モードを相手に合わせて柔軟に調整しているように見える。

　さて、2つの次元によって全体は4つの象限に分類される。第1象限(関西女子)には「カフェ」「食べる」「店」など、第2象限(関東女子)には「駄目」「本当」「朝」「止める」など、第3象限(関東男子)には「塾講」「教える」「勉強」「金」など、第4象限(関西男子+女子)には「コンビニ」「レジ」「喋る」などの語が布置されている。

　これらをあえて類型化してまとめると、関西の女子ペアはおしゃれな夢の仕事を語り(「いいな。カフェは働きたいな」(W309))、関東女子は仕事の辛さを嘆き([ドトールに]「…朝入ってたから…朝は忙しい…通勤前の人が来たり…大変だった」(E206)、「居酒屋はもう絶対やだし、親にも何かやめろって」(E307))、関東男子は塾講師などの仕事で稼ぎ(「人に勉強教える系のことしかやったことはない」(E215))、関西男子(と女子)は接客バイトで客や同僚との対話の経験を重ねる(「バイト終わった後で、みんなでしゃべんのが楽しいねん」(W115)、「社会経験にもなるしな…コンビニのアルバイトな」(W116))といったパタンが浮かんでくる。

　以上の概観により、バイト話題についての会話の中でも、特定の話者属性と特定の特徴語使用の間に連関があり、それらが少数のタイプに類型化できることが示された。

4　まとめ

4.1　結果の総括

　本稿では、3 つの RQ の検討を通して、J-TOCC のバイト会話データに関して、（1）集めようとしているデータが正しく集められているか、（2）内部的に安定しているか、（3）他要素の影響を受けていないか、という点を実証的に検討した。その結果、（1）については、サンプル会話の約半数で話題からいくぶん外れた発話があったものの、逸脱率は平均すると 1 割未満で、大部分は指定された話題に即して語られていることが確認された。（2）については、発話の内容や展開はおよそ類似しているものの、やっている(いた)バイトの話、やりたいバイトの話、バイト一般の話、の比率には違いがあることも示された。最後に（3）については、地域・性別・関係性の影響を受けやすい語彙と受けにくい語があること、地域の影響が最も強く性別がそれに次ぐこと、話者属性と特徴語の結びつきは少数の類型に整理できることなどが確認された。

4.2　話題特徴語の教育応用

　本稿で議論したような話題特徴語は、前述のように、教材開発にも応用できる。実際、国内外で刊行された日本語教科書の多くが「アルバイト」を新出語として提示しているが、用例の豊かさという点では課題も残る。

（1）　午後スーパーでアルバイトをしました　　　（『大地 1』、2008、p. 30）
（2）　アルバイトは時間のむだです　　（『みんなの日本語初級Ⅰ』初版、1998、p.177）（※ 2 版では用例はなくなっている）
（3）　夏休みには国へ帰らなかった。たくさんアルバイトをした
　　　　　　　　　　　　　　　　　　　（『総合日語 1』、2009、p.165）

　話題特徴語を生かした教材開発には 2 つの方向性が考えられる。1 つ目は、属性に影響されにくい中核的な特徴語を選び、一般性の高い用例を作ることである。このとき、重要なのは、「アルバイト」という上位名詞を、具

体的・個別的な下位名詞（塾・カフェ・コンビニなど）で十分に補強することである。劉（2016）は、上級者の語彙習得には上位名詞に包含される幅広い下位名詞の知識が不可欠であると指摘し、下位名詞は「ネイティブ教師の手助け」のもとで体系的に指導されるべきだとしている。ただし、名詞は動詞によって選択されるという側面もあることから、豊富な下位名詞を例示しつつも「覚えることは強制しない」という視点も重要であろう（山内2018）。2つ目の方向性は、逆に、あえて話者属性と強く結びついた語を選び、話者と組み合わせてスキットを作ることである。たとえば、女子間会話の中で「カフェで働いてみたい」（下線が特徴語）という用例を出すといったことが考えられる。こうした例があれば、学習者はリアルな文脈で、話者と発話内容の結びつきを意識しながら語の使用実態を理解できる。

　日本語教育は伝統的に文法中心であり、語彙の扱いは副次的であった。語彙の選定も主観的で、各種の教材に出て来る語彙の重複率もきわめて低いとされる（田中2016）。今後、コーパス研究の成果をふまえて教材の語彙の見直しが進んでいくと思われるが、中立的な重要語と、話題と結びついた特徴語をバランスよく組み合わせていくことは有望な方向性だと思われる。

　もっとも、コーパスから取られたリアルな語や用例を使うだけで、言語教育がすぐリアルになるわけではない。Widdowson（1978）も言うように、インプットとしてのテキストの純正性（genuineness）と、テキストと学習者の具体的な関わりにおける真正性（authenticity）、つまり、インプットが適切に解釈され、学習者から適切な反応を引き出せているかどうか、は異なる概念だからである（p.80）。この意味において、学習者自身がコーパスを検索して言語を学ぶコーパス駆動型言語学習（data-driven learning）（Mishan 2004）や、話題語彙との遭遇の可能性を高める「話題別読解」（橋本2018）、話題に基づく表現を使用してタスクを完遂する「タスク・ベース活動」（小口2018）、語をネットワークでとらえる「コロケーションクイズ」（中俣2018）などは話題語彙を教室で扱う際のヒントとなる。

4.3　話題特徴語研究および教育利用の留意点

　もっとも、コーパスを用いた話題特徴語の抽出および教育的応用には慎重

に考慮すべき点も存在する。ここでは3点に絞って指摘したい。

　1点目は、元データの偏りの可能性である。今回のデータでは、塾講師や家庭教師の仕事は関東で、コンビニや警備の仕事は関西で多いということになったが、これは純粋な地域差というよりも、データを取った東西の大学の違いや、参加学生の学部や学年の違いが影響している可能性が高い。

　2点目は、話題特徴と個人特徴の区別の必要性である。たとえば、「任期」という語は関東男子の特徴語の1つであるが、実際には1会話（W101）でしか出ていない。会話では、話者が相手の発話内容の一部をそのまま繰り返すことがあり、特定語の頻度が著しく高くなる場合がある。コーパスユーザーは、特徴度に加え、各々の語がいくつの会話で出ているか、いくつの属性条件で出ているかも確認すべきであろう。この点については、語彙表に含まれる発話者数データを参考にすることができる。

　3点目は、コーパスから得られた属性別の典型例を教育現場で使用することの是非である。このことは、ジェンダーの扱いについて特に問題となる。まず、男女比較という枠組みそのものが、性の多様性という観点から見ると批判の余地を残す。また、「男子＝警備業、女子＝カフェ」といった性差と職種の組み合わせを教材化することは、ステレオタイプを固着化させ、学習者に狭量な枷をはめる危険性もある。一例として、今回の分析では、「可愛い」という語を、男子はバイト先の女子の同僚について（「かわいい店員がいたらやってみよっかなって」（E-103））、女子は主として制服について（「歯医者さん。制服もかわいいし」（W-319））使う傾向が見られた。コーパスが示す事実がこの通りだとして、これをリアルな日本語の姿として積極的に教材に反映すべきか、不都合な事実として黙殺すべきか、あるいはジェンダーステレオタイプの撤廃を目指し、主語の性別をあえて意図的に入れ替えて教材化すべきかは、悩ましい選択となる。銭坪（2014）も指摘するように、日本語教育においては、文末詞などに関してジェンダーの問題が長く議論されてきたが、そこでは、ステレオタイプを撤廃すべきという見解と、実際に男女差が存在する以上、違いを明示的に教えるべきという見解が並立している。2つの立場はそれぞれにもっともなもので、個々の話題についての典型例を教材化しようとする際にも改めて問われるべき事柄であろう。J-TOCC

においても、多数の女子学生がバイトで可愛い制服が着たいと述べる一方、それ以外の見解を示す女子学生もいることを忘れるべきではない（「でも、制服、嫌・・・え、何か、縛られんの嫌やねん」(W-305)）。

4.4　結語

　本研究は、「話題と話者の関係」を探るという立場から、多角的な検証を行ってきた。こうした検証が可能になったのは、J-TOCC が話者属性のバランスに配慮した設計を行っているためで、このことが本コーパスの信頼性を飛躍的に高めていることを改めて強調しておきたい。

　しかし、いかに慎重に設計されたコーパスであっても、個々の話者属性の影響を完全に消すことはできない。J-TOCC を用いた研究では、総括的分析と個別分析を、量的分析と質的分析を、それぞれうまく組み合わせていくことがきわめて重要になる。そのように活用されることで、J-TOCC の価値は最大限に引き出されるであろう。内外におけるこれまでのコーパス研究の射程を大きく拡張するユニークなコーパスの登場を心より歓迎したい。

参考文献

小口悠紀子 (2018)「スタンダードを利用したタスク・ベースの言語指導 (TBLT)」岩田一成 (編)『語から始まる教材作り』pp. 17-30. くろしお出版

銭坪玲子 (2014)「日本語 OPI から考える日本語教育とジェンダー」『日本語とジェンダー』14, pp. 10-12. くろしお出版

田中祐輔 (2016)「初級総合教科書から見た語彙シラバス」森篤嗣 (編)『ニーズを踏まえた語彙シラバス』pp. 3-32. くろしお出版

中俣尚己 (2018)「コロケーションリストの教材化」岩田一成 (編)『語から始まる教材作り』pp. 153-166. くろしお出版

橋本直幸 (2018)「語彙習得を促す「話題別読解」の提案」岩田一成 (編)『語から始まる教材作り』pp. 31-44. くろしお出版

山内博之 (2018)「スタンダードを利用した語彙の教材化」岩田一成 (編)『語から始まる教材作り』pp. 91-104. くろしお出版

劉志偉 (2016)「日本語学習者から見た語彙シラバス」森篤嗣 (編)『ニーズを踏まえた

語彙シラバス』pp. 95-114. くろしお出版

Mishan, Freda.（2004）Authenticating Corpora for Language Learning: A problem and its resolution. *ELT Journal* 58（3）: pp. 219-227.

Widdowson, Henry. G.（1978）*Teaching Language as Communication*. Oxford: Oxford University Press.

Widdowson, Henry. G.（2000）On the Limitations of Linguistics Applied. *Applied Linguistics* 21（1）: pp. 3–25.

第 2 部
話題と言語現象

話題と無助詞現象

清水由貴子

　　話し言葉においてよく観察される名詞句の後ろに助詞が現れない無助詞現象について、J-TOCC から用例を収集し、無助詞現象の実態調査を行った。その結果、①高頻度で現れる助詞なしパターンは「こと φ ある」「こと φ ない」であること、②経験の有無を表す「こと φ ある（ない）」は話題によって使用頻度に偏りがあること、③助詞なしパターンには「こと φ あるし」「こと φ ないわ」といった終助詞が付く文末の形式が見られ、助詞ありパターンには「ことがあって」「ことがなくて」のような従属節末の形式が見られる、という特徴があることがわかった。

1　はじめに

　無助詞現象とは、名詞句の後ろに助詞が現れない現象で、話し言葉に特有のものとされている。（1）、（2）に例を示す（以下、助詞が現れていない箇所を φ で示す）。

（1）　明日大学 φ 行く？
（2）　私 φ 清水と申します。

（1）には「に（へ）」、（2）には「は」が入りうると考えられる。（1）では助詞「に」あるいは「へ」があってもなくても文意に大差はないが、（2）では「は」がある場合は、ない場合よりも対比の意味合いが強くなる。このように、無助詞現象と言われるものには、助詞が表示されても、意味が変わ

らないものと、助詞が表示される場合とされない場合で、意味が変わるもの
がある。本稿では両者を区別せずに、名詞句の後ろに助詞が現れない現象と
して、扱うことにする。この無助詞現象であるが、従来、あらたまり度が低
くなればなるほど起こりやすいという指摘や、あらたまり度の低い話し方の
中でも助詞が現れることがあるという指摘がされてきた。本研究では、あら
たまり度が低い話し方をすると考えられる親しい大学生同士の会話で、無助
詞現象がどのように起こるのかを観察し、実態を明らかにする。

2　無助詞現象に関する先行研究

　本研究では無助詞現象がどんな話題、どんな文脈にどのような形で出てく
るかを、実例を収集し調査する。これまでに無助詞現象を扱った研究は多く
あるが、本研究と関わるものに Tsutsui (1984)、藤原 (1991、1992)、野田
(1996)、楠本 (2002) がある。Tsutsui (1984) は「が」の省略条件の 1 つに
"formality" の段階性を挙げ、発話される文の formality が高ければ「が」は
省略されにくく、低くなればそれだけ省略されやすいと指摘している。同様
に、楠本 (2002) も「無助詞文はフォーマリティーや丁寧さが高いほど表れ
にくく低いほど表れやすくなる」(楠本 2002: 23) と指摘していることから、
無助詞現象にはフォーマリティーが関わり、それが低いほど無助詞が現れや
すいことが窺える。一方、野田 (1996) は「親しい人どうしが、インフォー
マルに、話の現場に密着した具体的な話をするような文体に近づけば近づく
ほど、無助詞になりやすい」(野田 1996: 267)、楠本 (2002: 23) は無助詞文が
現れる環境は「話し手の語りかける相手が特定して物理的または心理的に身
近に存在」していること、語る内容は「話し手や聞き手との現実的かつ直接
的関わりを持つ、またはその可能性があるもの」としている。また、藤原
(1991) は、話者と聴者の心的距離に関する "familiarity" という概念を用い、
助詞の省略について「"familiarity" が高くなれば、省略が容易になる」(藤原
1991: 77) と説明している。これらの指摘から、無助詞現象には会話相手と
の親密さ、および語る内容の現場性・具体性・直接性などが関わることがわ
かる。

　藤原（1992）は、語用論的な観点で助詞の省略について分析し、助詞の省略は話し言葉の中でも相手への働きかけが強い発話にみられることを指摘している。相手への働きかけが強い発話として、命令・依頼・許可・申し出・勧誘などの発話が挙げられる。さらに、終助詞「ね」「よ」類、終助詞的な使い方がなされる「の」「でしょう」「わけ」「から」などが付く発話も、相手への働きかけを生み出すことができると述べている。（3）は依頼、（4）は勧誘の文、また、（5）は「〜でしょう」、（6）は「〜から」の付く文である。

（3）　この書類φ明日までに仕上げてもらえないでしょうか。
（4）　一緒にコーヒーφ飲みに行きませんか。
（5）　彼φ来ると言ったでしょう。
（6）　あなたφおかしなことφ言うから。

（（3）〜（6）は藤原（1992: 141））

　藤原（1992）は、同じことを言う場合で、助詞を省略した場合としなかった場合との違いについて、次のように述べている。（7）は車内放送で聞かれる不特定多数の人に向けての発言で「が」が省略されにくいが、（8）は車掌が通路で一人の客に向かって発言するもので「が」の省略は随意的であるとしている。（8）において「が」を省略した場合は親しみを感じさせる言い方になり、省略されない場合は公式的な言い方に聞こえるとしている。

（7）　電車がおくれまして大変申し訳ありません。
（8）　電車φおくれてすみません。　　　（（7）、（8）は藤原（1992: 138））

　藤原（1992）はTsutsui（1984）のformalityが低くなればなるほど「が」の省略は自然であるという主張に対し、あらたまり度の低い話し方の中でも、いつでも助詞が省略されるわけではないとも述べている。例えば、（9）における玲子は、あらたまり度の低い話し方をしているにもかかわらず、「星がとてもきれいだった」や「さとうきび畑が広がって」の「が」は省略できないと指摘している。また、「私がポーズをとったの」では「が」の省略が

ありうるが、省略したものとしないものでは相手への働きかけが異なり、聞き手を強く意識した場合は「が」が省略され、出来事や事件の報告や説明を行っている時には「が」が省略されないとしている。

（9）　玲子：結局、二日後に犯人捕まったんだけど、ほら、最初は警察も困り果ててたじゃない。

　　　　健児：うん、そうだったな。

　　　　母親：健児さんが見つけたんですって、男の人が死んでいるのを。

　　　　健児：そうなんです。僕たち、石垣島に着いた次の日、朝早く、車で海岸まででかけたんです。

　　　　玲子：とってもきれいな浜辺でね、前の晩、二人で散歩したんだけど、星がとってもきれいでね。本当、あん時はロマンチックだったわ。

　　　　母親：はいはい、ごちそうさま。

　　　　玲子：ま、それで、次の朝、その浜辺に行って、写真をとろうということになって、海をバックに私がポーズをとったの。国道を挟んでさとうきび畑が広がってて、すばらしい浜辺なの。

　　　　　　　　　　　　（『現代日本語コース中級II』藤原（1992: 139））

　藤原（1992）の、助詞の省略は相手を強く意識した時に現れ、出来事や事件の報告や説明を行っている時には助詞が省略されない傾向があるという指摘は興味深い。この指摘については多くの実例で検証する必要がある。

　従来の研究で資料として使われたものは、作例、小説、テレビドラマのシナリオ、トーク番組の書き起こしや音声データの書き起こしなどが中心であった。しかし、無助詞現象は、話し言葉に顕著な現象であり、無意識に出てくるものであるため、使用傾向を正確につかむには実際の会話データが大量に必要である。そこで、J-TOCC を利用して無助詞現象の実態調査を行う。

3　J-TOCC を利用した調査

J-TOCC を用いて、以下の 3 つの点について具体的に調査をしていく。

①大学生の会話に多い「助詞なしパターン」はどんなものか
②「助詞なしパターン」が多い話題は何か
③「助詞なしパターン」と「助詞ありパターン」、それぞれどんな形態的特徴があるか

　①については、J-TOCC から機械的に助詞なしパターンを取り出すことで、実態をつかむことが可能である。②の無助詞現象と話題の関係に関しては、これまでに話題を統制したコーパスが存在しなかったので、今回初めて確認する。J-TOCC には「身の回りの話題」もあれば「社会にかかわる話題」もある。あまり考えずとも話せる話題と考えながら話す話題、あるいは、話者交代を頻繁にしながら短いターンで会話が進んでいく話題と一人が長く語るような話題では、無助詞現象の現れ方に違いがみられるのではないかと推測する。③については、藤原（1992）が指摘した相手に働きかけが強い発話に助詞の省略が現れるということや、出来事の説明をしている時は助詞が省略されにくいということを、助詞なし／助詞あり各パターンの形態的特徴に注目して確認していく。

4　調査結果

4.1　大学生の会話に多い「助詞なしパターン」

　J-TOCC から助詞なしパターンを抽出するためには、テキストを形態素解析し、その 1 つ 1 つに品詞情報を付与する必要がある。そこで今回は、J-TOCC の全データに対し、comainu[1] を利用して形態素解析を行い、品詞情報を付与する。名詞の後に助詞が現れず、その直後に動詞が現れているパターン（＝「名詞φ動詞」）と、名詞の後に助詞が現れず、その直後に形容詞が現れているパターン（＝「名詞φ形容詞」）の 2 つのパターンを抽出する。

表1　「名詞φ動詞」と「名詞φ形容詞」上位10件

名詞φ動詞（件数）		名詞φ形容詞（件数）	
事 有る（645）	大学 入る（132）	事 無い（1,072）	気持ち 悪い（100）
人 居る（308）	時 有る（109）	関係 無い（147）	マナー 悪い（56）
雨 降る（169）	事 する（97）	人 多い（122）	御金 無い（54）
事 言う（157）	雪 降る（96）	仲 良い（120）	意味 無い（52）
所 有る（147）	意味 分かる（94）	興味 無い（109）	イメージ 無い（41）

それぞれ、件数の多かった上位10件を表1に示す。

　表1より「名詞φ動詞」パターンでは「ことφある」、「名詞φ形容詞」パターンでは「ことφない」が最も多いということがわかる。形式名詞「こと」と、動詞の「ある」または形容詞の「ない」の組み合わせが最多であったことは驚くべき結果ではないが、2位以下を大きく引き離して顕著に多いことがわかった。

　「ことφある」と「ことφない」は、実際の会話では(10)の「そんなことあるんや」、(11)の「大したことない」、(12)の「食べないことある」などのように使われることもあるが、多くの場合は(13)の「動詞＋たことφある」、(14)の「動詞＋たことφない」というように、経験の有無を表す際に使われる[2]（用例の後ろの【　】は話題とファイル名である）。

(10)　すごい、そんなことあるんや。　　　【11. 天気　W-307-11.txt】
(11)　大したことないのちゃう？　　【02. ファッション　W-205-02.txt】
(12)　ああ、ほんとに、自分はどうでもいいっていうか、俺、ご飯も食べないことあるし。　　　　　　　　　　　　　　　【06. 家事　E-115-06.txt】
(13)　名前は聞いたことある。　　　【05. マンガ・ゲーム　E-112-05.txt】
(14)　もつ鍋食べたことないんよ、あたし。　　【03. 旅行　W-312-03.txt】

　経験の有無を表す「ことφある（ない）」は、どの話題にも合計20回以上と安定した使用が見られたパターンであるため、以降は経験の有無を表す

「ことφある（ない）」を対象に調査を進めることにする。

　次に、経験の有無を表す表現のうち、助詞なしパターンはどの程度の割合で現れるのかを見るため、J-TOCC の全データを対象に、「ことφある」「ことφない」という助詞なしパターンと、「こと（が／は）ある」「こと（が／は）ない」という助詞ありパターンを抽出し、件数を数えた。用例の抽出には、サクラエディタの Grep を使用した。その結果を表 2 に示す。

表 2　経験の有無を表す表現の助詞なし／助詞あり各パターンの出現数

助詞なしパターン		助詞ありパターン		合計（件）	φの割合（%）
ことφある	515	こと（が／は）ある	96	611	84.3
ことφない	871	こと（が／は）ない	83	954	91.3

　表 2 から、J-TOCC 全体で経験の有無を表す表現は、「こと（が／は）ある」よりも「ことφある」、「こと（が／は）ない」よりも「ことφない」といういずれも助詞なしパターンの方が圧倒的に多いことがわかる。助詞なしパターンの割合は、「ことφある」は 84.3%、「ことφない」は 91.3% であった。このことから、親しい大学生同士の会話において、経験の有無を表す表現を使う場合、助詞なしパターンが助詞ありパターンよりも優勢であると言える。

4.2　「助詞なしパターン」が多い話題

　表 2 で示した各パターンを話題別に集計し、経験の有無を表す表現の使用傾向を、合計の多い順に表 3 に示す。

　表 3 から、「旅行」「動物」「マンガ・ゲーム」といった話題には、経験の有無を表す表現が高頻度に出現していることがわかる。これらの話題は、経験を語るタイプの話題である。一方、「夢・将来設計」「日本の未来」といった話題は、経験の有無を表す表現が少なく、15 の話題で最も多かった「旅行」と比べると 10 分の 1 しか使われていないことがわかる。これらの話題は、あまり経験を語るタイプの話題ではないと言える。

表3　経験の有無を表す表現の話題別使用傾向（合計の多い順）

話題	親密・具体	ことφある	こと（が／は）ある	ことφない	こと（が／は）ない	合計
03. 旅行	Ⅰ・B	112	24	184	12	332
10. 動物	Ⅱ・A	64	10	83	9	166
05. マンガ・ゲーム	Ⅱ・B	53	4	89	9	155
04. スポーツ	Ⅱ・C	59	12	61	4	136
01. 食べること	Ⅰ・A	31	2	79	1	113
09. アルバイト	Ⅱ・A	38	5	60	4	107
13. マナー	Ⅱ・C	31	2	55	7	95
08. スマートフォン	Ⅰ・A	16	8	48	3	75
14. 住環境	Ⅲ・A	14	8	42	11	75
02. ファッション	Ⅱ・B	17	1	47	5	70
07. 学校	Ⅰ・B	22	8	31	3	64
06. 家事	Ⅱ・B	20	2	30	10	62
11. 天気	Ⅰ・D	24	3	27	3	57
15. 日本の未来	Ⅲ・D	10	5	16	1	32
12. 夢・将来設計	Ⅲ・D	4	2	19	1	26
総計		515	96	871	83	1,565

　続いて、助詞なしパターンの割合が高い順に並び変えたものを以下の表4に示す。

　表4より、経験の有無を表す表現は、どの話題でも助詞なしパターンが約75%以上と高い割合で使用されていることがわかった。ただし、100%に近い割合で助詞なしパターンが出てくる話題がある一方、75%程度しか助詞なしパターンが出てこない話題もあり、話題によって差が見られた。

　助詞なしパターンが非常に多かったのは、「食べること」「マンガ・ゲーム」「アルバイト」で、親密度・必要度[3] Ⅰ～Ⅱ、具体度A～Bという、身近な

表 4　経験の有無を表す表現の話題別使用傾向（φ の割合が高い順）

話題	親密・具体	ことφある	こと（が／は）ある	ことφない	こと（が／は）ない	合計	φの合計	φの割合
01. 食べること	I・A	31	2	79	1	113	110	97.3
05. マンガ・ゲーム	II・B	53	4	89	9	155	142	91.6
09. アルバイト	II・A	38	5	60	4	107	98	91.6
02. ファッション	II・B	17	1	47	5	70	64	91.4
13. マナー	II・C	31	2	55	7	95	86	90.5
11. 天気	I・D	24	3	27	3	57	51	89.5
03. 旅行	I・B	112	24	184	12	332	296	89.2
12. 夢・将来設計	III・D	4	2	19	1	26	23	88.5
10. 動物	II・A	64	10	83	9	166	147	88.6
04. スポーツ	II・C	59	12	61	4	136	120	88.2
08. スマートフォン	I・A	16	8	48	3	75	64	85.3
07. 学校	I・B	22	8	31	3	64	53	82.8
15. 日本の未来	III・D	10	5	16	1	32	26	81.3
06. 家事	II・B	20	2	30	10	62	50	80.6
14. 住環境	III・A	14	8	42	11	75	56	74.7
総計		515	96	871	83	1,565	1,386	88.6

話題かつ具体性の高い話題である。「マンガ・ゲーム」は経験の有無を表す表現の総数も 2 位であり、よく使われ、かつ、助詞なしパターンも多いという結果であった。これに対し、助詞なしパターンの割合が比較的低かったのは「住環境」「家事」「日本の未来」で、親密度・必要度 II〜III という、あまり身近ではない話題である。このうち、「日本の未来」は経験の有無を表す表現の総数も 14 位であり、あまり使われず、かつ、助詞なしパターンも少ない、という結果であった。

　具体例を見ていく。まず、助詞なしパターンの割合が高かった 3 つの話題

に関して、以下の(15)〜(17)に例を挙げる。いずれの例も、「ことφある（ない）」は、相手に経験の有無を聞いたり自分の経験を言ったりする短い文の文末に顕著に現れる。

(15)　大学の近くのさ、（うん）インドカレー屋行ったことある？

【01. 食べること　W-307-01.txt】

(16)　『DRAGON BALL』は全部読んだことあるよ。

【05. マンガ・ゲーム　E-112-05.txt】

(17)　何だろ。でも、アパレルやったことないな、まだ。

【09. アルバイト　E-118-09.txt】

　数は少ないが、助詞ありパターンもある。(18)は「読もうと思う」を際立たせるために「が」が使われている例で、(19)は「聞いたことはあるが見たことはない」という対比の文脈で現れる例である。

(18)　E-104-2M：えー、何で、漫画読まないの？
　　　E-104-1M：え、なんか、え、別に嫌いじゃないんだけど、（ああ）何
　　　　　　　　でだろうな、なんか、読もうと思ったことがない。

【05. マンガ・ゲーム　E-104-05.txt】

(19)　何か、名前は聞いたことあるけど、（うん）見たことはないみたいな
　　　感じか。　　　　　　　　　　　【05. マンガ・ゲーム　W-305-05.txt】

　次に、助詞なしパターンの割合が低かった3つの話題について見ていく。「住環境」で「こと（が／は）ある」および「こと（が／は）ない」という助詞ありパターンが合計19件見られ、他の話題と比べ多かった。これは会話データの収録の際に「都会がいいか、地方がいいか」という指示が出されていたこともあり、全体として都会と地方を比較する会話内容が多くなり、その影響もあって「こと（が／は）ある」「こと（が／は）ない」という助詞ありパターンが現れやすかったのではないかと推測する。(20)は「住んだことがない」の例である。

(20)　私は、やっぱり都会のほうが（ああ）いいな。ってか、何か、まあ、
　　　地方に住んだことがないからね、あれだけど。

　　　　　　　　　　　　　　　　　　　　【14.住環境　E-208-14.txt】

　「家事」の話題には「やったことない」「したことない」「作ったことない」
という助詞なしパターンが頻出する一方で、(21)の「包丁を握ったことが
なくて」のように、「包丁を握る」を際立たせるように助詞「が」が使われ
ている例も見られた。

(21)　実家に住んでた頃も、家事をね、（うん）全くしてこなかった。（ああ）
　　　超、超丁寧に育てられてきた（ああ）人間だからさ、それ、今までほ
　　　んとに包丁を握ったことがなくて。（おお）何か、うん、何か握った
　　　ことがなくて。（やってみれば簡単やと思うけどな。）大学入って、1
　　　人暮らしし（うん）始めてから、（うん）その、初めて包丁を握ったと
　　　かいうレベルだったから。　　　　　　【06.家事　W-106-06.txt】

　「日本の未来」は、経験を語るタイプの話題ではないため、用例数が少な
い。「日本の未来」で「ことφない」という助詞なしパターンは16件あるが、
実はこのうちの11件は会話の冒頭で、「（日本の未来について）考えたこと
ない／話したことない」と発言するものであった。この部分は、純粋に「日
本の未来」に関する会話内容とは言いにくい。仮にこの11件を除くと、「日
本の未来」の助詞なしパターンの割合は81.3%から71.4%に下がり、15の
話題の中で助詞なしパターンの割合が最も低くなる。助詞ありパターンには
(22)のような例があるが、長い説明の中に出てきている。

(22)　病院に行く機会が（うん）まああって、その、おじいちゃんおばあち
　　　ゃんがいっぱいおるやんか。（中略）高齢者がめちゃめちゃ多いから
　　　もう手に負えない、もう回らん状況になってるのを目の当たりにした
　　　ことがあるから。ま、そういったところですかね、僕が少子高齢化や
　　　なって感じたのは。　　　　　　　　【15.日本の未来　W-218-15.txt】

　以上、助詞なしパターンの割合が高い話題と低い話題について、具体例を確認した。前者には経験の有無を聞いたり言ったりする短い文の文末に現れやすく、後者は経験の有無を聞いたり言ったりするものは少ないが、その代り、「は」や「が」の意味を出す文脈で使用されているものが一定数あることがわかった。

4.3　「助詞なしパターン」および「助詞ありパターン」の形態的特徴

　助詞なしパターン「ことφある」「ことφない」、および助詞ありパターン「こと（が／は）ある」「こと（が／は）ない」の形態的特徴を見ていく。用例を目視で確認し、「ある」「ない」の活用形、さらに後ろに続く要素（記号も含む）ごとに集計した。表5は助詞なし／助詞あり各パターンの合計が10以上で、助詞なしパターンの割合が高い順に並べたものである。

表5　各パターンの形態別個数および助詞なしパターンの割合

助詞なし		助詞あり		合計	φの割合
ことφあるし	20	こと（が／は）あるし	0	20	100.0
ことφあるわ	17	こと（が／は）あるわ	0	17	100.0
ことφないし	25	こと（が／は）ないし	0	25	100.0
ことφないもん	15	こと（が／は）ないもん	0	15	100.0
ことφないわ	33	こと（が／は）ないわ	1	34	97.1
ことφないんだよね	24	こと（が／は）ないんだよね	1	25	96.0
ことφある？	106	こと（が／は）ある？	5	111	95.5
ことφない？	16	こと（が／は）ない？	1	17	94.1
ことφないよ	15	こと（が／は）ないよ	1	16	93.8
ことφない。	201	こと（が／は）ない。	20	221	91.0
ことφあるよ	20	こと（が／は）あるよ	2	22	90.9
ことφないんだけど	17	こと（が／は）ないんだけど	2	19	89.5
ことφないから	107	こと（が／は）ないから	14	121	88.4

ことφあるけど	42	こと（が／は）あるけど	6	48	87.5
ことφないけど	60	こと（が／は）ないけど	9	69	87.0
ことφある。	118	こと（が／は）ある。	18	136	86.8
ことφなくて	22	こと（が／は）なくて	9	31	71.0
ことφあって	8	こと（が／は）あって	22	30	26.7

　表 5 より、助詞なしパターンの割合が高い形態には、「ことφあるし」「こ
とφあるわ」「ことφないし」「ことφないもん」（いずれも 100％）、「ことφ
ないわ」（97.1％）、「ことφないんだよね」（96.0％）、「ことφある？」（95.5
％）、「ことφない？」（94.1％）などがあることがわかった。これらには終助
詞や「？」が続く形、つまり、文末に現れるという特徴が見られる。以下の、
(23)は「ことφない<u>し</u>」、(24)は「ことφある<u>わ</u>」、(25)は「ことφない<u>もん</u>」
の例である。いずれも話し言葉に特有の終助詞（し、わ、もん、等）が付い
ている。これらは藤原(1992)の言う相手への働きかけがある発話と言える
だろう。

(23)　W-104-1M：パチプロ。いやあ、（うん）俺、パチンコとか<u>したこと</u>
　　　　　　　　　<u>ないし</u>。
　　　W-104-2M：俺も<u>したことないし</u>、何の、何のこっちゃ分からへん
　　　　　　　　　もん。　　　　　　　　　　　　【12. 夢・将来設計　W-104-12.txt】
(24)　W-114-1M：あと、ゴルフも<u>やったことあるわ</u>。
　　　W-114-2M：あ、ゴルフ、ゴルフないわ、僕。
　　　　　　　　　　　　　　　　　　　　　　　　【04. スポーツ　W-114-04.txt】
(25)　E-203-2F：　だってウサギアレルギーって<u>聞いたことないもん</u>。
　　　E-203-1M：　あ、確かに聞いたことないけど。
　　　E-203-2F：　犬アレルギー猫アレルギーは聞いたことあるけど、ウ
　　　　　　　　　サギアレルギーは聞いたことないから、（うん）ま、大
　　　　　　　　　丈夫っていう。　　　　　　　　【10. 動物　E-203-10.txt】

　話題との関連を見ると、「旅行」「動物」「スポーツ」「マンガ・ゲーム」「ア
ルバイト」「ファッション」といった経験の有無を表す表現が多用される話
題には、表5で示した形式が偏りなく使用されている。しかし、「夢・将来
設計」「住環境」「日本の将来」の話題には、そもそも経験の有無を表す表現
の総数が少なく、他の話題では出てくる助詞なしパターンも出てこない。
　以下の(26)は「ことφない?」、(27)は「ことφある?」という相手への
問いかけの発話である。相手への問いかけの発話で、助詞が使われているパ
ターンもほぼないが、(28)のように対比の文脈であれば使用される。

(26)　え、スポッチャ、<u>行ったことない</u>?

　　　　　　　　　　　　　　　　　【05. マンガ・ゲーム　E-303-05.txt】

(27)　<u>動物飼ってたことある</u>?　　　　　【10. 動物　W-201-10.txt】

(28)　W-208-2F：【2人称】くんって家族旅行とかあった?

　　　W-208-1M：全然ないです。(中略)

　　　W-208-2F：　え、【2人称】くんは行きたいと<u>思ったことはある</u>?

　　　　　　　　　　　　　　　　　　　　【03. 旅行　W-208-03.txt】

　このように、助詞なしパターンが大勢を占める中、助詞なしパターンの割
合が比較的低いものもあった。それは、「ことφ<u>なくて</u>」(71.0%)と「こと
φ<u>あって</u>」(26.7%)の2つである。いずれもテ形に接続し、文の途中に現れ
るものである。特に「ことφあって」の出現する割合は低く、「こと(が/は)
あって」が圧倒的である。以下の(29)は「ことがあって」、(30)は「ことが
なくて」の例である。いずれも直後に「。」や「、」があることから、音声的
な間があったと考えられるが、その後も同じ話者が続きを話している。これ
らの例は、「ことがあって」「ことがなくて」と自身の経験の有無をまず述
べ、そこから自身の話を展開し、話を続けるという点が共通している。

(29)　いやさ、この前、ふと<u>思い出したことがあって</u>。何か、あ、友達に、
　　　「けんかしたことないの?」って言われて。「え、ないな」みたいな。
　　　何か、親とかに怒るとかはあるけど、確かにけんかっていわれると、

ないかもしんない。　　　　　　　　　　　【07. 学校　E-303-07.txt】

(30)　金魚しか飼ったことがなくって、あの、それこそ転勤族だったから、
　　　（ああ）マンション暮らしとかアパート暮らしが多くて、（ああそうだ
　　　ね、うーん）だから飼えなかったんだけど。【10. 動物　E-218-10.txt】

(29)、(30)は相手が知らない自分の経験に関する説明をする場面の直前に
現れている。これらは藤原（1992）の言うあらたまり度の低い話し方の中で
も助詞の省略が起こらない例に相当すると考えられる。本研究では、助詞を
省略しないことで、「これから説明するので聞いてください」という、丁寧
であらたまった態度を表しているのではないかと考える。実際の例を見る
と、「ことがあって」「ことがなくて」の後は長めの説明が続いている。短く
話す時より、長く話す時のほうが、伝えようとする姿勢が丁寧になるという
ことではないだろうか。

　話題に関連して言えば、「ことが（あって／なくて）」は特定の話題に多い
ということはない。「ことが（あって／なくて）」の使用は、話題には関係せ
ず、自分の経験を説明したり報告したりする直前に見られる特徴と言える。

5　まとめ

　本研究で明らかになったことを、以下にまとめる。

①　親しい関係の大学生同士の会話では、「こと φ ある」「こと φ ない」とい
　　う助詞なしパターンが多く使用されている。その中でも経験の有無を表
　　す表現に注目すると、助詞なしパターンは助詞ありパターンよりもきわ
　　めて多く使用されている。

②　「食べること」「マンガ・ゲーム」「アルバイト」という話題では助詞な
　　しパターンの割合が高い。これらは身近で、かつ、具体性の高い話題で
　　ある。経験の有無を表す表現の総数も多い。一方、「住環境」「家事」「日
　　本の未来」という話題では助詞なしパターンの割合が他の話題より低
　　い。これらはあまり身近ではない話題である。また、経験の有無を表す
　　表現の総数も少ない。

③　助詞なしパターンには「ことφある<u>し</u>」「ことφある<u>わ</u>」「ことφない<u>も</u><u>ん</u>」「ことφある<u>？</u>」等の形態的特徴が見られる。いずれも文末に現れるものであり、相手へ向けた問いかけや反応を表している。助詞ありパターンには「ことがあって」「ことがなくて」というテ形が特徴的で、相手が知らないことを説明する直前に現れる。

　無助詞現象には様々な要因が関わっているため、J-TOCC を用いて得られた形式面の特徴だけでは語用面を明らかにすることはできない。しかし、語用面を考察する際に、形式面で得た特徴と関連させて明らかになることは多いと思われる。本研究では経験の有無を表す「ことφある」「ことφない」に絞って調査を行ったが、今後は調査対象を広げ、今回と同様の傾向が見られるか、異なるとしたらどんな要因があるのか、ということについても明らかにしたい。

注

1　形態素解析器の1つ。音声研究に適した中単位、及び、構文・意味研究に適した長単位を自動構成する。(http://comainu.org/)

2　「動詞＋（た／だ）ことφある」は「ことφある」の80％、「動詞＋（た／だ）ことφない」は「ことφない」の83％を占める。ただし、「…するのに越したことはない」や、地域方言で使われる「見なかったことない？（見なかったよね、の意味）」などは除外する。

3　山内編 (2013: 11) は各話題で使われている名詞を身近で会話に必ず必要なA レベルから、身近ではなく、抽象度・専門度が高い C レベルに分けている。さらに、山内 (2018: 5) ではこの情報に従い、親密度・必要度によって話題を三段階に分けている。そして、{(A の名詞数)×1 点＋(B の名詞数 (×0.5 点) ＋ (C の名詞数)×0 点)}÷総名詞数×100 の計算式で「親密度・必要度」を計算し、この値が50％以上のものを親密度・必要度 I、42％〜49％のものを親密度・必要度 II、41％以下のものを親密度・必要度 III としている。

謝辞
本研究は JSPS 科研費 18H00676 の助成を得たものである。

参考文献

楠本徹也（2002）「無助詞文における話し手の情意ネットワーク」『日本語教育』115: pp. 21-30. 日本語文法学会

野田尚史（1996）『「は」と「が」』くろしお出版

藤原雅憲（1991）「話し言葉における助詞省略の効果」『平成3年度日本語教育学会秋季大会予稿集』pp. 73-78. 日本語教育学会

藤原雅憲（1992）「助詞省略の語用論的分析」田島毓堂・丹羽一彌（編）『日本語論究3 現代日本語の研究』pp. 129-148. 和泉書院

山内博之（編）（2013）『実践日本語教育スタンダード』ひつじ書房

山内博之（2018）「話題による日本語教育の見取り図」岩田一成（編）『語から始まる教材作り』pp. 3-16. くろしお出版

Tsutsui, M. (1984) *Particle Ellipses in Japanese.* University of Illinois at Urbana-champaign.

話題による「まあ」の使用傾向

加藤恵梨

　　本研究は『日本語話題別会話コーパス：J-TOCC』において、話題によっ
て談話標識「まあ」の使い方に違いがあるのかを明らかにすることを目的
とする。分析の結果、1)話題が「食べること」の場合、他の話題よりも「ま
あ」は「応答型用法」で多く用いられており、ある食べものについて好き
かと聞かれ、好きであると断言できない、微妙な気持ちを表すのに用いら
れることが多いこと、2)話題が「学校」の場合、他の話題よりも「展開型
用法」で多く用いられており、自身の過去について、a.自慢ととれるような
内容を話すとき、b.思い出したくない嫌な体験について話すとき、c.過去に
起こったことの原因などを考えながら話すときに使われることが多いこ
と、3) 話題が「日本の未来」の場合、「応答型用法」では「まあまあ、まあ
まあまあ」のように「まあ」を繰り返し述べ、意見の衝突を避けるのに用
いられることが多いこと、などがわかった。

1　はじめに

　『日本語話題別会話コーパス：J-TOCC』(以下、J-TOCC とする)には 15
の話題があるが、本研究はその中の「01. 食べること」「07. 学校」「15. 日本
の未来」という 3 つの話題に注目し、談話標識「まあ」がどのような話題で
よく使われるのか、また話題によって使い方に違いがあるのかを明らかにす
る[1]。これらの 3 つの話題を選んだ理由は、現在の自身の食の好みについて
話すとき(「食べること」)、記憶を呼び起こしつつ自身の過去のことを話すと
き(「学校」)、自身の将来や日本の未来について意見を述べるとき(「日本の
未来」)、「まあ」がどのように使われるのかを分析するためである。なお、「ま

あ」だけではなく、「ま」と短く発音されたもの、「まあね／まあな」、「まあ」
を繰り返す「まあまあまあ」なども調査対象に含めることとする[2]。

2　先行研究における「まあ」の記述

　「まあ」に関する先行研究には、川上（1993、1994）、加藤（1999）、冨樫
（2002）、川田（2007a、2007b）、大工原（2015）、加藤（2019）、柳澤・馮（2019、
2021）など多く存在するが、以下でその中の川上（1993、1994）、加藤（1999）、
冨樫（2002）、柳澤・馮（2021）をとりあげる。

　まず、川上（1993、1994）は「まあ」の用法を、発話冒頭に位置する「応
答型用法」と、発話中の文頭・文中に位置する「展開型用法」に分類してい
る。「応答型用法」とは「相手の発話内容に対する受け取り方を表示しつつ、
自分の発話内容を展開させていく用法」（川上 1993: 70）であり、「展開型用
法」とは「話し手の一発話が比較的長く続く談話において、発話内の文の文
頭や文中で用いられる」という用法である（川上 1994: 70）。また、川上（1993:
72）は「まあ」の基本的な意味を「いろいろ問題はあるにしても、ここでは
ひとまず大まかにひきくくって述べる」という「概言」という姿勢・態度に
求められると述べている。加藤（1999: 29）は、川上（1993、1994）の分析を
踏まえつつ、さらに詳しい「応答型用法」と「展開型用法」の分類を行い、
「まあ」の基本機能を「とりあえずの反応」であるとしている。冨樫（2002:
24）は「まあ」の本質的な機能を「ある前提から結果へと至る計算処理過程
が曖昧であることを示す。あるいは計算に至る際の前提そのものが明確では
ないことを示す」とし、「まあ」の本質は「心内での情報処理の行われ方」
を標示するものであると説明している。さらに柳澤・馮（2021: 240）は、「ま
あ」は「出現条件のみを持ち、意味を持たない語である」とし、優越性を感
じた時に出現できると述べている。

　上述のように、「まあ」の本質的な意味・機能を「概言」「とりあえずの反
応」「曖昧性」と記述する研究がある一方で、「まあ」は意味をもたないと述
べている研究もあり、研究者によって捉え方はさまざまである。本研究では
川上（1993、1994）を踏まえ、「まあ」を相手の発話内容に対する受け取り方

を表示する「応答型用法」と、話し手の発話内で用いられる「展開型用法」にわけて分析する。また、各用法の機能については、加藤（1999）、加藤（2019）を踏まえ、「応答型用法」は相手の発話を受け止め、とりあえずの反応を示すという機能をもち[3]、一方の「展開型用法」は次の発話をする前のとりあえずの反応を示すという機能をもつと考える。

3　「まあ」の使用状況

　表1に、3つの話題における「まあ」の使用状況を示す[4]。検索には、GREP検索・テキストビューアであるKWIC Finder4を用いた[5]。検索語に「ま」を入れ、得られた結果を一つ一つ確認し、程度を表す「まあまあ」を除外するなどして該当する語を抽出した結果が表1である。

表1　話題別の「まあ」の使用

	食べること	学校	日本の未来	合計
東日本男性	268	241	393	902
西日本男性	210	269	357	836
東日本女性	94	138	159	391
西日本女性	80	99	125	304
合計	652	747	1,034	2,433

　3つの話題の中で、最も多く「まあ」が用いられているのは「日本の未来」（1,034回）であり、次に「学校」（747回）、「食べること」（652回）の順である。また、録音地の東西で見ると、東日本（1,293回）のほうが西日本（1,140回）より多く用いており、男女別では、男性（1,738回）の使用回数のほうが多く、女性（695回）の使用は男性の半分以下である。

　とはいえ、全員が各話題で「まあ」を使っているのではなく、「まあ」を使用していない人もいる。「まあ」の不使用者に注目すると、「食べること」では70名（東日本男性10名、西日本男性11名、東日本女性22名、西日本

女性27名）、「学校」では51名（東日本男性4名、西日本男性3名、東日本女性20名、西日本女性24名）、「日本の未来」では47名（東日本男性5名、西日本男性7名、東日本女性16名、西日本女性19名）いる。加えて、3つの話題のすべてで「まあ」を用いていない人も13名（東日本男性0名、西日本男性1名、東日本女性6名、西日本女性6名）いる。

　反対に、各話題において同一話者による使用回数が最も多いのは、「食べること」が17回（東日本男性2名）、「学校」が14回（東日本男性1名、西日本男性3名）、「日本の未来」が26回（西日本男性1名）である。

　以上から、「まあ」の使用数は話題によって異なることがわかる。次節では、それぞれの話題でどのように用いられているのかを詳細に見ていく。

4　話題別の「まあ」の特徴

4.1　各話題における「応答型用法」と「展開型用法」の数

　話題別の「まあ」の特徴を見る前に、各話題において「まあ」が応答型用法と展開型用法のどちらで多く用いられているのかを見ると、次の表2のような結果が得られた。

表2　各話題で用いられている「まあ」の用法の数

	食べること	学校	日本の未来	合計
応答型用法	269（41.3%）	241（32.3%）	392（37.9%）	902（37.1%）
展開型用法	383（58.7%）	506（67.7%）	642（62.1%）	1,531（62.9%）
合計	652	747	1,034	2,433

　表2のように、各話題とも共通して展開型用法の方が多く用いられており、最も多く用いられているのは「学校」である。応答型用法については「食べること」で最も多く用いられている。なお、「日本の未来」の応答型用法のうちの71回（18.1%）は「まあまあまあ」などのように3回以上繰り返して用いられている。

4.2　「食べること」について話すときの特徴

　「食べること」を話題とする場合、自身の食の好みが語られることが多い。その際、「まあ」はどのように使われているのであろうか。以下では、応答型用法について見た後、展開型用法をとりあげる。

　次の（1）は応答型用法の例である。

（1）　E-216-1F：　私好きな食べ物カレーだよ。

　　　E-216-2M：え、ラーメンじゃないの？

　　　E-216-1F：　カレーだよ。

　　　E-216-2M：じゃあラーメンは好き？

　　　E-216-1F：　うん、<u>まあ</u>、好きだけど。

　　　E-216-2M：ああ。ラーメンよりカレー？

　　　E-216-1F：　カレー。　　　　　　　　（東日本男女ペア、E-216-1）

（1）は E-216-2M に「じゃあラーメンは好き？」と聞かれ、E-216-1F が「うん、まあ、好きだけど」と答えている。この答えを聞いた E-216-2M が「ああ。ラーメンよりカレー？」と言っていることから、「うん、まあ、好きだけど」は好きではあるが、大好きとは言えない気持ちを表し、そのことが聞き手にも伝わっていることがわかる。このように、「好き」と言う前に、相手の発話を受け止め、とりあえずの反応を示す「まあ」が入ることで、好きと断定できない気持ちを表している。話題が「食べること」である場合、ある食べものについて好きかと聞かれ、好きであると断言できない、微妙な気持ちを表すのに「まあ」が用いられているものが多い。

　また、次の（2）のように、相手の好みが自身と違う場合であっても、理解を示そうとする際に「まあ」が使われているものも見られる。

（2）　W-220-1M：ふーん、え、塩だけで、大丈夫なんや。（W-220-2F：
　　　　　　　　　いける）へー。具とかも、別に欲しくはならない。

　　　W-220-2F：　具なしの、韓国のりとかが好き。（W-220-1M：あー）
　　　　　　　　　うん。

W-220-1M：韓国のり。（W-220-2F：うん）確かにおいしいかもな。
W-220-2F：もうそれだけでいける、（W-220-1M：あー、あー）か
　　　　　な。米、お米、あ、そうやな、（W-220-1M：うん）究極、
　　　　　お米と塩さえあれば、（W-220-1M：あー）いけるし。
W-220-1M：まあ、まあ、味はあるっちゃあるもんね。（W-220-2F
　　　　　：うん）うん。　　　　　　　　（西日本男女ペア、W-220-1）

（2）は、W-220-2F が塩むすびが大好きだと聞き、W-220-1M は「具とかも、
別に欲しくはならない」と質問するなど不思議がっていたが、W-220-2F の
「究極、お米と塩さえあれば、いけるし」という発話を「まあ、まあ」と受
け止め、相手の好みに理解を示そうと「味はあるっちゃあるもんね」と言っ
ている。
　その一方で、次の（3）のように、相手の発話を受け止めつつも、同意し
ない場合もある。

（3）　W-209-2F：え、じゃ、ルーティーン。
　　　W-209-1M：え、ルーティーンはない。特にあの、これ食べたいな
　　　　　　　　あと思ったら食べる。
　　　W-209-2F：あー。え、何かこれがないと無理みたいな。
　　　W-209-1M：それはないな。これがないな。長期的に考えて、俺、
　　　　　　　　魚すきやから、その魚介類長期間食べれへんとかやっ
　　　　　　　　たら、嫌って思うけど、（W-209-2F：あー）毎日そのル
　　　　　　　　ーティーンとして食ってるってわけでもないから。
　　　W-209-2F：へー。でもね、豆乳パンないと嫌。か、米粉パン。
　　　W-209-1M：まあ、俺そういうのはないわ。

　　　　　　　　　　　　　　　　　　　　（西日本男女ペア、W-209-1）

（3）は、W-209-2F の「豆乳パンないと嫌。か、米粉パン」という発話を、
W-209-1M は「まあ」と受け止めつつも、自身には「これがないと無理」
と感じるような食べものはないと言っている。

　「食べること」を話題にする場合、他の2つの話題と比べ、「まあ」は応答型用法で用いられることが多いのが特徴である。一方の展開型用法は次の（4）のように用いられている。

（4）　E-116-1M：全部、もう、好き嫌いある？
　　　　E-116-2M：いや、俺はないよ。ないけど、まあ挙げるなら、俺ラーメン、すし、焼肉。　　　　（東日本男男ペア、E-116-1）

（4）は、E-116-1M の「好き嫌いある？」という質問に対して E-116-2M は「いや、俺はないよ」と答えた後、「ないけど、まあ挙げるなら」と言って話を展開している。ここでの「まあ」は、次に言うことを考える間のとりあえずの反応として用いられている。

4.3　「学校」について話すときの特徴

　「学校」を話題とする場合、応答型用法の「まあ」は次の（5）のように、過去のできごとに関して相手と意見が合わない場合であっても、相手の意見にそって考えようとするときに使われている。

（5）　W-115-1M：どんだけ走んねんいうぐらい。陸上部じゃないのに、陸上みたいな。(W-115-2M：（笑)) 毎日もうどんだけきつかったんやろな。もう、それしかないわ。でも、部活終ったらもう天国やったね。天国、もう。
　　　　W-115-2M：うーん、どうやったんやろな。あんまり天国とは思えへんかったな。
　　　　W-115-1M：嘘や、もう学校行けるみたいな、毎日学校行けーみたいな、もう、ばり楽しいやんみたいな。
　　　　W-115-2M：まあでも解放された感はあったわ。
　　　　W-115-1M：うん、その、学校とかさー、友達としゃべりに行くみたいな感じやんか。
　　　　W-115-2M：まあ、それはあるわ。　　（西日本男男ペア、W-115-7）

（5）は、W-115-1M の「部活終ったらもう天国やったね」という発話に対し、W-115-2M は「あんまり天国とは思えへんかったな」と答えているが、W-115-1M が学校へ行くことが楽しかったと繰り返し言うので、W-115-2M はその発話を「まあ」と受け止め、「でも解放された感はあったわ」のように、相手の発話にそった考え方を示している。また、W-115-1M の「学校とかさー、友達としゃべりに行くみたいな感じやんか」という発話についても「まあ」で受け止め、「それはあるわ」と理解を示している。

　さらに、次の（6）のように、相手に同意を求められた場合、相手と同じような考えを抱いていなくても、相手の発話にそった受け答えをするのに用いられることもある。

（6）　E-202-1F：なんか、あの、【団体名】でも、なんかまたしゃべれなくなってきちゃいますもん、なんか。
　　　E-202-2M：男の子と？
　　　E-202-1F：そう（笑）。
　　　E-202-2M：へー。
　　　E-202-1F：あ、でも、小学校、中学校とかは、まだやっぱり、こう、ちっちゃい頃はやっぱしゃべれるじゃないですか。
　　　E-202-2M：まあまあ、ちっちゃい頃はねえ（E-202-1F：うーん）、小中だとねえ。　　　　　　（東日本男女ペア、E-202-7）

（6）は、E-202-1F が E-202-2M に、「ちっちゃい頃はやっぱ（男の子と）しゃべれるじゃないですか」と同意を求める発話をしたため、E-202-2M が「まあまあ、ちっちゃい頃はねえ」と答えている。このように、相手から同意を求められた場合、自身は相手と同じように考えていなくても、「まあまあ」と相手の発話を受け止め、相手の発話にそった受け答えをしようとする傾向が見られる。

　上の（5）と（6）では相手の発話を「まあ」で受け止め、相手の発話にそった受け答えをしようとしていたが、次の（7）のように、相手の発話を「まあ」で受け止めながらも、見解が異なるということを示す例も見られる。

（7）　E-201-2M：何か、あと、で、私立だったから、（E-201-1F：うん）
　　　　　　　　　あんま遊ぶのも（E-201-1F：うん）部活単位で遊んでた
　　　　　　　　　から、（E-201-1F：ふーん）そうなるとやっぱり部活が
　　　　　　　　　大きいよね。（E-201-1F：うん）中高でよくいるグルー
　　　　　　　　　プってさ、部活が多くない？　そんなことない？
　　　　　E-201-1F：　<u>まあ</u>、そうなのかな。私はそうじゃなかったから。
　　　　　　　　　　　　　　　　　　　　（東日本男女ペア、E-201-7）

（7）は E-201-2M に「中高でよくいるグループってさ、部活が多くない？」
と聞かれ、E-201-1F は相手の意見を「まあ」で受け止めつつも、自身には
そのような経験はないと言っている。このように、「まあ」で相手の発話を
受け止めても、相手の発話に同意しない場合もある。
　次に展開型用法について見る。自身の過去について話す際、次の発話をす
る前のとりあえずの発話として「まあ」を用いるのは、a. 自慢ととれるよう
な内容を話すとき、b. 思い出したくない嫌な体験について話すとき、c. 過去
に起こったことの原因などを考えながら話すとき、が多い。
　まず、「a. 自慢ととれるような内容を話すとき」を表す（8）を見る。

（8）　E-108-1M：結構、その学校の中でも 1 位とか、その狙える位置だっ
　　　　　　　　　たの。
　　　　　E-108-2M：あ、<u>ま</u>、そうだね。そんな大した、普通の公立の、あれ
　　　　　　　　　で、なんか<u>まあ</u>、（E-108-1M：ああ）なんか、なぜか分
　　　　　　　　　かんないけど、ほんとに勉強するのが好きとか、
　　　　　　　　　（E-108-1M：へー）勉強するのっていうか、1 位を取れ
　　　　　　　　　ちゃって、<u>まあ</u>。　　　（東日本男男ペア、E-108-7）

（8）は、中学校の成績について E-108-1M に「結構、その学校の中でも 1
位とか、その狙える位置だったの」と聞かれ、1 位であったことを説明する
のに、E-108-2M は「ま（あ）」を 3 回使っている。相手に自慢と受取られ
かねないことを言う場合、話しづらいという心理が働くため、次の発話をす

る前のとりあえずの発話としての「まあ」を多用していると考えられる。

　続いて、「b. 思い出したくない嫌な体験について話すとき」を表す（9）を見る。

（9）　E-309-1F：だから本当に、あんまりね、小学校はいい思い出はない
　　　　　　　　　です。でも、【小学校名】っていうところに、【地名】な
　　　　　　　　　んですけど、（E-309-2F：うん）えっと、あのね、小6の
　　　　　　　　　ときに転校したんですよ。（E-309-2F：うんうん）まあ、
　　　　　　　　　いじめられてたからなんですけど。（E-309-2F：うん）
　　　　　　　　　　　　　　　　　　　　（東日本女女ペア、E-309-7）

（9）は、小学6年生のときに転校した理由を「まあ、いじめられてたから
なんですけど」と説明している。「まあ」は、過去の嫌な体験について話す
ことへのためらいを表している。

　最後に、「c. 過去に起こったことの原因などを考えながら話すとき」を表
す（10）を見る。

（10）　E-118-2M：なんか、小学校が一番長かった気がする、自分の中で。
　　　　　　　　　まあ、6年っていうのもあるけど、それ以上に長かった
　　　　　　　　　気がする。まああんまりあれだったのかなあ、その、部
　　　　　　　　　活とかがさあ、がんがん行かないから。
　　　　　　　　　　　　　　　　　　　　（東日本男男ペア、E-118-7）

（10）は、「小学校が一番長かった気がする」と言い、どうしてそのように感
じるのかを考えながら話している。そのため、「まあ、6年っていうのもあ
るけど」「まああんまりあれだったのかなあ、その、部活とかがさあ、がん
がん行かないから」のように、考えた理由を話す前にとりあえずの反応を示
す「まあ」が用いられている。

4.4　「日本の未来」について話すときの特徴

「日本の未来」を話題とする場合、応答型用法の多くは次の(11)のように、相手の意見を受け止め、理解を示そうとする際に使われている。

(11)　W-116-2M：あのー、聞いた話やねんけど、あのー、そういう介護
　　　　　　　　ってやっぱり、あのー、ちょっとなんか、何ていうの、
　　　　　　　　そのー、わから、何ていうの、病気持ったりとかあれ
　　　　　　　　やん、あのー。
　　　　W-116-1M：負担が大きいとか。
　　　　W-116-2M：負担とかじゃなくて、<u>まあ</u>それもあんねんけど、例えば
　　　　　　　　なんかその、な、何ていうんやったっけな、あれ。なん
　　　　　　　　か、すぐ忘れる病気あるやん。

　　　　　　　　　　　　　　　　　　（西日本男男ペア、W-116-15）

(11)は、W-116-1Mの「負担が大きいとか」という発話がW-116-2Mの期待していた発話とは異なるものの、相手の発話を「まあ」と受け止めた上で、自身の話を展開している。

　また、次の(12)のように、相手の意見を「まあ」で受け止めつつも、相手と違う意見を述べているものも見られる。

(12)　W-216-2F：長生きし過ぎなんだよね、多分、みんな。
　　　　W-216-1M：<u>まあ</u>、いいことだと思うけどね。
　　　　W-216-2F：適度に死のう、もう。
　　　　W-216-1M：うーん。いや、俺は別に。

　　　　　　　　　　　　　　　　　　（西日本男女ペア、W-216-15）

(12)は、W-216-2Fの「長生きし過ぎなんだよね、多分、みんな」という意見を聞いたW-216-1Mが、相手の意見を「まあ」と受け止めながらも、「いいことだと思うけどね」と相手と異なる意見を言っている。このように、相手と異なる意見を言う場合であっても、「まあ」で相手の意見を受け止めて

から自身の意見を述べているものが多く見られる。

　さらに、次の(13)のように、相手の反論を受け止める場合にも「まあ」が用いられている。

(13)　W-215-1M：めちゃくちゃ年上の親とか、めっちゃ嫌やわ。
　　　W-215-2F：たし、あー、そっか。それは嫌やわ、確かに。えー、うーん。何か、しょうがなくないって思う。
　　　W-215-1M：<u>まあまあ</u>、<u>まあまあまあ</u>。

　　　　　　　　　　　　　　　　　　（西日本男女ペア、W-215-15）

　(13)は、W-215-1M の「めちゃくちゃ年上の親とか、めっちゃ嫌やわ」という発話に対して、W-215-2F が「何か、しょうがなくないって思う」と反論したのを受け、W-215-1M が「まあまあ、まあまあまあ」と言っている。このように、相手の反論を受け止めるのに「まあ」が使われている例もよく見られる。

　(13)に限らず、「日本の未来」について話す場合には話者間の意見が異なることが多い。その場合、相手に反論したり、自身の意見を主張したりするのではなく、(13)の「まあまあ、まあまあまあ」のように「まあ」を繰り返し述べることで、相手の意見を受け止めたということを示すにとどめているものが見られる。そうすることにより、意見の衝突を避けようとしているのだと考えられる。

　続いて、展開型用法について見る。展開型用法は、手厳しい意見を言う場合や、考えながら意見を言う場合に多く使われている。

　まず、次の(14)のように、手厳しい意見を言う場合について見る。

(14)　E-101-1M：そう、要介護の人とかがめちゃくちゃ多いから、（E-101-2M：うん）<u>まあ</u>別に、それ、言い方は別によくないけど、<u>まあ</u>、その人たちは<u>まあ</u>、医療費めちゃくちゃかかるやん。（E-101-2M：まあ、そうね、うん）そりゃそうじゃん。そう。もと、ただでさえ（E-101-2M：

うん）高齢者多いのに、（E-101-2M：うん）で、<u>まあ</u>、
もうみんな要介護とかだったら、医療費がやばいから、
<u>まあ</u>結局若者の。　　　　（東日本男男ペア、E-101-15）

（14）では、「まあ別に、それ、言い方は別によくないけど」と言っているように、言い方がよくないと思いながら話をすることにより、話し方がたどたどしくなると同時に「まあ」の使用が増えている。このように、手厳しい意見を言う場合、言いすぎではないか、聞き手はどのように感じるかなどが気になって、次の発話をするのをためらい、「まあ」の使用が増えると考えられる。

　また、次の（15）のように、考えながら意見を述べると、「まあ」の使用が多くなる。

（15）　E-115-2M：<u>まあ</u>、少子化、高齢化で、えーと、<u>まあ</u>、人生100年時
　　　　　　　　代（E-115-1M：うん）っていうのとＡＩ化（E-115-1M
　　　　　　　　：うん）っていうのが、えーと、日本の未来のテーマだ
　　　　　　　　と思っていて。（中略）何か、その人たちの、個人に、え
　　　　　　　　っと、寄り添った、（E-115-1M：うん、うん）えっと、
　　　　　　　　サービスをすることができるから、また、何か、介護と
　　　　　　　　かの、えっと、負担とかも、<u>まあ</u>。<u>まあ</u>、絶対あるんだ
　　　　　　　　けど、（E-115-1M：うん）また別の形になってくるかな
　　　　　　　　とは（E-115-1M：ああ）思ってて。（中略）えっと、少子
　　　　　　　　化も高齢化も、<u>まあ</u>、そこまで、あの、悲観するべきも
　　　　　　　　のじゃないんじゃないかとは（E-115-1M：ああ）思って
　　　　　　　　るけど。ちょっと、考えが浅くて、ちゃんとしゃべれな
　　　　　　　　い。　　　　　　　　（東日本男男ペア、E-115-15）

（15）のように、その場その場で考えながら意見を言う場合には「まあ」の使用が増える。特に「日本の未来」について話すときには、自身の思いをその場で考えながら言葉にしようとするため、話がまとまっておらず、一発話

が長くなるとともに「まあ」の使用も増えている。

5　まとめ

　本研究は、J-TOCC において、「まあ」がどのような話題でよく使われているのか、また話題によって使用に違いがあるのかを明らかにすることを目的とするものである。まず、先行研究を踏まえて「まあ」を、相手の発話内容に対する受け取り方を表示する「応答型用法」と、話し手の発話内で用いられる「展開型用法」にわけ、「応答型用法」は相手の発話を受け止め、とりあえずの反応を示すという機能をもち、一方の「展開型用法」は次の発話をする前のとりあえずの反応を示すという機能をもつことを述べた。

　次に、J-TOCC の「食べること」「学校」「日本の未来」という 3 つの話題の中で「まあ」がどれくらい使われているのかを調べた。その結果、最も多く用いられているのは「日本の未来」であり、「学校」、「食べること」の順であった。また、録音地の東西で見ると、東日本のほうが西日本より多く用いており、男女別に見ると、男性の使用回数のほうが多く、女性の使用は男性の半分以下であることがわかった。

　さらに、話題別の「まあ」の使用の特徴については、次のようにまとめることができる。

　1) 話題「食べること」における「まあ」の特徴
　・3 つの話題の中で最も多く「応答型用法」が用いられている。
　・「応答型用法」は、ある食べものについて好きかと聞かれ、好きであると断言できない、微妙な気持ちを表すのに用いられることが多い。また、相手の好みが自身と違う場合であっても、理解を示そうとする際に「まあ」が使われている例も見られる。
　2) 話題「学校」における「まあ」の特徴
　・3 つの話題の中で最も多く「展開型用法」が用いられている。
　・「応答型用法」は、相手の過去の言動に関する発話について理解を示す際に使われることが多い。
　・「展開型用法」は自身の過去について話す際、a. 自慢ととれるような内

容を話すとき、b. 思い出したくない嫌な体験について話すとき、c. 過去に起こったことの原因などを考えながら話すとき、に使われることが多い。

3) 話題「日本の未来」における「まあ」の特徴
・「日本の未来」について話す際には話者間の意見が異なることが多い。その場合、相手に反論したり、自身の意見を主張したりするのではなく、「まあまあ、まあまあまあ」のように「応答型用法」の「まあ」を繰り返し述べることで、相手の意見を受け止めたということを示すにとどめているものが見られる。そうすることで、意見の衝突を避けようとしているのだと考えられる。
・「展開型用法」は、手厳しい意見を言う場合や、考えながら意見を言う場合に多く使われている。特に「日本の未来」について話すときには、自身の思いをその場で考えながら言葉にしようとするため、話がまとまっておらず、一発話が長くなるとともに「まあ」の使用も増えている。

注

1　本稿では富樫（2002）、大工原（2015）などと同様、「まあ」を「談話標識」とし、「談話標識」を感動詞・副詞・接続詞の総称とする。
2　「まあ」は音調によって意味・機能が異なると指摘されることがあるが、J-TOCCでは音声情報を確認することができないため、本稿では音調について考慮しないこととする。
3　加藤（2019: 92）は「応答型用法」の「まあ」の基本的意味を「相手の発言を受け止め、とりあえずの反応を示すとともに、その話題について積極的に話を展開するつもりはないという態度を示すこと」とし、この積極的に話を展開するつもりはないという態度が文脈によって様々な用法を帯びると考えている。この記述を踏まえ、本稿が考える「応答型用法」の「まあ」の基本的意味を述べる。
4　「まあまあまあ」という発話であれば、「まあ」の使用は3回と数える。
5　KWIC Finder4 の作者のページ：
http://ebstudio.info/manual/KWICFinder4/KWICFinder4.html（2022 年 10 月 18 日閲覧）

参考文献

加藤恵梨 (2019)「発話の冒頭で使われる「まあ (ね)」について」『言語資源活用ワークショップ発表論文集』4: pp. 85-93.

加藤豊二 (1999)「談話標識「まあ」についての一考察」『名古屋学院大学日本語・日本語教育論集』6: pp. 21-36.

川上恭子 (1993)「談話における「まあ」の用法と機能 (一) ―応答型用法の分類―」『園田国文』14: pp. 69-78.

川上恭子 (1994)「談話における「まあ」の用法と機能 (二) ―展開型用法の分類―」『園田国文』15: pp. 69-79.

川田拓也 (2007a)「日本語談話における「まあ」の役割と機能について」南雅彦 (編)『言語学と日本語教育V』pp. 175-192. くろしお出版

川田拓也 (2007b)「「まあ」のスケール作用性―副詞的用法と談話的機能の統合に向けて―」『語用論研究』9: pp. 37-52.

大工原勇人 (2015)「「まあ」の強調的用法の生起条件」友定賢治 (編)『感動詞の言語学』pp. 97-113. ひつじ書房

冨樫純一 (2002)「談話機能「まあ」について」『筑波日本語研究』7: pp. 15-31.

柳澤浩哉・馮文彦 (2019)「大学講義における「まあ」」『広島大学日本語教育研究』29: pp. 9-16.

柳澤浩哉・馮文彦 (2021)「「まあ」の意味と機能―出現条件から考える―」『広島大学大学院人間社会科学研究科紀要　教育学研究』2: pp. 232-241.

話題・地域による自問発話の使用傾向

小西円

　本稿では、話題・地域の異なりが自問発話の種類や形式とどのように関連しているか、または関連していないのかについて、J-TOCC をデータとして調査・分析を行う。その結果、自問発話は、地域によって好まれる形式に若干の違いがあることや、話題によって多用される機能が異なることがわかった。具体的には、伝えにくい意見を述べる場面や、長い説明をする場面で「説明を逡巡」という機能をもつ自問発話が多用され、その形式としては「何と言う」系が多いことがわかった。しかし、話題と自問発話の関係をさらに明確にするためには、「日本の未来」のような大話題と呼ぶべきものだけでなく、対話に具体的に現れる「少子化・高齢化」のような小話題と呼ぶべきものの親密度や具体度についても明らかにする必要がある。

1　自問発話とは何か

　自問発話（self-addressed question）は、「話し手が自らの発話中に何らかのトラブルを検知したときに挿入される、自らに向けた疑問の形を取る発話」（丸山 2021: 13）であり、そのようなことを示す談話標識であるとされる（Endo and Yokomori 2020）。「何らかのトラブル」とは、人の名前が思い出せない、うまい説明の仕方が思いつかないなどである。話し手は、そのようなトラブルから流暢に発話ができなくなったということを聞き手に示すために、自問発話を挿入すると言われている（Endo and Yokomori 2020, 丸山 2021）。具体的には（1）（2）のような例である。疑問詞を伴うけれども、聞き手に対して何かを尋ねているわけではなく、話し手の自問を表している。

（ 1 ）　E-319-1F：公民科とかの授業に。何か、何だっけ、インフレ、デフ
　　　　　　　　レみたいな。　　　　　　　　　　　　　　（E-319-15.txt）
（ 2 ）　E-320-2F：だって、なんか、もしさ、なんか、AI とか導入して、そ
　　　　　　　　れでなんか、何だろう、なんか、みんな、等しいなんか
　　　　　　　　労働量ぐらいで、なんか、高度な作業ができるようにな
　　　　　　　　ったとしたらさ、それ、もう、あれじゃん。社会主義み
　　　　　　　　たいな感じじゃん。　　　　　　　　　　　（E-320-15.txt）

　Endo and Yokomori (2020) は、自問発話が韻律的に 1 つのチャンクを形成
することや、「何だっけな」のように終助詞と共に現れることから、これら
が言語的に定型化した表現形式であると指摘している。Endo and Yokomori
(2020) や丸山 (2021) を参照すると、自問発話は大きく 3 種の定型形式に分
類できる。「何」に助動詞「だ」が続く形を基本とする「何だっけ」系、モ
ダリティ形式「だろう」が続く形を基本とする「何だろう」系、「て言う」
が続く形を基本とする「何て言う」系である[1]。それぞれには以下に示すよ
うな下位形式がある。もちろん、方言等を加味すると、下位形式は以下に提
示するものにとどまらない。「何」の発音は原則的には「なん」である。

（ 3 ）　「何だっけ」系：何だっけ、何だっけな、何だったかな、何だったっ
　　　　け、何だったっけな、何でしたっけ
（ 4 ）　「何だろう」系：何だろう、何だろうかな、何だろうな、何でしょう、
　　　　何でしょうね、何ですか
（ 5 ）　「何て言う」系：何て言うか、何て言うかな、何て言うのかな、何て
　　　　言うんですか、何て言うんだっけ、何て言うんだろう、何て言うんで
　　　　しょう、何て言えばいいかな

　丸山 (2021) は、『日本語話し言葉コーパス』(CSJ) をデータとして、話者
の性差や、尋ね手・答え手という対話における役割の違いから自問発話の使
用傾向を調査している。その結果、女性は「何だろう」系が多く、男性が「何
て言う」系が多いこと、答え手の方が多くの自問発話を使用していること、

「何て言う」系は「説明の仕方を逡巡する」状況で多く使用されていること
などを明らかにしている。また、CSJ では男性が答え手の役割を担うことが
多いことから、上記のような性差における傾向は、対話の役割の差が影響し
ているのではないかと分析している。

　自問発話の使用傾向に対話の役割が影響しているとすれば、対話における
話題の違いは自問発話にどのように影響するだろうか。自問発話が、物の名
前を思い出せない場合や、うまい説明の仕方が思いつかない場合などのトラ
ブル時に挿入されるのだとすると、話題が話者にとってなじみがない場合
や、より複雑な話題の場合には、そのようなトラブルが比較的多く発生する
可能性があると予想できるが、その際に自問発話はどのように使用されるの
だろうか。また、「説明の仕方を逡巡する」状況で「何と言う」系が多用さ
れるとすると、話題の難易度が高い場合には説明が難しい場面が多くなるこ
とが予想されるが、その場合にも「何と言う」系の多用という傾向が同様に
現れるのだろうか。また、関東・関西という地域差は、自問発話の使用形式
に何らかの傾向差を生み出すのだろうか。

　そこで、本研究では、話題と地域の差から自問発話の使用状況を比較し、
分析を行うこととする。

2　調査の対象と方法

2.1　調査対象データ

　調査データは、J-TOCC の 15 の話題のうち、「01. 食べること」と「15.
日本の未来」の 2 つを対象とする。

　J-TOCC の 15 の話題は、山内編（2013）や山内（2018）に基づいて親密度
・必要度、具体度といった数値が付与され、それらが適度に散らばるように
話題設定がされている。親密度・必要度のスケールはⅠ～Ⅲまであり、Ⅰの
ほうがより身近である。具体度のスケールはＡ～Ｄまであり、Ａの方がよ
り具体名詞が多い。そのような側面から見ると、「01. 食べること」は親密
度・必要度がⅠ、具体度がＡであり、「15. 日本の未来」は親密度・必要度
がⅢ、具体度がＤである。つまり、「01. 食べること」の方が、より身近で

具体名詞が多く、「15. 日本の未来」はその対極である。両者は J-TOCC の
15 話題の中で親密度・必要度、具体度の観点からは最も性質の異なる話題
であると言える。そのため、話題の差が自問発話にどのように影響するかを
分析するのに適していると判断した。

　また、J-TOCC には、話者が各話題について「それぞれの話題についてど
れだけ詳しいか、あるいはどれだけ自信をもって話すことができたか」をア
ンケートで答えた個人の話題精通度の数値も付与されている。5 段階で「5」
がもっとも詳しいことや自信をもっていることを表す。その面から見ると、
「01. 食べること」の話題精通度平均は 3.8 で、15 話題中最も高く、「15. 日
本の未来」の話題精通度平均は 2.8 で、15 話題中最も低い。この面から見
ても、この 2 つの話題は対極にあり、自問発話の使用傾向を見るのに適して
いると言える。

　1 話題には 120 ファイルあるため、計 240 ファイルを調査対象データとした。

2.2　調査方法と形式

　次に、調査方法を述べる。240 のテキストファイルに対して、「何」およ
び「なん」を対象として GREP 検索を行った。その後、目視で自問発話を
抽出した。

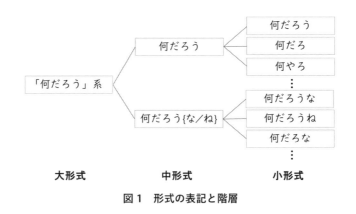

図 1　形式の表記と階層

本稿では、（3）〜（5）で示したように、自問発話を 3 種の「系」に分類

したうえで記述するが、そこには複数の具体的な形式がまとめ上げられている。「何だろう」系を例に挙げると、図1に示すような3つの階層がある。{ }はスラッシュで区切った形式のうちどちらかが現れることを示す。本稿では基本的には大形式で表記するが、地域で使用される言語形式の具体的な異なりなどを示す場合は中形式および小形式で表記する。

3　調査の結果と分析

3.1　自問発話の全体像と話題・地域

　まず、2つの話題それぞれにおいて、自問発話の出現数と各系の出現比率を地域別に示す。

表1　「01. 食べること」における自問発話

大形式	東日本	西日本	総計
何だっけ系	21（19%）	26（29%）	47（24%）
何だろう系	67（62%）	47（52%）	114（57%）
何て言う系	20（19%）	18（20%）	38（19%）
計	108（100%）	91（100%）	199（100%）

表2　「15. 日本の未来」における自問発話

大形式	東日本	西日本	総計
何だっけ系	27（20%）	12（12%）	39（17%）
何だろう系	60（44%）	37（37%）	97（41%）
何て言う系	48（36%）	51（51%）	99（42%）
計	135（100%）	100（100%）	235（100%）

　まず、話題ごとに出現数を比較すると、「15. 日本の未来」の方が自問発話の総数が多く、また、「何て言う」系の使用が多いことが分かる。機能と

形式の関連は 3.2 節で扱う。また、地域ごとに見ると、どちらの話題も東日本のほうがわずかに多いが、ほぼ変わらない。

　次に、自問発話の使用頻度の上位 4 形式を話題・地域ごとに比較する。ここでは、より具体的な形式を見るために中形式で記載する。（　）はその形式がある場合とない場合があること、｛　｝はスラッシュで区切った形式のうちどちらかが現れることを示す。長音の有無は中形式には表記していない。

表 3　自問発話の使用頻度上位 4 形式（中形式）

順位	01. 食べること		15. 日本の未来	
	東日本	西日本	東日本	西日本
1	何だろう	何だろう	何だろう	何て言うの
2	何だろう｛な／ね｝	何だったっけ（な）	何て言うの	何だろう
3	何だっけ	何だろう｛な／ね｝	何だっけ	何だろう｛な／ね｝
4	何て言うの	何て言うの	何て言うんだろう	何だったっけ（な）

　表 3 を見ると、西日本では「何だったっけ（な）」が「01. 食べること」で2 位、「15. 日本の未来」で4 位を占める。「何だったっけ」はコピュラの「だ」が過去形の「だった」になったもので、大形式では「何だっけ」系に分類される。「何だったっけ（な）」は中形式であるが、西日本で実際に使用される形式（小形式）を見ると、（6）に示すように「何やったっけな」となる。

（6）　W-103-2M：俺、あれ、1 回、1 回のときにさ、（W-103-1M：うん）【授業名】でさ、（W-103-1M：うん）あれ行ったやん。<u>何やったっけな</u>、何か、支援センターみたいな。

(W-103-15.txt)

　自問発話に過去形を含む形式は、他にも「何て言うんだったっけ」「何だった」などもあるが、このような過去形を含む形式は、西日本に偏って現れ

た。過去形を含む各形式の地域ごとの出現数をまとめると、表4のようになる。「何だったっけ（な）」以外はまとまった数の使用ではないが、「何だったかな」以外、どの形式も西日本での使用が多く、西日本だけが過去形を好む現象は興味深い。

表4　過去形を含む中形式の使用状況

中形式	01. 食べること		15. 日本の未来	
	東日本	西日本	東日本	西日本
何だったっけ（な）	1	15	2	9
何だったかな	0	3	1	0
何だった	0	1	0	0
何て言うんだったっけ（な）	0	0	0	3
何て言ったっけ	0	1	0	0

3.2　自問発話の形式と機能

　次に、形式と自問発話の意味・機能の関連を分析する。

　自問発話が出現する状況として、丸山（2021）は、「ものの名前を検索している状況」（名前を検索）と「説明の仕方を逡巡している状況」（説明を逡巡）の2つに分類できたと述べている。本研究も同様の観点から自問発話の機能を分析した。しかし、どうしてもそれらに当てはまらない状況として、「ある問に対する答えを考えている」（答えを検討）という状況があった。これは、知っているはずの名前を検索しているのでも、説明したい内容は既にあってその仕方を考えているのでもない状況で、（7）に示すように、「おいしかった料理」は何かという問いを与えられて、今まさにその答えを探している最中である、という状況で発話されている[2]。

（7）　E-116-2M：最近食べておいしかった料理ある？　安くて。
　　　E-116-1M：最近安くて？　何やろな。　　　　　　（E-116-01.txt）

　そこで本稿では、自問発話の機能を「名前を検索」「説明を逡巡」「答えを検討」の3タイプに分けて、各機能で使用された大形式を分類した。ここでは地域の差は考慮せず、話題別に分類を行う。

表5　「01. 食べること」における自問発話（大形式）とその機能

話題01	名前を検索	説明を逡巡	答えを検討	計
何だっけ系	38（93%）	9（9%）	0（0%）	47
何だろう系	0（0%）	52（54%）	62（100%）	114
何て言う系	3（7%）	35（36%）	0（0%）	38
計	41（100%）	96（100%）	62（100%）	199

表6　「15. 日本の未来」における自問発話（大形式）とその機能

話題15	名前を検索	説明を逡巡	答えを検討	計
何だっけ系	32（80%）	7（4%）	0（0%）	39
何だろう系	1（3%）	92（48%）	4（100%）	97
何て言う系	7（18%）	92（48%）	0（0%）	99
計	40（100%）	191（100%）	4（100%）	235

　各機能の具体的な使用例は以下のとおりである。（8）は「名前を検索」、（9）は「説明を逡巡」、（10）は「答えを検討」の例で、どれも「01. 食べること」の事例である。

（8）　E-204-2M：きのう、何食ったっけ？

　　　E-204-1F：何かフレンチみたいなさ、お高そうな何だっけ、ムースみたいな。あのほら、エビ、何だっけ？　アカザ。

　　　E-204-2M：あれ、あれはリゾットだよ。　　　　　　（E-204-01.txt）

（9）　E-316-2F：え、焼肉とか好きそうなのに。

　　　E-316-1F：ええ、食べらんない。焼肉、小っちゃいころから食べら

んなくって、(E-316-2F：ええ)何か、昔からなんだよね、変わらなくって。そう、ハンバーグは好きだから、<u>何て言うの</u>、みんなで食事に行くときは、一番きつい。好き嫌い多い人(E-316-2F：ああ)からすると、何か、<u>何て言うの</u>、食べられるもの限られちゃうから。別にいいんだけど、私は。(E-316-2F：うん)気使わせちゃうのが、(E-316-2F：ああ)すごい申し訳ないなって思うのと、あとさ、どっか行くとさ、旅館泊まるじゃん。(E-316-2F：うん)私、食べられるものないんだよね(笑)。

(E-316-01.txt)

(10)　W-301-2F：好きな料理。

　　　W-301-1F：何が好きなん？

　　　W-301-2F：えー、難しい。いろいろ好き。

　　　W-301-1F：うん、うん。間違いない。

　　　W-301-2F：うん、<u>何やろ</u>。

　　　W-301-1F：え、和・洋・中？

　　　W-301-2F：あー、何かでも、あ、難しいな。いっぱい好き、全部好き。

(W-301-01.txt)

　まず、自問発話の形式と機能の関連を考える。表5と6を見ると、どちらの話題でも「名前の検索」には「何だっけ」系が多く使用されており、形式の偏りが見られた。また、「答えを検討」では「何だろう」系が100％を占めた。一方、「説明を逡巡」では、「何だろう」系と「何て言う」系が約半数ずつを占め、特定の形式への大きな偏りが見られなかった。

　各機能における特定の形式への偏りは、各形式を構成する文法形式から考えると説明がつく。「っけ」は話し手の記憶を確認するときに用いられる、周辺的な疑問文の形式である（日本語記述文法研究会編 2003: 45）ため、知っているはずの名前を思い出そうとする「名前の検索」という機能は「っけ」の用法と重なっている。

　また、「だろう」は推量を表すモダリティであるが、話し手にとって不明

の点があることを示す疑いの疑問文を生成することができる（日本語記述文法研究会編 2003: 34-37）。疑いを表す場合、基本的には「だろうか」が用いられるが、疑問詞とともに使われる補充疑問文では「か」が脱落して「だろう」になることが指摘されており（日本語記述文法研究会編 2003: 35）、「何だろう」はこれに当たる。疑いの疑問文は聞き手に問いかける機能をもたないため、独話的な用法が基本であり、自問発話の機能はこのような疑いの疑問文の用法と重なる部分があると考えることができる。「何だろう」は、与えられた問について今まさに考えており、それが不明であることを独話的に示すという点で、自問発話の「答えを検討」という機能を果たしているし、「説明の仕方が不明である」ことを独話的に示すという点で「説明を逡巡」の機能を果たしている。そのため、「何だろう」系は「答えを検討」と「説明を逡巡」の両方の機能で使用されやすいと考えられる。

　また、「何と言う」の「言う」は、「説明する」という行為が何かを話す叙述という行為であることを意味しているとも考えられるし、また、「A は B という」の名づけの「いう」を意味しているとも考えられ、「説明の逡巡」と「名前を検索」のどちらの機能も表し得ることが分かる。

　しかし、各形式が各機能と一対一で厳密に対応しているわけではなく、例えば、「何だっけ」系が「名前を検索」という機能以外でも使用されることはあるようだ[3]。

3.3　自問発話の機能と話題

　次に、自問発話の機能と話題の関連を考えたい。表 5 と 6 を見ると、「名前を検索」は「01. 食べること」にも「15. 日本の未来」にもほぼ変わらず同程度出現している。一方、「答えを検討」は「01. 食べること」に偏って使用されているが、これは、この話題の特性に依っていると考えられる。「01. 食べること」の対話を録音する際、2 名の話者に最初に示される指示ボードには「食べること（例えば：好きな料理、外食。※料理を作る話は除く）」と書かれており、この記述に影響を受けて、「最近食べておいしかった料理」や「好きな野菜、好きな肉、好きな魚」などのお題を決めて対話を進めていく話者が多かったようだ。そのため、「ある問いを与えられて、今まさにそ

れについて考える」というような場面が多く見られた。上掲の（7）（10）や、
以下の（11）のような例である。「15.日本の未来」を録音する際に示された
指示ボードには「日本の未来（少子化・高齢化をどう考えるか）」と書かれ
ており、そのような傾向はない。

(11)　E-103-1M：じゃあ、好きな野菜。
　　　E-103-2M：好きな野菜。野菜、(E-103-1M：野菜、何だろう)野菜、
　　　　　　　　　野菜、いや、別に好きとか嫌いとかあんまないな。全般。
　　　E-103-1M：何だろうな。野菜。
　　　E-103-2M：野菜。ジャガイモって野菜？　　　　　　(E-103-01.txt)

　また、表5と6を見ると、「説明を逡巡」は、「15.日本の未来」において「01.
食べること」の約2倍の使用がある。用例を見ると、言いにくい意見を言葉
を選びながら説明する場面(12)や、一人の話者が長い説明を続ける場面(13)
が見られた。(12)では「ほんまに冷たい考え方してるけど」、「自分の身に
なったら（高齢者には）生きててほしいけど」のような前置きを置きながら、
最終的に「生きてる意味あんのかな」という厳しい意見を述べている。その
意見を述べるまでに、話者は何度も自問発話を挿入しながら説明方法を逡巡
していることを示している。また、(13)では、「一番の高齢化の原因って医
療の発達だと思うんだよね」という意見を述べた後、それについてさらに長
い説明を加える中で、何度も自問発話を挿入している。このように、伝えに
くい意見を述べる場面や、長い説明を行う場面では、1つのターンや1名の
話者の連続した長い発話で複数回の自問発話が挿入されるケースが少なくな
い。

(12)　W-201-2F：間違いない。働けへんくない？　まずまず記憶力的に
　　　　　　　　　も。
　　　W-201-1M：そう。体的にもなあ、無理やなあ。
　　　W-201-2F：無理やんなあ。えー、でも、何ていうん、めっちゃ機械
　　　　　　　　　で生きてる人おるやん。何て言うの、おじいちゃんとか

でも。おじいちゃん、<u>なんて言うんやろう</u>、手術して機械につなげないと生きていかれへんみたいな人とかっておるやんか。

W-201-1M：うん、おるおるおるおる。

W-201-2F：何かほんまに、ほんまに、ほんまに冷たい考え方してるけど。

W-201-1M：怖い怖い。何？　怖いけど何？

W-201-2F：何か縁みたいな、何か、生きててほしい、自分の身になったら生きててほしいけど、それって生きてる意味あんのかなっていうか。

W-201-1M：え、そういうの、意味があるー。

W-201-2F：<u>何て言うかなあ</u>、難しいけど。　　　　（W-201-15.txt）

(13)　E-216-2M：悪いっていうふうに捉えることもできるし。うーん、高齢化ね。俺、一番の高齢化の原因って医療の発達だと思うんだよね。

E-216-1F：ああ、メリットのほうでってこと？

E-216-2M：いや。まあメリットでもあるし、（E-216-1F：うん）デメリットでもあるし。今まで医療発達してなかったからさ、（E-216-1F：うんうんうん）何かその子ども。

E-216-1F：ああ、確かに。

E-216-2M：まあ、<u>何だろう</u>、子どもつくって頑張って子孫を、<u>何ていうんだろう</u>、<u>何だろう</u>、子孫を増やさなきゃっていうんで、（E-216-1F：うん）それ、人間の、<u>何ていうんだろう</u>、その、<u>何ていうんだろう</u>、生物的な本能（E-216-1F：うん）が出てたから、結構多産多死っていうふうにいわれてたけど、今って、そのいろいろ、<u>何ていうんだろう</u>、費用とかも高いし、（E-216-1F：うん）だからできるだけコンパクトにっていうことでも少産少死になってるから、（E-216-1F：うん）それがまあ、団塊世代がいるっていうのもあるけど、それがあれなのかな。

E-216-1F：　うん。

E-216-2M：で、<u>何だろう</u>、医療あんまり発達してなかったときは、それでも年金とかっていうのを社会福祉とかも回ってたから。　　　　　　　　　　　　　　　　　　　　（E-216-15.txt）

　1名の話者が自問発話を何度も使う傾向は、話題によって違うのだろうか。図2は、1人の話者が1つの話題で何回自問発話を使用したかを集計した図である。

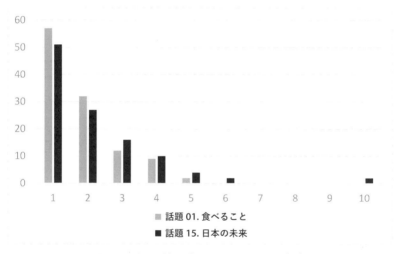

図2　1人の話者の自問発話の発話回数（回）

　これを見ると、1つの話題で1〜2回自問発話を使用する人数は、「01. 食べること」の方が多いが、3回以上自問発話を使用する話者は「15. 日本の未来」の方が多くなることがわかる。また、「15. 日本の未来」では、6回以上自問発話を使用する話者がわずかながらいるが、「01. 食べること」ではそのような話者はいない。ここからも、「15. 日本の未来」で、（12）や（13）の例ように1人が長い説明をするなどして複数回自問発話を使用する事例が見られることがわかる。

4　自問発話と話題の関係

　ここまで見てきたように、自問発話は、地域によって好まれる形式に若干の違いがあること (3.1 節)、話題によって多用される機能が異なる傾向があることがわかった (3.3 節)。また、機能と形式の結びつきは、厳密ではないにしても、関連があることが示唆された (3.2 節)。本節では特に、話題と自問発話の関係について考えたい。

　「15. 日本の未来」で「説明を逡巡」という機能が多用されていたことを出発点に考える。3.3 節で、「説明を逡巡」の使用事例として、伝えにくい意見を述べる場面や、長い説明をする場面をあげた。このような場面は、話題に関係なく起こりえると考えられるが、「01. 食べること」と「15. 日本の未来」とを比較すると、「15. 日本の未来」で比較的多く見られた。「15. 日本の未来」は話題精密度が 2.8 で、15 話題中最も低い。それについてよく知らない、自信をもって話せない、と感じる話者が多い話題であることから、スムーズに説明できずに考えながら行うことが増え、そのために、説明が長くなるという場面が多くなったのではないかと推測できる。また、「15. 日本の未来」では指示ボードで「少子化・高齢化」という具体的なテーマが事例として挙げられた。これは、現状の社会情勢に課題が多く、また、現状を批判する際に他者への配慮が必要な場合がある事例である。そのため、話者は伝えにくい意見を述べていると感じる場面が多くなったのではないかと考えられる。そうであるならば、「説明を逡巡」の用法の使用の多寡は話題に連動しているということができるだろう。

　また、「答えを検討」は「01. 食べること」に偏って多く現れたが、これも指示ボードに「例えば：好きな料理、外食。※料理を作る話は除く」という具体的な事例が示されたためであったと考えられる。しかし、もし具体的な事例が「例えば：食料自給率、食の安全」のように書かれていたら、自問発話の出現傾向は異なる様相を示していただろう。「食料自給率」や「食の安全」は、「好きな料理」や「外食」より、話者から見た親密・必要度は下がり、また、具体度も下がることが予想されるからである。このことは、「食べること」という大話題とも呼ぶべきような話題だけでなく、対話に具体的

に現れる「外食」や「食料自給率」などの小話題とでも呼ぶべきものの親密度・必要度、あるいは具体度によって自問発話の各機能の現れ方が異なるのではないかという可能性を提示している。ここからも、「話題」という語が指し示すものの範疇についてはさらなる議論が必要であると言える。

　また、ここで、話題精通度についてもう一度考えてみたい。「15. 日本の未来」は話題精通度の平均値が最も低く、「01. 食べること」は話題精通度の平均値が最も高かった。しかし、個人の話題精通度の数値と、個人の自問発話の使用回数を比較すると、そこに関連は見られなかった。つまり、話題精通度が低い（つまり、自信をもって話せない）人がより多く自問発話を使用するという傾向は見られなかった。これは、「自信をもって話せない」とか「説明を考えながら発話している」ということを示すための言語的な表現方法が自問発話に限らないからだと考えられる。そのようなことを示すために「なんか」という副詞を用いたり、「えっとー」「うーん」のようなフィラーを用いたりする場合もある。そのため、個人を基盤にして見た場合、自問発話の使用と話題精通度は簡単には結びつかない。もう少し言語表現の範疇を広げて分析する必要があることがわかる。

　一方で、話題という観点で統一された 120 の対話をまとめて見た場合、そこには何らかの関連が見えることも明らかになった。「15. 日本の未来」において、「説明を逡巡」という機能や、「何と言う」系の出現が多いことがそれを示している。また、単に話題というだけでなく、その話題に現れる小話題の親密度・必要度、具体度もかかわってくることが示唆された。これらについてさらに分析を深めることは、今後の課題としたい。

注

1　遠藤（2021）では「なに」という自問発話についても言及されているが、「だろう」等の付加要素がないために発話の産出において何を表すかがまだ十分明らかになっていない。そのため、本稿では「なに」という形式は考察の対象外とする。

2　この種の自問発話が現れるか否かは、コーパスの性質にもよると考えられ、「食べること」等のテーマが与えられてそれに沿って話す J-TOCC では特に多く見られ

た可能性がある。Endo and Yokomori (2020) でも、「何だろう」の事例として同様の事例が挙げられている。

3 ある形式がどのような機能で使用されているかは、文字化された対話資料上だけでは正確に判断できない部分もあり、機能と形式のマッチングには分類者の判断によっている。そのため、検討の余地が残されている。

謝辞

本研究はJSPS科研費 20H05630、18H00676 の助成を受けたものである。

参考文献

遠藤智子 (2021)「問わない「なに」―非流暢からの脱出装置」『ことばと文字』14, pp. 23-33.

日本語記述文法研究会 (編) (2003)『現代日本語文法4 第8部 モダリティ』くろしお出版

丸山岳彦 (2021)「自問発話の形式と機能」『ことばと文字』14, pp. 13-22.

山内博之 (編) (2013)『実践日本語教育スタンダード』ひつじ書房

山内博之 (2018)「話題による日本語教育研究の見取り図」岩田一成 (編)『語から始まる教材作り』pp. 3-16, くろしお出版

Endo, T and Yokomori, D. (2020) Self-addressed questions as fixed expression for epistemic stance marker in Japanese conversation. Ono, T. & Laury, R. [eds.] *Fixed Expressions: Building language structure and social action*. Amsterdam; Philadelphia: John Benjamins. pp. 203-235.

話題と助詞の出現頻度
間投助詞「さ」に注目して

中俣尚己

　本稿では2つのことを明らかにする。まず、本プロジェクトで解明すべき現象の1つである話題が文法に与える影響というのは、どのような機能語にも見られるのかを、典型的な機能語である助詞という品詞を対象に確認することである。次に、特に大きな違いが見られた語について、話題が出現頻度に与える影響はどの程度かということを、性差や地域差といった他の要因と比較して検討することである。具体的には、間投助詞の「さ」をケーススタディーとして取り上げる。さらに、話題によって影響を受ける「さ」の働きとはどのようなものかについても J-TOCC の用例を元に考察する。

1　話題による助詞の出現頻度の違いの調査方法

　本書の第一部でも示したように、J-TOCC 構築の目的の1つに、機能語が話題によってどのように出現頻度が異なるかを確かめるというものがあった。Nakamata（2019）でこのことは示唆されていたが、これは学習者と母語話者の対話コーパスである『日中 Skype 会話コーパス』を元にしていたため、母語話者どうしの会話で同様のことが起こっているかは未確認であったのである。機能語といっても様々であるが、本稿では一例として助詞を取り上げる。

　話題の偏りを見るために、特徴度の指数である対数尤度比（LLR）を利用する。ある1つの話題を当該コーパスとし、残りの14話題を対照コーパスとして計算を行う。今回は、中俣・麻（2022）で公開している話題別特徴語彙表の短単位のデータを利用した。ある話題において語の対数尤度比が高け

れば、その話題においてその語が特徴語であるということができる。田中・近藤（2011）では 0.1％水準で有意となる 10.83 以上という値が用いられており、本研究もそれにならう。

2　話題による助詞の出現頻度の違いの結果

　以下、格助詞、接続助詞と準体助詞、係助詞と副助詞、終助詞の順に結果を述べる。品詞の下位分類は分析に用いた UniDic に準拠しており、筆者の考えを反映したものではない。なお、コーパスの総出現頻度が 1,000 を超える形式のみを対象にした。

2.1　格助詞

　格助詞について、出現頻度、特徴度の高い話題 2 つとその LLR を示したものが表 1 である。

表 1　格助詞と話題

格助詞	頻度	特徴度の高い話題
が	28,323	14. 住環境（325）、15. 日本の未来（136）
を	8,114	15. 日本の未来（168）、12. 夢・将来設計（56）
の	29,186	07. 学校（127）、09. アルバイト（29）
から	3,994	07. 学校（91）、04. スポーツ（17）
に	29,044	13. マナー（61）、14. 住環境（60）
と	34,212	14. 住環境（41）、13. マナー（23）
で	31,955	14. 住環境（26）、04. スポーツ（18）

　J-TOCC の話題は 01. から 11. までが「身の周りの話題」、12. から 15. までが「社会にかかわる内容も含む話題」となっている。表 1 を見ると、格助詞は全体的な傾向として、「社会にかかわる内容も含む話題」において特徴度が高くなる傾向があるようである。「身の周りの話題」では「の」と「から」

が「07. 学校」に多い程度である。以下、個別的に見ていく。

　まず、「が」が「13. 住環境」「15. 日本の未来」、「を」が「15. 日本の未来」「12. 夢・将来設計」に強い偏りを示した。このうち「13. 住環境」は「都会がいいか、地方がいいか」という比較の課題であったため、構文的に「が」の出現頻度が高まったとともに、「を」の出現が抑制されたと考えられる[1]。「13. 住環境」の例は（1）のようなものである。

（1）　E-106-1M：どっちがいい？　都会と地方。
　　　　E-106-2M：都会か地方か。なんかうちの親ともね、1回こういう話になって。
　　　　E-106-1M：えー。
　　　　E-106-2M：なんかうちの親が出した答えがやっぱ、すごい真面目な話になっちゃうけど、なんか年によって変わるよねってなって。結局。　　　　　　　（東日本・男男・住環境）

　また、「12. 夢・将来設計」「13. 住環境」「15. 日本の未来」の話題の共通点はいずれも話し手の将来に関係し、現在や過去に関係するわけではないことであり、これが「が」や「を」の出現に影響を与えていると考えられる。丸山（2015）による『日本語話し言葉コーパス』の調査では話し言葉ではどの格助詞も模擬講演より学会講演のほうが多いとされている。これはスタイルの違いであるが、同じ人間どうしが話をした場合でも、話題によってスタイルは変わることを示唆している。（2）は「15. 日本の未来」の例である。この例で興味深いのは W-205-1M は最初は「を」を多用しているのだが、無助詞を使用した W-205-2F の発言の後は自身も無助詞に切り替わっている点である。ある種のスタイルの変容がセッション内でも起こっていると思われる。

（2）　W-205-1M：まあ、要は、その、国の政治を支えるためにいろんなことをしたんやな、その政策を。それにお金をかけすぎて。
　　　　W-205-2F：そんなに。あれや。

W-205-1M：そう。サインしちゃったんだよ。

W-205-2F：だから、税金欲しいんか。

W-205-1M：だから、今はその借金が解決しよん。解決の糸口やねん。で、結局、俺らは年金<u>を</u>もらえへんしな。

W-205-2F：それな、やばない？ちゃんと、【人名：1人称】も、今、年金φ払ってんねんで。

W-205-1M：うん。年金φ払ってんのに年金φもらえへんって、年金φ払う必要ないね。　　　（西日本・男女・日本の未来）

　また、『名大会話コーパス』を元にした『日本語話題別語彙表』では「が」については今回と同様の結果にはならなかったが、「を」については「政治」「宗教・風習」「人生・生き方」「調査・研究」などやはり硬い内容に特徴的であった。

　格助詞の使用には方言差も考えられるが、表2を見る限り、東西差よりも話題差のほうが影響が大きいようである。

表2　「が」と「を」の地域差と話題差（出現頻度）

が	東日本	西日本	を	東日本	西日本
01. 食べること	911	854	01. 食べること	911	854
15. 日本の未来	1,203	1,172	15. 日本の未来	1,203	1,172

　話者に注目すると、「が」はどの話題でも99%の話者が最低1回は「が」を使用するのに対し、「を」は「食」の話題では67.5%の話者しか使用していなかった。「を」のほうが話題の影響を強く受けていると言える。

　「が」と「を」以外では「の」「から」が「学校」の話題に特徴的であった[2]。「の」は「学校」の他に「アルバイト」でも特徴度が高かったがその理由は不明である。一方、「から」については「中学校から」「10歳の頃から」のような時間表現で多く使われたためと考えられる。「04. スポーツ」の話題でもこのような表現は多かった。

2.2　接続助詞・準体助詞

接続助詞と準体助詞の結果が表3である。

動作の連続、継起を表す「て」は「06. 家事」に多かった。これは（3）の
ように様々な動作について述べることが多いためであろう。

表3　接続助詞・準体助詞の結果

助詞	頻度	特徴度の高い話題
て	40,446	06. 家事（127）、13. マナー（86）
し	6,274	14. 住環境（108）、09. アルバイト（16）
の	31,749	13. マナー（99）、15. 日本の未来（30）
から	19,225	06. 家事（52）、04. スポーツ（15）
ば	2,209	06. 家事（34）、12. 夢・将来設計（15）
と	3,490	14. 住環境（33）、15. 日本の未来（12）
けれど	17,020	13. マナー（20）、10. 動物（12）

（3）　E-203-1M：いや、まず料理作るだけでも大変だもんね。

　　　　E-203-2F：　料理作って。洗濯して。

　　　　E-203-1M：ね。ま、たまに掃除して。

　　　　E-203-2F：　で、定期的に掃除してみたいな。（東日本・男女・家事）

また、「し」は形容詞や状態動詞との相性が良い。このことが、住む場所
を比較・評価する話題の「住環境」での出現頻度の高さにつながったと言え
る。対照的に、「て」は「住環境」では抑制されている（LLR: -156）。

（4）　あとは、都会は、うーん、いろいろ何か、まとまってて便利やけん、
　　　　遊べるし、買い物できるし、カラオケも、まあ、いっぱいあるし、乗
　　　　り換えも便利だし、病院もまあまああるし、都会しか勝たんくね？

　　　　　　　　　　　　　　　　　　　　　　　（東日本・男女・住環境）

　準体助詞「の」は「13. マナー」に多く、これは埋め込み構造の多さに起因する。

2.3　係助詞・副助詞

　係助詞と副助詞の結果を表4に示す。表4の大きな傾向として、「も」「って」「は」のように提題を表すことができる形式は「社会にも関わる話題」の特徴語になりやすいと言える。

表4　係助詞・副助詞の結果

助詞	頻度	特徴度の高い話題
か	50,609	13. マナー（110）、02. ファッション（43）
も	34,210	14. 住環境（110）、15. 日本の未来（27）
って	27,715	13. マナー（60）、15. 日本の未来（57）
は	32,459	14. 住環境（60）、06. 家事（48）
たり	2,015	06. 家事（45）、13. マナー（42）
くらい	4,319	11. 天気（39）、05. マンガ・ゲーム（10）
だけ	2,685	06. 家事（27）、09 アルバイト（26）
まで	2,209	05. マンガ・ゲーム（22）、04. スポーツ（05）
しか	1,599	07. 学校（18）、05. マンガ・ゲーム（10）
なんか	1,154	07. 学校（12）、08. スマートフォン（5）
や	2,285	13. マナー（2）＊特徴語とは言えない

　個別に見ると、「か」は実際にはフィラーの「なんか」や「とか」といった形で使われることが多く、これらの形式が「13. マナー」に多いということである。並列を表す「も」は並列を表す「し」と同様に「14. 住環境」に多い。「たり」は動作の並列を表すことが多く、「て」と同様に「06. 家事」と「13. マナー」に多かった。「くらい」は数量との共起が多く、結果、「11. 天気」に多くなった。

2.4　終助詞

　終助詞の結果を表5に示す。特に「さ」の高いLLRの数値が目立つ。これは調査に立ち会った際、会話を聞いただけで、明らかに間投助詞「さ」を多用するスタイルに切り替わったと気づくほどであった。「15.日本の未来」「13.マナー」に加えて、「11.天気」もLLRは120と高かった[3]。これらの話題は何らかの「話しにくさ」に関与しているかもしれない。また、日本語教育を含め、終助詞の議論で取り上げられることが多い「よ」と「ね」がともに「11.天気」に特徴的であるという点も目を引く。

表5　終助詞の結果

助詞	頻度	特徴度の高い話題
さ	13,872	15.日本の未来 (238)、13.マナー (236)
の	10,125	10.動物 (88)、09.アルバイト (12)
な	29,670	14.住環境 (51)、12.夢・将来設計 (50)
け	1,774	05.マンガ・ゲーム (43)、03.旅行 (36)
か	18,754	12.夢・将来設計 (41)、14.住環境 (17)
ね	26,445	11.天気 (35)、15.日本の未来 (11)
よ	16,004	11.天気 (29)、01.食べること (15)
ねん	3,413	10.動物 (27)、06.家事 (24)
もの	2,373	11.天気 (14)、06.家事 (7)
や	1,194	02.ファッション (15)
じゃん	4,344	02.ファッション (13)、15.日本の未来 (9)
わ	2,950	05.マンガ・ゲーム (11)

3　話題が間投助詞「さ」に与える影響の推定

　前節の議論で各種の助詞の出現頻度が話題によって大きく異なることがわかった。前節では調査方法として対数尤度比を用いたが、この方法には問題

点もある。対数尤度比は直接出現頻度の偏りの大小を表しているわけではなく、10.83 以上であれば 0.1％水準で偏りがあると言えるという、有意確率を示すに過ぎない[4]。また、実際には「さ」の使用には個人差が見られるが、LLR の計算には全ての話者の使用回数を合算した値のみを用いている。しかし、助詞の出現頻度については地域差や性差の影響を受けている可能性もある。そこで、本節では一般化線形混合モデル（GLMM）を利用することで、話題が助詞の出現頻度に与える影響について、地域や性別の影響と比較可能な形でその影響力を推定する。

　調査対象は間投助詞の「さ」とした。これは先にも述べたように、会話を聞いた印象として明らかに「さ」の使用が増えたと感じるような変化があったためである。一方で、「さ」は関東方言話者の使用が多いとも考えられており、地域差と話題差の比較としても適した語と言える。

3.1 「さ」についての先行研究

　間投助詞の「さ」についてはこれまで多くのことがわかっているわけではなく、問題点も残されている。まず大きな問題は終助詞「さ」と間投助詞「さ」の間に境界を引くか否かということである。森田（2007）は自然談話では「文末」を定義することが難しいという理由から間投助詞と終助詞の区別を設けていない。一方で、大江（2017）は統語的地位、任意性、相互作用性、人物像という4つの観点から終助詞と間投助詞を区別する必要を論じている。

　本研究では J-TOCC に出現したほとんどすべての「さ」には以下の2つの特徴が見られたことから、終助詞と間投助詞を区別可能であると考える。

（5）　述語句に接続する場合、そのほとんどが接続助詞の後に接続する。動詞のル形、タ形、テイル形など主節相当部分には接続しない。働きかけや疑問のマーカーの後にも接続しない。

（6）　感動詞にも接続するが、「あの」や「なんか」などフィラー系の感動詞に限られる。応答詞や挨拶には接続しない。

　結論から述べると、終助詞と思われる「さ」はJ-TOCCにはほぼ出現しない。そして、全ての文末を正確に認定することは困難であるものの、「さ」が接続しない語についてはかなりはっきりした傾向が見て取れる。（5）と（6）をまとめると「文を区切る」働きのある語には「さ」は接続しないと言うことができる。ただし、語によって決まっているというよりはやはり「文を区切る」という意識の問題であると考えられる。このことは以下の（7）と（8）の比較からわかる。両文はどちらも「やっぱり」が用いられているが、文を区切る働きをもたない（7）には「さ」を挿入可能であるのに対し、返答として文が完結している（8）には「さ」を挿入できない。なお、終助詞「ね」は両者ともに挿入でき、この点からも「さ」は「ね」とは異なるタイプの助詞であると認定できる。

（7）　やっぱり｛φ／さ／ね｝、時代の流れだからさ。昔、20年前、30年前に比べて、平均気温1度、2度上がるみたいな感じじゃん。

（東日本・男男・天気）

（8）　W-119-2M：甘いの好き？

　　　W-119-1M：甘いの大好き。甘いの大好きよ。

　　　W-119-2M：やっぱり｛φ／＊さ／ね｝。　　　（西日本・男男・食）

　また、日本語記述文法研究会編（2003）は終助詞の「さ」は男性が用いるとしており、大江（2017）は「男性」という人物像が示されるとしている。以下の（9）の例文の質問者は「女」でもありうるが、応答者は「男」の発話を想起させるとしている。

（9）　明日ってサ、雨降るかな？―明日はきっと晴れるサ。（大江 2017:97）

　しかし、J-TOCCでの「さ」の使用は女性のほうが多く、このことからもJ-TOCCの「さ」は終助詞であるとは考えにくい。

　次に、間投助詞「さ」の機能については様々に記述されている。日本語記述文法研究会編（2003: 251）は「聞き手に自分の考えを説明するような文で

用いられることが多い」、野田（2002: 276）では「断定せず、当然のこととして、あるいはとりあえずのこととして提示することを表す」、冨樫（2011）では「計算終了の標示」としている。また、森田（2007）は「ね」や「さ」の役割について、「何かしらの区切りをつけ、「反応の機会の場所」（西阪、2005）を明示する」としている。

3.2　調査方法

　まず、「さ」の使用数が少なかった「03. 旅行」のデータと、最も使用数が多かった「15. 日本の未来」のデータを使用した。正規表現で「さ」の後に句読点が来る例を集め、話者ごとに集計した[5]。「さー」「さあ」なども含めた。

　次に、個人の「さ」の使用回数がポアソン分布に従うと仮定し、「話題」「地方」「性別」「話題親密度」の 4 つの説明変数がどのように「さ」の頻度に影響を与えているのかを GLMM で推定した[6]。

3.3　結果と考察

　統計モデルでは利用する説明変数の数を変えて最適なモデルを検討するが、今回は「話題」「地方」「性別」「話題精通度」の 4 つの変数を全て組み込んだモデルが最も AIC が小さくなったため、4 変数モデルを採用する[7]。その結果を表 6 に示す。

表6　GLMM の結果

	Coef	Se (coef)	z	Pr (>|z|)
Intercept	1.48074	0.16593	8.924	0.00000
Topic 旅行	-0.74438	0.04731	-15.733	0.00000
Place 西日本	-0.42379	0.13244	-3.200	0.00137
Sex 男	-0.25860	0.13221	-1.956	0.05050
Familiality	0.07045	0.03628	1.942	0.05220

Scale parameter in mixing distribution: 0.916 gaussian

Std. Error:　　　　　　　0.05501

　　LR p-value for H_0: sigma = 0: 1.497e-190

Residual deviance: 1283 on 474 degrees of freedom　　　　　AIC: 1295

　表6の見方は Coef（係数）の列を縦に読む。Intercept（切片）をベースに、左の条件に当てはまる場合にその値を足していく。その和を α とすると、$\lambda = e^{\alpha}$ がその条件に当てはまる人間が5分間に使用する「さ」の平均使用回数の推定である[8]。試みに「日本の未来・東日本・女性・親密度2」について計算すると $\lambda = 5.06$ となる。この条件にあうデータの実際の平均値は5.7であるため、おおむねうまく推定できている。

　表6の結果からは（10）から（13）のことが言える。

(10)　最も影響を与えるのは話題であり、難しい話題のほうが「さ」をよく使用する。

(11)　次に影響を与えるのは地域であり、東日本のほうが「さ」をよく使用する。

(12)　女性のほうが「さ」をよく使用するが、その影響は大きくない。

(13)　その話題に詳しい人間ほど「さ」をよく使用する。

　難しい話題でかつその話題に詳しいほど「さ」をよく使用するというのは重要な性質である。日本語記述文法研究会編（2003: 251）の「聞き手に自分

の考えを説明するような文で用いられることが多い」という指摘と合致する。

4　「さ」の前接語からみた「さ」の機能の検討

　前節では、「さ」の使用される話題や属性など、いわば言語外のパラメータとの関係を調査した。この節では「さ」が実際に会話の中でどのような環境で出現しているのかを調査し、「さ」の機能について考察を加える。

4.1　出現環境の調査結果

　J-TOCC 全体、15 話題に出現したすべての「さ」の前節語を目視で判断し、集計した結果が表7である。前節語は「名詞句」「述語句」「副詞句」「接続詞」「感動詞」に分類した。

表7　「さ」の前接成分の集計（N＝2,081）

成分	実数	割合	顕著なパターン
名詞句	676	32.5%	それさ、これさ、とかさ、とかがさ、のさ、ってさ
述語句	828	39.8%	各種接続助詞、ていうかさ、みたいなさ
副詞句	230	11.1%	もうさ、結構さ
接続詞	190	9.1%	でもさ、だってさ
感動詞	152	7.3%	なんかさ、そのさ

　なお、話題間による成分の違いは見られなかった。つまり、「日本の未来」の話題では「さ」は全体として多く使われるのであって、特定の用法が増えるわけではないということである。以下、成分ごとにみていく。

4.2　名詞句に接続する「さ」

　名詞句では「さ」以外の助詞が付加されている例が多かったが、特に多かったのは「とか」であり、28%の例に付加されていた。例としては(14)の

ように格助詞を伴うもの、(15)のように格助詞を伴わず格関係を持つもの、(16)のように他の名詞と並列関係にあるもの、(17)のように格関係を認めにくく、主題相当句と考えられるものなどがある。

(14)　育児休暇とかがさ、何かと取りにくいとかさ。
（西日本・女女・日本の未来）

(15)　何か男の人好きじゃん、列車とかさ、何か男のロマンじゃないけど、結構楽しいらしくて、
（東日本・女女・旅行）

(16)　でも実際さ、おじさんとかさ、おばさんとかで結婚してない人いるからさ、
（東日本・女女・日本の未来）

(17)　海外って、その、インドネシアとかってさ、結構そのトイレの文化とかが違うからさ。
（西日本・男男・旅行）

「とか―さ」をコロケーションと見立て、コロケーションの強度の指標である自己相互情報量（PMI）を計算すると 2.98 であった[9]。これは一般的に意味のあるコロケーションの基準 3 にわずかに届かないが、「が―さ」1.99、「も―さ」1.70、「は―さ」1.61、と比べると結びつきが強い。

　「とか」は並列のほか、一例をあげるときに用いられる。これはあくまでも一例であり、他の可能性が存在するということを暗に示している。このことは「さ」の特徴として「断定せず」「とりあえずのこととして」という野田（2002: 276）の記述と相性が良いと考えられる。

4.3　述語句に接続する「さ」

　述語句では 90% が接続助詞と共起しているのが特徴である。(19)のように発話やターンの終わりであっても、接続助詞の後に後節し、「老いていくさ」のようには使われない。

(18)　もう 120 歳まで生きるんだったらさ、60 歳定年だったら、もうさ、半分じゃん。
（東日本・男男・日本の未来）

(19)　何か、やっぱ、早く結婚してさ、早く生まなきゃさ、体もさ、老いて

　　　いくから<u>さ</u>。　　　　　　　　　　　　　（東日本・女女・日本の未来）

　また、(20)は連体節、(21)は引用節と解釈できるものである。

（20）　何か、嫌じゃない、俺らの世代だけ、何かこの、暗黒時代<u>みたいなさ</u>
　　　　　　　　　　　　　　　　　　　　　　（西日本・男男・日本の未来）
（21）　何かその、そんな重要というか、何ていうの、流れ、流れ次第<u>という</u>
　　　<u>かさ</u>、例えば周りが 3 人産んでたら 3 人産むし
　　　　　　　　　　　　　　　　　　　　　　（東日本・男女・日本の未来）

　主節末と解釈される動詞のル形やタ形に直接「さ」が接続した例は 3 例の
みで、その中には沖縄出身者の例もあった。沖縄出身者を除くと終助詞と考
えられる「さ」は (22) ただ 1 例である。

（22）　秋葉原行って、同人誌の、ま、あっちこっち巡って、<u>楽しかったさ</u>、
　　　　あれは。　　　　　　　　　　　　　　　（西日本・男男・旅行）

　しかし、この例は明らかに倒置文となっている。すなわち、J-TOCC の
「さ」は (19) のように「ターンの終わりであっても、前語の形式的には文が
区切られていない環境」あるいは「前語の形式的には文が区切られていて
も、実際には発話が連続する環境」でのみ用いられており、「前語の形式的
にも実際の発話上でも区切られた環境」では極めて用いられにくいことがわ
かる。

4.4　副詞句に接続する「さ」
　副詞は「もうさ」「結構さ」が多いものの、他にも様々なパターンが見ら
れ、大きな偏りがあるとは言えなかった。

4.5　接続詞に接続する「さ」
　接続詞では「でもさ」と「だってさ」が多い。これらは逆接の接続詞であ

り、相手の意見に同意しないときに用いられることが多い。

(23)　E-206-2M：えー。少子化とかさ、ってか、ぶっちゃけ実感ないから
　　　　　　　　　　さ、あんまり分かん、何か、高齢化は（E-206-1F：確か
　　　　　　　　　　に）分かるけど、少子化ってさ、身近じゃなさ過ぎて。
　　　　E-206-1F：<u>でもさ</u>、うちの中学校さ、2 クラスしかないんだよ。
　　　　　　　　　　　　　　　　　　　　　　（東日本・男女・日本の未来）
(24)　W-217-1F：え、楽しくないって。もう絶対元気なうちに死にたい。
　　　　W-217-2M：いや、俺はもう生にしがみついていく。
　　　　W-217-1F：<u>だってさ</u>、周りがみんなおらんくなってさ、死んでくや
　　　　　　　　　　ん。さみしいやん。　　　（西日本・男女・日本の未来）

　「だって―さ」の PMI は 3.62 であり、「だって」の後に「さ」が出現しや
すくなっている。「でも―さ」も 2.77 とやや高かった。これを順接の接続詞
と比較すると「だから―さ」は 0.91、「それで―さ」は 1.75 である。順接の
接続詞の「だから」自体は相手の意見に同調する場面でもよく使用される。
一方、「さ」は相手に同意しない場面と相性が良いと言える。

4.6　感動詞に接続する「さ」
　感動詞は最も大きな偏りを見せた。全体の 73.7％が「何かさ」、10.5％が
「そのさ」であった。「何か」は話したい内容が頭の中にあり、言葉を選んで
いる時に発せられるフィラーである。

5　まとめ

　本稿の内容をまとめる。まず、助詞を対象にし、15 話題間の偏りを調査
した結果、多くの助詞が特定の話題の特徴語と認定されることがわかった。
　次に、話題の影響の大きさを確かめるために、個人の間投助詞「さ」の使
用回数を対象に一般化線形混合モデルによる推定を実施したところ、話題の
影響は男女差や地域差よりも大きかった。また、難しい話題でその話題に詳

しい人間が多く使用するという傾向が明らかになった。さらに、「さ」の出現環境を調査し、共起しやすい語として「とか」「何か」「でも」「だって」などを確認した。また、文の終わりには出現する終助詞の例はほぼ存在しないことも確認できた。

　これらのことから「さ」は話し手はまだ他にも話す内容が残っており、言葉を選んでいるという状況で使われやすいと言える。相手の意見に同調しない場面で使用され、断定を避けるという態度を示すと言えよう。このようなことはこれまでも記述されていたことであるが、本研究はエビデンスに基づいてその妥当性を確認することができたと言えよう。

注

1　LLR の値は -120 であり、この話題では「を」は極めて使用されにくい。
2　「07. 学校」は大学を含まないため、大学生である話者から見て必然的に過去の内容になる。過去の「た」もまた「07. 学校」の特徴語であり、LLR は 1,248 と非常に高い。
3　「11. 天気」は「身の周りの話題」として設定したが、実際には「何を話していいかわからない」という声があり、話題精通度の平均値も「15. 日本の未来」「02. ファッション」についで 3 番目に低い。
4　つまり、t 値や χ^2 値と同様の統計指標である。
5　「さ」に関する調査は中俣・麻（2022）による語彙表の作成の前に行われた。そのため、正規表現を利用して「さ」を抽出している。しかしながら、全例を目視で確認しているため、より正確なデータを抽出できたと考える。
6　ポアソン分布は二項分布の極限をとった形であり、「単位時間に一定の確率で生起する事象が何回生起するか」という回数の確率分布はポアソン分布に従うとされる。1 日に受け取るメールの件数や、1 時間にある道路を通る車の台数はポアソン分布に従う。間投助詞「さ」も談話を巨視的に捉えれば、任意の場所にランダムに生起していると考えられる。そのため、「ある話者が 5 分間に何回「さ」を使用するか」という回数もポアソン分布に従うと仮定した。
7　AIC（赤池情報量基準）はモデルの当てはまりの良さを示す数値であり、小さいほど良い。
8　e はネイビア数であり、およそ 2.718。厳密には使用回数は $\lambda = e^\alpha$ のポアソン分布に従う。
9　PMI の計算には J-TOCC の全用例を用い、「が」のような単独語については中俣

・麻（2022）の語彙表を、「とかさ」のような語連続については正規表現を用いてカウントした。よって必ずしも正確ではなく、コロケーション強度の比較のための概数である。

謝辞
本研究の遂行には JSPS 科研費 18H00676 の助成を受けた。本稿の内容は「日本語学会 2021 年度春季大会」（2021 年 5 月 16 日：オンライン）ならびに「第 46 回社会言語科学会研究大会」（2022 年 3 月 5 日：オンライン）での発表内容を基にしたものである。コメントを頂いた皆様に感謝申しあげる。また、GLMM については筑波大学の岩崎拓也氏に助言を頂いた。

参考文献
大江元貴（2017）「間投助詞の位置づけの再検討—終助詞との比較を通して」『語用論研究』19: pp. 90-99, 日本語用論学会

田中牧郎・近藤明日子（2011）「教科書コーパス語彙表」『言語政策に役立つ、コーパスを用いた語彙表・漢字表等の作成と活用』pp. 55-63, 文部科学省科学研究費特定領域研究「代表性を有する大規模日本語書き言葉コーパスの構築—21 世紀の日本語研究の基盤整備」言語政策班

冨樫純一（2011）「終助詞「さ」の本質的意味と用法」『日本文学研究』50: pp. 150-138. 大東文化大学日本文学会

中俣尚己・麻子軒（2022）「『日本語話題別会話コーパス：J-TOCC 語彙表』の公開と日本語教育むけ情報サイトにむけた指標の検討」言語資源ワークショップ 2022 発表資料 https://clrd.ninjal.ac.jp/lrw/lrw2022/p1-4_paper.pdf

西阪仰（2005）「分散する文—相互行為としての文法」『言語』34 (4)：pp. 40-47. 大修館書店

日本語記述文法研究会（編）（2003）『現代日本語文法 4　第 8 部モダリティ』くろしお出版

野田春美（2002）「終助詞の機能」宮崎和人・安達太郎・野田春美・高梨信乃『モダリティ』pp. 261-288. くろしお出版

丸山直子（2015）「コーパスにおける格助詞の使用実態—BCCWJ・CSJ にみる分布」『計量国語学』30 (3)：pp. 127-145. 計量国語学会

森田笑（2007）「終助詞・間投助詞の区別は必要か」『言語』36 (3)：pp. 44-52. 大修館書店

Nakamata, Naoki (2019). Vocabulary Depends on Topic, and So Does Grammar, *Journal of Japanese Linguistics*, 35 (2)：pp. 213-234, Berlin: De Gruyter Mouton.

地域・性別によるオノマトペの使用傾向

太田陽子

　「関西の人はオノマトペをよく使う」という印象が一般的に持たれているが、その実証はそれほど簡単なことではない。場面や話題、相手との関係によって大きく左右されるオノマトペの使用傾向については、客観的な比較が難しいことが先行研究においても指摘されてきた。そこで、本稿では、同条件で同じ話題を同じ時間話すというJ-TOCCの特徴を利用することにより、使用傾向の地域差と男女差をデータに基づき明らかにすることを試みた。その結果、関東と関西ではやはり関西のほうが、また、男性と女性では女性の方がオノマトペの使用頻度が高いことがわかった。さらに、それぞれの特徴語から、好んで使われるオノマトペの傾向の違いも見ることができた。

1　はじめに

　J-TOCCは、第1部第2章で紹介されているとおり、すべてのペアが同じ15の話題について、同じ時間、話をしているコーパスである。また、男女比も均等で、収録地も関東と関西が半数ずつである[1]。このように統制されたデータであるJ-TOCCの特性は、発話の男女差や地域差を観察するうえでも非常に有効に働くと考えられる。そこで、本稿では、従来しばしば着目されてきたオノマトペの使用傾向について、以下の2つの観点から検証を試みる。

　RQ1：関東と関西では、オノマトペの使用頻度に差が出るのか。また、

　　　　それぞれでよく使われるオノマトペには違いがあるのか。
　RQ2：男性と女性では、オノマトペの使用頻度に差が出るのか。また、
　　　　それぞれでよく使われるオノマトペには違いがあるのか。

2　分析対象の語の選定

　田守・スコウラップ（1999）では、オノマトペには、副詞用法、動詞用法、名詞用法、形容詞／形容動詞、引用用法、文外独立用法、動詞省略などさまざまな統語的な働きがあることが観察されている。本研究では、まず、オノマトペの典型的な用法である副詞用法に限定して分析を進めることとし、分析対象の語の選定には、J-TOCC 語彙表（長単位）中の「副詞」2,096 語から、オノマトペと思われるものを目視で抽出した。その際、何をオノマトペととらえるか、という判断には、第 1 段階として、オノマトペの辞典のうち掲載語数の最も多い、小野（2007）『日本語オノマトペ辞典』を基準とし、この辞典に基本要素が掲載されているものを取り出した。基本要素というのは、オノマトペを作り出す「AB AB・AB り・A っ B り、AB ん・AB っ」などの AB のことを指す。たとえば、「ばたばた・ばたり・ばったり・ばたん・ばたっ」であれば、AB ＝「ばた」のことである。仮に「ばったん」という表現があった場合、辞書に「ばったん」そのものが載っていなかったとしても、基本要素「ばた」を基本要素とする語が掲載されていれば、オノマトペと判断する。こうした基準でオノマトペを選択していった結果、副詞 2,096 語のうち 807 語が分析対象となった[2]。

　ただし、辞書に掲載されているのは、ある程度、語として定着したもののみであるため、この方法では、新たに用いられるようになったものや話者がその場で創造的に用いたもの[3]を拾い上げることができない。そのため、第 2 段階として、同辞典で、認定の基準とされている以下の記述内容を参考に、明らかにオノマトペだと判断できるものを選定し、追加した。

（1）　小野（2007）による認定基準（pp. 10-12 より筆者まとめ）
　　　第一：人間の発声器官以外から出た音を表した言葉

　　　第二：人間の発声器官から出した音声で、ひとつひとつの音に分解で
　　　　　　きない音を表した言葉
　　　第三：音のないもの、または聞こえないものに対して、その状況をあ
　　　　　　る音そのものがもつ感覚で表現した言葉

その結果、以下の 9 語が追加されることになった。

（2）　人間の発声器官以外から出た音：テュルル　　しゅぱ
　　　　無音の状態を音声化：しゃばしゃば　　ぱつぱつ　　ぱっつん
　　　　　　　　　　　　　　ふぁーっ　　ぶあーっ　　ぺぺっ　　もふもふ

　以上により、J-TOCC からは、異なり語数として 816 語、延べ語数とし
て 11,781 語が分析対象として抽出された。単純に計算すると、1 話題 5 分
につき、6.55 回のオノマトペが使用されているということになる。本稿で
は、これらを分析対象として考察を進めていく。
　ただし、この 11,781 語のうち、半数近い 5,584 語（47.4％）は「めっちゃ」
系[4] の語が占めている。「めっちゃ」系を除くと、オノマトペは 6,197 語で、
1 話題 5 分につき、3.44 回使用された計算となる。このように「めっちゃ」
系については適宜、扱いを分け、オノマトペ全体、「めっちゃ」系、「めっち
ゃ」系を除いたオノマトペ（以下「「めっちゃ」系以外」とする）について、
それぞれ分析を行っていく。

3　地域によるオノマトペの使用傾向

　一般的に、関西の人はオノマトペをよく使うという印象が持たれているこ
とが多いが、それは本当だろうか。また、関東と関西といった地域によっ
て、よく使われるオノマトペには傾向の違いがあるのだろうか。本節では、
関東と関西それぞれで収録されたデータを比較することで、上記の課題につ
いて考察を行う。

3.1　地域によるオノマトペの使用傾向に関する先行研究

　オノマトペの使用における地域差については、関西人が多用するという通説が話題にされることは多いが、先行研究においては、必ずしもそのことが立証されているわけではない。

　田原（2001）では、関西におけるオノマトペ使用について「関東の番組に比べると、使用される頻度が圧倒的に多い（p. 25）」と述べられているが、この研究は関西のトーク番組を観察したものであり、数量的に東西の比較を経た分析ではない。反対に、どちらかというと東日本で多いと述べられている研究もあり（小林 2018）、そこでは主に東北方言特有のオノマトペの多さが注目されている。

　三井・井上（2007）では、作成した方言データベースをもとに、出現数が多い順に高知県、佐賀県、山形県と報告され、「西日本が多くて東日本が少ない、というような単純な傾向は見られない（p. 76）」と指摘しつつも、やはり「東北地方の各県に1分あたりの用例数が多い（p. 76）」ことが指摘されている。また、関西圏の使用に関しては、「滋賀、京都は上位だが、大阪は順位が低く（p. 76）」一定の地域的な傾向は見出しにくいとも述べられている。

　平田ほか（2012）では、国内在住の1,100人の日本人を対象にオノマトペに対する意識の地域比較を行い、「関西に住む人はオノマトペを使用する」というイメージが実際に多く持たれていること、また、そのイメージには、「芸能人を中心としたマスメディアの影響が強い（p. 4）」ことを示す一方で、オノマトペの使用頻度には地域による顕著な差は見られないことも明らかにした。ただし、この「使用頻度」は、調査協力者が主観的に「1日にどのくらいオノマトペを使用するか」に答えたものであり、実際の使用データに基づいているわけではない。

　結局のところ、三井・井上（2007）で述べられているとおり、「全国的にオノマトペの使用頻度に地域差があるか、ということを明らかにするためには、個人差や場面差、話題の違いなど、クリアすべき課題が多い（同；p. 75）」ということであり、これまでは適切な比較を行うことが難しかったことがわかる。

　この点において注目すべき研究として、高丸（2018）がある。ここでは「地方議会」という共通の場面におけるオノマトペの使用傾向を比較し、図1のような一応の傾向が明らかにされている。これによれば、同様の場面で比較した場合、近畿と関東では、近畿の方がオノマトペが多く使用されることが窺える。この傾向が、地方議会という特殊な場面だけでなく、日常的な雑談においても言えるかどうか、以下に見ていくこととする。

図1　オノマトペの使用頻度（高丸 2018: 129 より）

3.2　関東と関西ではオノマトペの使用頻度に差が出るのか

　今回、分析対象とした 11,781 語を関東と関西に分けて集計したものが表1である。ただし、前述の通り、その半数は「めっちゃ」系が占めているため、「めっちゃ」系のみ、および、「めっちゃ」系を除いた場合も合わせて記載する。J-TOCC は、コーパスサイズが概ね揃っているため、粗頻度の傾向がそのまま使用頻度の多寡を反映しているが、確認のため、カイ二乗検定を実施したところ、オノマトペ全体（$\chi^2(1) = 327.32$ p <.001）、「めっちゃ」系のみ（$\chi^2(1) = 328.47$ p <.001）、「めっちゃ」系を除いた場合（$\chi^2(1) = 59.20$ p <.001）のいずれも、有意水準 0.1％で有意な偏りが認められた。大学生による日常的な雑談においても、関西での使用頻度が関東に比べて多いということが明らかになった。

表1　関東・関西それぞれの話者によるオノマトペ使用頻度

	関東（120人）	関西（120人）	計
オノマトペ全体	5,020 （42.6%）	6,761 （57.4%）	11,781 （100%）
「めっちゃ」系	2,167 （38.8%）	3,417 （61.2%）	5,584 （100%）
「めっちゃ」系以外	2,853 （46.0%）	3,344 （54.0%）	6,197 （100%）

　とくに東西の差が大きいのは「めっちゃ」系である。「めっちゃ」系の形態的なバリエーションごとの東西での使用頻度を示したものが表2である。

表2　関東・関西それぞれの話者による「めっちゃ」系の使用頻度

	関東	関西	有意差
むちゃくちゃ	24	28	有意差なし（$\chi^2(1)=0.30, p=.583$）
むちゃむちゃ	0	1	有意差なし（$\chi^2(1)=0.00, p=.985$）
めっちゃ	1,515	2,745	関西　有意水準0.1%で有意差あり （$\chi^2(1)=402.45, p<.001$）
めっちゃめちゃ	7	9	有意差なし（$\chi^2(1)=0.11, p=.746$）
めちゃ	59	126	関西　有意水準0.1%で有意差あり （$\chi^2(1)=26.06, p<.001$）
めちゃくちゃ	218	199	有意差なし（$\chi^2(1)=0.25, p=.615$）
めちゃめちゃ	282	228	有意差なし（$\chi^2(1)=3.72, p=.054$）
むっちゃ	62	81	有意差なし（$\chi^2(1)=2.98, p=.084$）
計	2,167	3,417	

　関西で多く使用されるのが「めっちゃ」と「めちゃ」であり、それ以外は東西に有意差は見られなかった。形態的に短縮した「めっちゃ」と「めちゃ」が有意に偏りを持つことが注目される。

3.3　関東と関西ではよく使用されるオノマトペに違いはあるのか

　それでは、「めっちゃ」系以外のオノマトペについて、関東と関西でよく使用されるオノマトペに違いがあるのだろうか。このことを観察するために、以下のような手順で関東・関西に特徴的に現れるオノマトペを洗い出した。

　まず、関東に特徴的に見られたオノマトペについて述べる。分析対象のオノマトペのうち、総出現数が 15 以上のものについて、使用数の差が 1.5 倍以上で関東に多いものを抽出したところ、表 3 の 7 語となった。

　「ずーっと」「そろそろ」「ふと」といった、一般的な副詞に近く、オノマトペの基本要素（ここでは「ず」「そろ」「ふ」）が示す音や感覚を直接的に利用して描写している意識があまり感じられない語が入っていることが注目される。

表 3　関東に特徴的に多く見られたオノマトペ（50 音順）

	関東	関西
きらきら	13	3
ずーっと	59	35
すぽっ	13	8
そろそろ	55	33
ふと	11	6
ぼうっと	18	1
ぽんぽん	17	8

（3）　そう。一貫だからー、（E-205-2M：ああ、そうか）中 1 からー、高 2 まで<u>ずーっと</u>おんなじ部活。　　　（E-205-1F／東日本・07. 学校）

（4）　何か、お前も<u>そろそろ</u>服とか靴を、自分で買う時期じゃないかみたいな感じで、　　　（E-114-1M／東日本・02. ファッション）

（5）　この前さ、（E-105-1M：うん）母ちゃんからさ、（E-105-1M：うん）急に<u>ふと</u> LINE 来てさ、　　　（E-105-2M／東日本・10. 動物）

　一方、関西で多かったオノマトペは以下のとおりである。やはり、出現頻度が 15 以上のものについて、関西での使用が関東よりも 1.5 倍以上のものを取り出すと、全部で 23 語となる。多様な語がいずれも関西で多く使われていることがわかる。そのうち、差が 2 倍以上となる 12 語を表 4 に挙げる。

　一見して、関西に特徴的に多く見られるオノマトペには、/d/、/p/、/b/ の音で始まる語が多く、関東に特徴的に多く見られた語との傾向の違いが見える。また「ちょいちょい」と「ばちばち」をのぞくと、他は促音、長音、撥音をもちいた語で、いずれも勢いを感じさせる。関西では、よりその「音」の特性を生かしたオノマトペが目立つといえるだろう。

表 4　関西に特徴的に多く見られたオノマトペ（50 音順）

	関東	関西		関東	関西
ばっ	7	15	だぼっ	5	15
ばんばん	12	28	ちょいちょい	5	12
ぴい	7	21	どーん	4	12
ぶわー	4	28	ばあっ	4	14
ぼーん	5	12	ぱーん	5	15
ぽん	11	26	ばちばち	3	12

　以下に、特に差の大きい「ぶわー（7 倍）」と「ばちばち（4 倍）」の例を挙げる。

（6）　何かこう、イノシシが<u>ぶわーっ</u>て出てきて、ひゅーみたいな、ちょっと避けるみたいな。　　　　　　（W-206-1M ／西日本・14. 住環境）

（7）　何か、何でか知らんけど、中 2 んときの英語の先生と<u>バチバチ</u>相性悪くて、　　　　　　　　　　　　　（W-318-2F ／西日本・07. 学校）

　小林（2018: 42）では、オノマトペ使用の機能に見られる地域差について、東日本では、感覚・動作の意味分野で発達し、その役割は主に事態を詳細に

描き出すことにあるのに対し、西日本では、程度性、特に程度の大きさを表す意味分野で発達し、その役割は発話を効果的に展開することにあると述べられている。今回観察された、関東と関西それぞれで特徴的に見られたオノマトペについても、この指摘はあてはまる。特に、関西におけるオノマトペ使用には、会話の活気・勢いを高める効果が期待されているのではないかと考えられる。

4　性別によるオノマトペの使用傾向

　つぎに、男性と女性ではオノマトペの使用頻度に差が見られるのか、また、それぞれがよく使うオノマトペには、特徴的な違いが見られるのかについて見ていくことにする。

4.1　性別によるオノマトペの使用傾向に関する先行研究

　性別によるオノマトペの使用傾向については、地域差ほどには着目されていないが、平田 (2012) において、オノマトペ使用率は全体的に女性が高いことが指摘されている。一方、子どもや赤ちゃんに対しては男性の方が使用率が高い傾向が見られることも合わせて報告されている。平田 (2012) の調査は、インターネットを利用した意識調査で、調査対象者に「あなたは擬音語・擬態語を、どのような状況で使いますか。」と、聞き手と状況をカテゴリ別に問う形のものであり、実際の言語データを確認したものではない。そこで本稿では、まず、使用頻度を男女で比較し、実際に女性の方がオノマトペを多用する傾向にあるのかどうかを確認する。

4.2　男性と女性ではどちらがオノマトペをよく使うのか

　J-TOCC には、男性同士、女性同士、男性と女性の3つの組み合わせの会話が収録されているが、ここでの比較には男性同士と女性同士のものを用いることにする。理由は、異性間で話す会話を加えてしまうと、そのデータのなかでは男女それぞれの発話量が異なることから、せっかく統制されているコーパスサイズがずれてしまうためである。

　地域差の観察と同様に、本稿で分析対象とする 816 種のオノマトペの使用数を男性同士の会話と女性同士の会話に分けて集計したものが表 5 である。異性間での会話データを除いているため、頻度の合計は 7,945 となる。ここでも、「めっちゃ」系のみ、および、「めっちゃ」系を除いた場合とともに掲載する。

　粗頻度では、いずれにおいても女性の方が多くオノマトペを使用している。確認のため、カイ二乗検定を実施したところ、オノマトペ全体（$\chi^2(1)$ = 41.56 p <.001）、「めっちゃ」系のみ（$\chi^2(1)$ = 35.27 p <.001）では有意水準 0.1％で、「めっちゃ」系を除いた場合（$\chi^2(1)$ = 10.29 p <.01）では有意水準 1％で、有意な偏りが認められた。大学生による日常的な雑談においては、女性の使用頻度が男性に比べて多いということが明らかになった。特に、「めっちゃ」系の使用が女性に多いことが観察される。

表 5　男性同士・女性同士の会話におけるオノマトペ使用頻度

	男性（80 人）	女性（80 人）	計
オノマトペ全体	3,747 （47.2％）	4,198 （52.8％）	7,945
「めっちゃ」系	1,750 （46.0％）	2,058 （54.0％）	3,808
「めっちゃ」系以外	1,997 （48.3％）	2,140 （51.7％）	4,137

　その「めっちゃ」系のバリエーションごと比較したものが表 6 である。女性に「めっちゃ」系が多いとしたが、そのうち、特に用いられるのは「めっちゃ」という短い形のものである。「むちゃくちゃ」「めちゃくちゃ」「めちゃめちゃ」といった、短縮しない形式がいずれも男性に多いのも特徴的な傾向といえるだろう。

表6　男性・女性それぞれの話者による「めっちゃ」系の使用頻度

	男性	女性	有意差
むちゃくちゃ	38	4	男性　有意水準 0.1%で有意差あり（$\chi^2(1) = 24.92, p < .001$）
めっちゃ	1,131	1,753	女性　有意水準 0.1%で有意差あり（$\chi^2(1) = 153.97, p < .001$）
めっちゃめちゃ	7	5	有意差なし（$\chi^2(1) = 0.06, p = .814$）
めちゃ	59	67	有意差なし（$\chi^2(1) = 0.64, p = .425$）
めちゃくちゃ	248	82	男性　有意水準 0.1%で有意差あり（$\chi^2(1) = 77.51, p < .001$）
めちゃめちゃ	216	103	男性　有意水準 0.1%で有意差あり（$\chi^2(1) = 35.95, p < .001$）
むっちゃ	51	44	有意差なし（$\chi^2(1) = 0.22, p = .642$）

4.3　男性と女性ではよく使用されるオノマトペに違いはあるのか

　では、「めっちゃ」系以外では、男性と女性でよく使用されるオノマトペに傾向の違いは見られるだろうか。地域差と同様、総出現数が全体で 15 以上だったものについて、男性と女性のどちらかの使用頻度が他方の 1.5 倍以上になるものを表7、表8にあげる。

表7　男性に特徴的に多く見られたオノマトペ

	男性	女性
がっつり	19	10
がんがん	11	6
そろそろ	39	23
つい	11	4

　男性には「がっつり」と「がんがん」という、濁音を用いて勢いの強さや程度の甚だしさを表す語が女性より好んで使われている。以下に例を挙げる。

（8） 課金してました。課金してました。<u>がっつり</u>。

（E-103-2M ／男性・05. マンガ・ゲーム）

（9） そう。移民<u>がんがん</u>呼んでこなあ、もう無理やぞ、日本は終わりだって。 （W-119-2M ／ 15. 日本の未来）

　一方、女性の方が男性よりも 1.5 倍以上用いていた語は表 8 のものである。パ行の語や緩やかな語が男性よりも好まれているようである。「だぼっ」は学校の話題で 1 例用いられるほかは、すべてファッションの話題で出ている語である。「ふわふわ」も動物の話題以外ではファッションの話題に見られる語である。

表8　女性に特徴的に多く見られたオノマトペ

	男性	女性
だぼっ	5	10
ちょこっと	5	10
どん	8	13
ぴっ	9	17
ふわふわ	6	14
ぽんぽん	6	14
ゆっくり	9	23

　以下に、2 倍以上の差のある「ふわふわ」と「ぽんぽん」の例を挙げる。

（10） おなか白。あー、おなか白いのいいよね。なんか、<u>ふわふわ</u>って。

（W-208-2F ／女性・10. 動物）

（11） バレーは、だから見てていいなって思う。すぐ、すぐ点が変わるから。<u>ぽんぽん、ぽんぽんぽんぽん</u>っていくから、いいなって思う。

（E-308-2F ／女性・04. スポーツ）

　以上、男女差については、女性の方がオノマトペの使用頻度が高い傾向にあることが確認された。また、男性は濁音を用いた勢いや程度の甚だしさを表す語が特徴的に多く見られ、女性にはパ行や「ふわふわ」「ゆっくり」といった緩やかな語、ファッションを表す語が特徴的に見出されることを確認した。

5　まとめと今後の課題

　J-TOCC を利用した分析から、親しい友人同士の雑談におけるオノマトペの使用傾向の地域差と男女差について、以下のことを確認することができた。

　まず、地域差については、通説のとおり、関西の方がオノマトペを多用することがわかった。また、関西で多用されるオノマトペには、パ行・バ行の音の特性を活かし、程度性や勢いを表す語が特徴的に多く見出された。これらの語は、話題をテンポよく効果的に展開する役割を担っているのではないかと考えられる。

　一方、性別による違いについては、親しい友人同士の雑談では、女性同士の方が男性同士の会話よりオノマトペを多用することが観察された。さらに、男性は濁音を用いた、程度の強さや勢いを表す語を女性よりも好み、女性は半濁音の語、緩やかな語を男性よりも好む傾向が見受けられた。

　従来、地域や性別の違いによるオノマトペの使用傾向を判断するには、場面差や話題差、発話の長さなどの違いから単純には比べることが難しいという課題があった。本稿の観察は、発話者の地域と性別を統制し、同じ人数が同じ話題について同じ時間話す J-TOCC ならではの特徴を生かすことができたのではないかと考える。また、「めっちゃ」系のバリエーションとその使用傾向など、収録時の 2019 年前後の大学生の会話の特徴を残すことにもつながった。

　ただし、今回、扱ったのはオノマトペの副詞用法のみであり、形容動詞としての用法（例：ふわとろなのが好き）や造語成分としての用法（例：ゆるふわ系女子）など、オノマトペの運用実態としての豊かな広がりを拾い切れて

いない。また、今回は、出発点として、大きく「東西」と「男女」に分けた数値による傾向を見るにとどまっており、発話相手が同性か異性かによる使用傾向の変化や、どのようなときにオノマトペが多用されやすいかといった、より細かい分析は残されたままである。今後の課題としたい。

注

1 　J-TOCC では「E. 東日本」「W. 西日本」とされているが、オノマトペに関しては先行研究において、東北地方と関東、九州地方と関西などでも使用実態が異なることが報告されているため、本研究では、実際の録音地を反映した関東・関西という表現を使用する。ただし、用例の引用箇所の記載には、ファイル名に合わせて東日本・西日本を用いる。

2 　ただし、「コロコロ」と「ガチャ」は、用例を見る限り、副詞ではなく名詞として用いられているものが多数を占めたため、今回の分析からは除いた。
　　例：E-204-2M：コロコロ、コロコロコミック買ってたから。
　　　　E-309-2F：ガチャ回してさあ、何か全然「えーっ」みたいな、

3 　田守・スコウラップ (1999) では「その場限りの臨時語や語彙化されていないオノマトペ (p.11)」とされている。

4 　会話中に用いられた「めちゃめちゃ、めっちゃ、めっちゃめちゃ、めちゃ、めちゃくちゃ、むっちゃ、むちゃくちゃ、むちゃむちゃ」をまとめて、「めっちゃ」系と呼ぶ。

謝辞

本研究は JSPS 科研費 18H00676 の助成を得たものである。

参考文献

小野正弘 (2007)『日本語オノマトペ辞典』小学館

行木瑛子・岩﨑典子 (2019)「ジャンル準拠の初級オノマトペ指導—広告 (CM) の翻訳活動を通して」『日本語教育』170: pp. 71-85.

小林隆 (2018)「オノマトペの機能の東西差」小林隆 (編)『感性の方言学』pp. 23-44. ひつじ書房

高丸圭一 (2018)「地方議会におけるオノマトペの使用分布」小林隆 (編)『感性の方言学』pp. 119-146. ひつじ書房

田原広史（2001）「ピャッとちぎってシャッと渡す─関西弁のオノマトペ」『月刊言語』
　　30-8: pp. 24-25. 大修館書店

田守育啓・ローレンス＝スコウラップ（1999）『日英語対照研究シリーズ オノマトペ ─
　　形態と意味』くろしお出版

平田佐智子（2012）「日常会話におけるオノマトペ使用に関する調査」『日本心理学会大
　　会発表論文集』76　日本心理学会　https://www.jstage.jst.go.jp/article/pacjpa/76/
　　0/76_2AMA40/_article/-char/ja/

平田佐智子・秋田喜美・小松孝徳・中村聡史・藤井弘樹・澤井大樹（2012）「オノマト
　　ペに対する意識の地域比較」『第 26 回人工知能学会全国大会論文集』人工知能
　　学会　https://www.jstage.jst.go.jp/article/pjsai/JSAI2012/0/JSAI2012_1M1OS8a6/
　　_article/-char/ja/

三井はるみ・井上文子（2007）「方言データベースの作成と利用」小林隆（編）『シリー
　　ズ 方言学 4　方言学の技法』第 2 章　岩波書店

第 3 部
話題と日本語教育

話題精通度と言語表現の出現傾向の関係

森篤嗣

　本稿では J-TOCC に付与された話題精通度を指標として利用し、240 人の話者が 15 の話題の中で使用した言語表現の出現傾向との関係を探索的に検討した。語の使用回数については J-TOCC 語彙表の話者別使用回数表の長単位データを用い、総出現数上位 100 語（記号、補助記号を除く）に範囲を限って、240 人（120 ペア）×15 話題について、各人各語の使用数と話題精通度（1〜5）のデータセットを Pearson の相関係数で計算した。その結果、N＝3,600 で 0.033 以上（無相関検定 5％有意）となった 44 語が抽出された。抽出された言語表現のいくつか、特に助動詞「た」について「自らの体験を語る」ということとの関係を会話例を挙げて質的に検討した。

1　話題精通度について

　本稿では、J-TOCC の 15 全ての話題のデータ及び、240 人が 15 話題にそれぞれ付与した話題精通度をデータに用いる。話題精通度とは、15 の話題についての収録が終わったあとに、「今日話した、以下の 15 の話題のそれぞれについて、自分がどれだけ詳しいか、自信を持って語れたかを 5 段階の中から 1 つ選び、数字を○で囲んでください」という指示で、「詳しい・自信あり（5）」から「詳しくない・自信なし（1）」まで 5 段階で評価してもらったものである。したがって、「話題に対する精通度」という側面だけでなく、「今日の会話の出来映え」の自己評価という側面もあるが、本稿ではこれを話題精通度として扱うこととする[1]。

2　話題精通度の話題別分布

　まず、15 のそれぞれの話題について 240 人の話題精通度評定の分布を話題別に整理し、それぞれの平均値を示す。

表1　話題精通度の話題別分布

話題精通度	1	2	3	4	5	平均値
01. 食べること	1	9	84	95	51	3.78
02. ファッション	39	56	71	45	29	2.87
03. 旅行	8	29	77	86	40	3.50
04. スポーツ	20	38	63	75	44	3.35
05. マンガ・ゲーム	17	23	48	78	74	3.70
06. 家事	16	41	99	56	28	3.16
07. 学校	5	8	88	90	49	3.71
08. スマートフォン	4	23	96	87	30	3.48
09. アルバイト	6	18	64	106	46	3.70
10. 動物	10	36	82	62	50	3.44
11. 天気	14	68	100	41	17	2.91
12. 夢・将来設計	11	57	80	58	34	3.20
13. マナー	7	38	106	62	27	3.27
14. 住環境	8	39	97	72	24	3.27
15. 日本の未来	29	76	69	44	22	2.81
計	195	559	1,224	1,057	565	3.34

　上記の通り、全体的に 1（詳しくない・自信なし）よりもやや 5（詳しい・自信あり）寄りに偏る傾向が見られた。これは、15 の話題について 5 分ずつ会話をした後に、質問したことが効いていると思われる。つまり、5 分間それほど詰まらずに会話できたということが影響を与えていると予測される。

　しかし、やはり話題によって高低はあり、「01. 食べること」「05. マンガ・ゲーム」など、大学生にとって身近な話題は高く、「11. 天気」「15. 日本の未来」などは低い。「02. ファッション」が低いのは意外であるが、「私はファッションに詳しい・自信がある」と自己申告することは大学生にとって自意識過剰で抵抗があるという心理が反映されている可能性がある。

　また、コーパス構築の際に想定した身の回りの話題（1 〜 11）と、社会に関わる話題（12 〜 15）でもう少し差があって然るべきであるが、12 〜 14 は大学生にとって社会に関わる話題というほど堅い話題でもなかったと推察される。

3　話題精通度の男女差

　次に話題精通度（最大値5）を男女別に集計し、平均値と標準偏差、そして t 検定によって差を検証した。

表 2　話題精通度の男女差

	男性		女性		t 値
	平均値	標準偏差	平均値	標準偏差	
01. 食べること	3.76	0.83	3.79	0.85	-.308
02. ファッション	2.59	1.19	3.15	1.23	-3.565***
03. 旅行	3.48	1.09	3.53	0.93	-.445
04. スポーツ	3.56	1.17	3.15	1.18	2.691**
05. マンガ・ゲーム	3.91	1.09	3.50	1.28	2.662**
06. 家事	3.14	1.03	3.18	1.08	-.305
07. 学校	3.83	0.84	3.59	0.95	2.021*
08. スマートフォン	3.62	0.87	3.35	0.89	2.339*
09. アルバイト	3.78	0.96	3.62	0.93	1.366
10. 動物	3.35	1.17	3.53	1.03	-1.288

11. 天気	2.77	0.88	3.06	1.06	-2.318*
12. 夢・将来設計	3.29	1.02	3.10	1.16	1.360
13. マナー	3.21	0.96	3.33	0.95	-.944
14. 住環境	3.23	0.90	3.32	1.02	-.737
15. 日本の未来	2.72	1.02	2.90	1.26	-1.238
平均	3.35	1.08	3.34	1.09	

* $p<.05,$ ** $p<.01,$ *** $p<.001$

　男女で有意な差が見られたのは、15話題中6話題であった。そのうち、「04. スポーツ」「05. マンガ・ゲーム」「07. 学校」「08. スマートフォン」の4話題は男性が有意に高く、「02. ファッション」「11. 天気」の2話題は女性が有意に高かった。

　概ね要因が推測しやすい結果であると言えるが、「07. 学校」と「11. 天気」は差が付いた要因がやや推測しにくい。「11. 天気」の話題提示では、「例えば：最近の天気、温暖化」としており、服装という点でファッションとの関係も想起されるが、女性における「11. 天気」と「02. ファッション」の話題精通度の相関係数は0.185に過ぎなかった[2]。一方、「07. 学校」は話題の導入時に「例えば：小学校、中学校、高校時代の思い出」と提示しており、過去の思い出に会話を誘導している。こちらも男女差がつく要因になるとまでは言い難く、解釈が難しいところである。

4　話題精通度と各話者の発語数との相関

　冒頭でも述べたように、話題精通度は15の話題についての収録が終わったあとに5段階で評価してもらったものである。すなわち、「今日の会話の出来映え」の自己評価という側面が強く出ていれば、仮説として「たくさん話せた話題ほど、話者は精通度を高くつける」という相関が見いだせる可能性がある。そこで、本節ではこの仮説を検証するために、話題精通度と各話者の発語数との相関を検討してみたい。

　各話者の発語数を求めるために、中・長単位解析器 Comainu（小澤ほか 2014a, 2014b）により形態素解析をおこなった。Comainu は国語研の「中納言」などで使われている「長単位」に相当する単位で語を分割するツールであり、「ている」などの複合辞や「勉強する」などサ変動詞が 1 つの単位として切り出されるという特徴を持つ³。各話者の発語数の形態素解析結果から「記号」「補助記号」「空白」を除き、発話量を見るために延べ語数を、発話の豊富さを見るために異なり語数をそれぞれ求めて、話題精通度との相関を計算した。

表 3　話題精通度と各話者の発語数との相関（N＝240）

	延べ語数平均	異なり語数平均	精通度―延べ語数相関	精通度―異なり語数相関
01. 食べること	449.85	168.40	0.060	0.085
02. ファッション	469.63	171.66	0.053	0.030
03. 旅行	458.60	171.30	0.075	0.127*
04. スポーツ	468.30	173.34	0.152*	0.113
05. マンガ・ゲーム	470.11	173.34	0.108	0.198**
06. 家事	466.08	177.66	0.187**	0.172**
07. 学校	459.41	169.89	0.047	0.046
08. スマートフォン	461.59	172.08	0.051	0.127*
09. アルバイト	463.03	175.86	0.121	0.145*
10. 動物	465.77	172.37	0.069	0.108
11. 天気	461.09	173.99	0.065	0.053
12. 夢・将来設計	447.62	168.05	0.224**	0.222***
13. マナー	474.87	171.09	0.079	0.119
14. 住環境	449.48	163.77	0.146*	0.151*
15. 日本の未来	439.91	166.66	0.124	0.104

* $p<.05$, ** $p<.01$, *** $p<.001$

　表 3 の延べ語数平均を見てみると、各話者の発話量は 439.91 ～ 474.87 語に収まっており、J-TOCC は発語数が統制されたコーパスであることがよくわかる。そして、話題精通度と延べ語数との相関を見てみると、「04. スポーツ」「06. 家事」「12. 夢・将来設計」「14. 住環境」の 4 つはやや高めで、これらは N = 240 の無相関検定でも 5％で有意であった。「たくさん話せた話題ほど、話者は精通度を高くつける」という仮説は、話題にもよるが全ての話題においてそうとは限らないと言って良いと考えられる。

　次に、話題精通度と異なり語数との相関については、15 話題のうち 7 話題で N = 240 の無相関検定 5％有意であった、この結果から「使用語彙が豊富であるほど、話者は話題精通度を高くつける」という仮説についても話題次第ではあるが、約半数ぐらいには当てはまると考えられる。

5　話題精通度と言語表現の出現傾向の関係

　ここから、本題の話題精通度と言語表現の出現傾向の関係について述べていきたい。各話者はそれぞれの話題で話題精通度を評定しているので、それぞれの話題での話題精通度と各言語表現の使用数を集計した。語の使用回数については J-TOCC 語彙表の話者別使用回数表の長単位データを用いた。

　表 4 は、総出現数上位 100 語（記号、補助記号を除く）に範囲を限って、240 人（120 ペア）× 15 話題すべての「使用数合計／話題精通度人数」を集計したものである。また、各人各語の使用数と話題精通度（1 ～ 5）のデータセットを Pearson の相関係数で計算した。表 4 は N = 3,600 で 0.033 以上（無相関検定 5％有意）となった 44 語を品詞別に分類したものである。

表 4　話題精通度と言語表現の出現傾向の関係（N＝3,600）

品詞	語彙素[4]	1	2	3	4	5	相関
名詞 - 普通 名詞 - 一般	感じ	0.93	0.74	0.83	0.91	0.95	0.042*
	奴	0.84	0.71	0.80	0.88	0.91	0.042*
	とき（時）	0.84	1.22	1.33	1.27	1.30	0.041*
代名詞	私	0.99	0.91	1.08	0.93	1.43	0.052**
	俺	1.69	1.93	1.72	2.15	2.08	0.042*
形状詞 - 一般	好き	0.65	0.70	0.90	1.10	1.34	0.105***
連体詞	あの（彼の）	1.12	1.26	1.40	1.49	1.52	0.049**
	その（其の）	2.11	1.86	2.10	2.23	2.29	0.047**
副詞	めっちゃ （目っ茶）	0.94	0.96	1.27	1.18	1.26	0.049**
	もう	2.84	2.91	3.30	3.15	3.42	0.042*
	結構	0.67	0.75	0.80	0.81	0.87	0.034*
接続詞	で	0.94	1.02	1.45	1.52	2.00	0.144***
	だから	1.29	1.36	1.32	1.38	1.55	0.036*
感動詞 - 一般	あ	1.91	2.13	2.16	2.40	2.35	0.056***
	そうそう （然う然う）	0.77	0.89	1.08	1.13	1.11	0.047**
	ああ	2.94	2.88	3.08	3.22	3.20	0.039*
	え	2.17	2.37	2.25	2.42	2.59	0.036*
	うん	5.04	5.10	5.25	5.58	5.47	0.034*
動詞 - 一般	食べる	0.15	0.32	0.72	0.84	0.96	0.096***
	やる（遣る）	3.06	2.93	3.33	3.66	3.91	0.085***
	行く	2.20	2.07	2.52	2.79	2.91	0.067***
	ある（有る）	2.94	3.25	3.41	3.59	3.37	0.043**
	来る	0.93	1.03	1.17	1.07	1.25	0.041*

形容詞 - 一般	すごい (凄い)	0.89	0.99	1.07	1.16	1.31	0.068***
	良い	2.11	2.45	2.63	2.63	2.57	0.034*
助動詞	た	10.61	11.02	12.26	12.58	14.00	0.126***
	のだ	2.79	2.78	2.78	2.94	3.36	0.050**
	てる	7.04	6.88	7.27	7.43	7.66	0.049**
	だ	15.24	16.00	15.99	15.96	16.89	0.038*
	ちゃう	0.80	1.04	0.94	0.97	1.12	0.034*
助詞 - 格助詞	で	5.05	5.23	5.32	5.72	6.20	0.103***
	の	7.18	7.52	7.98	8.23	8.71	0.089***
	と	8.33	8.63	8.97	9.33	9.87	0.083***
	から	0.99	0.93	1.01	1.17	1.25	0.080***
	が	6.65	7.71	7.79	7.72	8.48	0.068***
	に	7.01	7.52	7.66	7.66	8.05	0.048**
	を	2.20	2.19	2.11	2.27	2.50	0.041*
助詞 - 副助詞	か	12.89	12.97	13.78	13.74	13.86	0.036*
助詞 - 係助詞	は	8.34	8.73	8.63	8.89	9.14	0.040*
	も	5.75	6.00	5.76	5.98	6.28	0.036*
助詞 - 接続助詞	て	7.47	7.92	8.87	8.95	9.91	0.104***
	し	1.52	1.68	1.67	1.77	1.89	0.046**
	から	3.55	3.91	3.85	4.00	4.12	0.042*
助詞 - 終助詞	の	2.53	2.69	2.73	2.86	3.04	0.053**

$^*p<.05,\ ^{**}p<.01,\ ^{***}p<.001$

　上記の全てを取り上げることはできないが、一部例を取り上げたい。「あれ」「あの」は、話し手も聞き手も既に知っている人や事柄を指して言うときに使われる。その意味で精通度との相関が高いことは頷けるが、理論的に

考えられてきたことが、実証的にデータとして示された意義は大きい。実例を見てみよう。下記、各発話冒頭部は「話者番号（1 or 2）＋性別（M 男性 or F 女性）＋話題精通度（1 〜 5）」を示している。

　最も相関係数が高かった接続詞「で」は、相手にエピソードを説明するときに、時間や順序などの展開を表す際に用いられる。

（1）　1M（2）：えっと、君はいつまで、あの、カレーうどん店で働くんですかね。

　　　2M（5）：カレーうどん店ね、あんね、あの、今、去年が結構人いたんで（1M：うん）、アルバイトがね、で、いた人が、あのね、M2 と B4 の人、だから修士 2 年とあの、学類 4 年の人が、7 人ぐらいいたんよ。で、その人らが、なんか、今年、今月か、今月からもう、あの、「ありがとうございました」っって、「また食べに来ますね」みたいなこと言って、もうなんか 7 人ぐらいごっそお抜けたんよ。で、あと、で、学部の今新しく 4 年になる人たちも、なんか、就活だ、どうのとか、研究がどうのっっって、全然バイト入らなくなったせいで、なんか、俺がね、ほんと、アルバイトのなんかね。

　　　1M（2）：ついに、一番上。　　　　　　　　　　　　　　（E-117-09）

　自分の語りを相手に聞かせる際に頻用されるため、話題のイニシアティブを取る場合に使われ、話題精通度との関係も容易に想像できる。

　「あの」の指示詞として既知のものを指す使い方は下記の②である。一方、「あの」は言いよどみにあたる①も多数出現していた。

（2）　2M（3）：100 ローのさあ、①あの、あれすごくない、②あの、アップルタルト 100 円。

　　　1F（4）：ああ。

　　　2M（3）：あれ、やばくない。

　　　1F（4）：やばい。でも、え、でも、ちょっと値上がりしてたよ。

　　　2M（3）：　え、あ、そうなの。
　　　1F（4）：　110円ぐらいなってた。
　　　2M（3）：　あ、110円。
　　　1F（4）：　<u>そうそう</u>。　　　　　　　　　　　　　　　（E-219-01）

　つまり、「あの」と精通度との関係は、既知のものを指す指示詞の用法だ
けでなく、談話において「話題を持ちかける話者が何かを思い出すフィラ
ー」としての出現数も多く、話題のイニシアティブとの関係も大きい。
　また、上記の例の最後には、「そうそう」も出現している。「そうそう」は、
まずは自分自身が知識を披露し、相手がそれに応じるという談話構造が定式
化している結果が現れている。「あの」のイニシアティブとの関係も含め、
本稿のような定量分析が談話分析に貢献する可能性も考えられる。
　「食べる」は、「01. 食べる」を中心に「03. 旅行」「06. 家事」など限られ
た話題にしか出現していない。しかし、自身が「食べる」ことを話題に出す
ことは、主体的な自己開示であり、話題精通度との関係が高いという結果と
なった。
　「て」は機能語であり、これまでの語とは異なる。話題精通度と接続助詞
「て」の相関の高さは、一文の長さとの関係が考えられる。一方、「って」は
話し言葉の主題提示表現で、これもイニシアティブと関連がある。

（3）　2F（4）：うーん。私はね、何か【人名：3人称】がめっちゃ今、画面
　　　　　　　バキバキなの。何これって言っ<u>て</u>、ほんとにね、見るじゃん。
　　　　　　　（1F：うん）見にくく<u>て</u>、（1F：うん）何でって言ったら、何
　　　　　　　か後輩の女の子とラインし<u>て</u>、その子が何か最近、別れた
　　　　　　　らしいの、（1F：うん）後輩の男の子と。それで、何かその飲
　　　　　　　みの席で、何かその女の子から、あ、ライン来たみたいな（1F
　　　　　　　：うんうんうん）言っ<u>て</u>、で、みんなに見せてたら、（1F：うん）
　　　　　　　【人名：3人称】の元カノが（1F：うん）パって見<u>て</u>、うわー
　　　　　　　って言っ<u>て</u>、ガーンって。
　　　1F（4）：ほんとー？　　　　　　　　　　　　　　　　（E-301-08）

　一方で同じく機能語である「た」は、定延(2008)において「自らの体験を語る」こと、言うなれば話題精通度や自信との関係が指摘されている。

（4）　1M（5）：宮島行くのが大好きで。

　　　　2M（4）：ああ、ああ、宮島。

　　　　1M（5）：そう。あすこ、うん。カキがすごいおいしかった。

　　　　2M（4）：カキ。　　　　　　　　　　　　　　　　　　　（W-108-03）

　次節からは、この「た」に絞って分析を試みる。

6　「た」の話題別使用分布

　前節の表4では、15種類の話題を統合して1人あたりの使用数を計算したが、表5では助動詞「た」に絞って15話題別に1人あたり「使用数合計／話題精通度人数」を集計し、各人各語の使用数と話題精通度(1〜5)のデータセットをPearsonの相関係数で計算した[5]。

表5　「た」の話題別使用分布（N＝240）

話題精通度	1	2	3	4	5	相関
01. 食べること	7.00	8.67	10.62	11.34	12.49	0.145*
02. ファッション	9.64	10.23	10.28	10.16	11.76	0.074
03. 旅行	13.63	13.17	14.77	14.37	18.13	0.149*
04. スポーツ	12.75	15.87	17.21	14.43	16.57	0.043
05. マンガ・ゲーム	15.65	16.78	15.54	15.83	15.38	-0.028
06. 家事	9.50	10.27	10.54	10.52	11.04	0.050
07. 学校	16.40	23.13	20.31	20.84	21.49	0.055
08. スマートフォン	10.00	9.96	12.39	11.02	10.93	-0.015
09. アルバイト	9.33	9.67	12.64	12.75	15.41	0.196**

10. 動物	13.00	12.58	13.48	11.65	14.40	0.035
11. 天気	11.36	13.44	13.87	14.34	15.76	0.116
12. 夢・将来設計	10.18	8.35	9.64	10.07	9.94	0.081
13. マナー	8.29	9.34	9.25	9.66	9.74	0.044
14. 住環境	8.75	8.82	8.74	8.90	9.71	0.039
15. 日本の未来	7.17	8.00	7.70	7.91	8.64	0.050
平均	10.61	11.02	12.26	12.58	14.00	

$^*p<.05, ^{**}p<.01$

　表5を見ると、話題精通度と1人あたりの使用数の相関が、話題によって著しく異なることが見て取れる。N＝240で無相関検定5%有意なのは「01. 食べること」「03. 旅行」「09. アルバイト」の3つであった。これらのように「自らの体験を語る」ことが多いと思われる話題では、話題精通度と1人あたりの使用数は高い相関を示している。（4）に挙げた例も「03. 旅行」であった。

　それに対し、「05. マンガ・ゲーム」「08. スマートフォン」では、相関は見られなかった上にわずかだが逆相関を示している。例えば、「15. 日本の未来」であれば過去を振り返って体験談を語るという内容になりにくいという理解はできるが、「05. マンガ・ゲーム」「08. スマートフォン」はどうだろうか。「マンガやアニメの内容を語ること」や「スマートフォンの説明をすること」については「やったことがない」という形でも「自らの体験を語る」ことができるという特徴があるのかもしれない。ただし、話題ごとのデータ数の不足により正確な傾向が出ていない可能性も念頭に置いておく必要はある。

　データの偏りは十分に念頭に置かなければならないが、それでもこれまで主観や感覚でしかなかった話題による言語表現の出現傾向が、これだけ明確な違いとして見られるということは、コーパス研究における新たな知見と言っていいのではないだろうか。

7　「た」のバリエーションと話題精通度

　次に、助動詞「た」に後接する語を確認することによって、J-TOCC においてどのような「た」のバリエーションがあるのかを見てみる。

表 6　「た」に後接する頻度上位 10 語

出現形	品詞	頻度
。	補助記号 - 句点	7,401
、	補助記号 - 読点	4,967
から	助詞 - 接続助詞	2,439
けど	助詞 - 接続助詞	2,002
こと	名詞 - 普通名詞 - 一般	1,692
んだ	助動詞	1,510
の	助詞 - 終助詞	1,253
の	助詞 - 準体助詞	1,128
よ	助詞 - 終助詞	1,105
？	補助記号 - 句点	1,070

　最も多いのは「。」で、主節末での使用ということになる。「、」は「きのう外食した、晩ご飯（E-308-01）」のようなもので、「。」か「、」は文字化の際に付いた区別であり、その差は明確ではない。疑問の「？」も含めて主節末と見ても良いかもしれない。

　また、「こと」には「〜たこと（が）ある／ない」という形式を多く含む。「の」の二種については、「小中そんな楽しくなかったの（E-218-07）」が終助詞、「俺、バイト始めたのが 1 年生の 10 月、9 月ぐらい（E-204-09）」が準体助詞の例である。

表 7　「た」頻度上位 10 語の話題精通度（N＝3,600）

話題精通度	1	2	3	4	5	相関
た。	1.73	1.81	2.01	2.08	2.48	0.092***
た、	1.16	1.27	1.38	1.40	1.52	0.036*
たから	0.61	0.57	0.66	0.72	0.76	0.033*
たけど	0.54	0.55	0.55	0.53	0.64	-0.009
たこと	0.48	0.39	0.46	0.49	0.54	0.058***
たんだ	0.33	0.35	0.42	0.42	0.53	0.035*
たの（終助詞）	0.26	0.28	0.33	0.34	0.49	0.060***
たの（準体助詞）	0.24	0.28	0.28	0.32	0.43	0.077***
たよ	0.24	0.26	0.30	0.29	0.41	0.021
た？	0.28	0.22	0.31	0.31	0.33	-0.006

$^*p<.05,$ $^{**}p<.01,$ $^{***}p<.001$

　助動詞「た」に後接する後を組み合わせ、「た」のバリエーションとして頻出の上位 10 語を表 7 にまとめた。表 7 を見てわかるのは、「た。」「たの（終助詞）」など肯定主節末での使用は、話題精通度と 1 人あたりの使用数の相関が高い傾向にあることである。

　「たんだ」については「自らの体験を語る」場合だけではなく、（5）のように相手の体験に共感する場合などにも用いられていた。

（5）　2M（4）：アメリカ？　うん、まあ、また行きたいなって思うよ。

　　　　1M（4）：あ、そう。何、何、どういう感じ。どの辺行ったとか。

　　　　2M（4）：グランドキャニオンがね。

　　　　1M（4）：おお、西部なんだ。

　　　　2M（4）：やっぱすごいね。やっぱすごいね、あそこは。

　　　　1M（4）：やっぱ、そういう、そういうとこ行ったんだ。（2M：そうそう）ニューヨークとかじゃなくて。　　　　　　　　（E-104-03）

（6）は「た」のバリエーションである「だったんだけど」「たんだよね」「た
から」「たんだけど」を頻用している例である。

（6）　1M（5）：相手チームはもともと実業団チーム<u>だったんだけど</u>、（2F
　　　　　：うーん）あのー、新潟ってオレンジなんだけど、（2F：う
　　　　　んうん）チームカラーが。何か、今までは、もうオレンジ
　　　　　の人たちはがちってイメージで、（2F：ああー）正直、がち
　　　　　ってイメージで、その、超高い席でしか、（2F：うーん）オ
　　　　　レンジが<u>見れなかったんだよね</u>。で、招待試合とかがあっ
　　　　　<u>たから</u>、まだ人も<u>少なかったから</u>、（2F：うーん）もう、ち
　　　　　っちゃい子たちが見に来てみたいな。（2F：うーん、ああ）
　　　　　ミニバスの子とか。見に来てるみたいなイメージ<u>だったん</u>
　　　　　<u>だけど</u>、ほんっとにすごくて。（2F：へえー）もう、オレン
　　　　　ジで、全部。　　　　　　　　　　　　　　　　（W-211-04）

　　1M は話題精通度の高い過去の体験について、まさに饒舌に一方的に話し
ているが、過去の体験を話しているにもかかわらず、主節末は主にル形（「オ
レンジなんだけど（倒置）」「見に来てみたいな」「ミニバスの子とか」「ほん
っとにすごくて」）である。
　　それにもかかわらず、随所に「た」のバリエーションが頻発している。し
かも出現箇所は、過去の事実を淡々と語るという箇所ではなく、1M 自身の
体験を思い入れを込めて語る箇所が多い。定延（2001）で提出された「「た」
は、命題情報の情報のアクセスポイントが過去であることを表す」という考
え方にこれらはまさに当てはまると言えよう[6]。話題精通度の高い「自らの
体験を語る」ときに「た」が頻出する 1 つの根拠と言えるのではないだろう
か。
　　（7）では 1M は冒頭で「動物って結構臭いよね」と述べるときにはル形
を用いている。

（7）　1M（3）：動物って結構臭いよね。

2M（3）：ああ、そう、そう。ああ、そう。
1M（3）：猿、猿あんま臭くなかったんだよね。
2M（3）：猿知らないわ。
1M（3）：だからコアラがねえ、今までで一番臭かった。
2M（3）：コアラ、持ったことあんの。
1M（3）：オーストラリア行ったときにね。
2M（3）：ああー、そうなんだ。　　　　　　　　　（E-109-10）

　いわば一般論的、客観的なものの言い方である。しかし、2M の同意を経て、1M が「動物って結構臭いよね」という一般化に反する体験を語るときに、「猿、猿あんま臭くなかったんだよね」と、「た」を用いている。この「たんだよね」についても、「「た」は、命題情報の情報のアクセスポイントが過去であることを表す」と言えそうである。冒頭ではル形だったものが、タ形に変わることと「自らの体験を語る」ことには密接な関係が見て取れる。

　続いての「臭かった」「持ったことあんの」「行ったときにね」についても、1M の過去の体験をベースにしたやりとりが続いており、「た」の使用を裏付けている。

8　まとめ

　本稿では、筆者らが構築した『日本語話題別会話コーパス：J-TOCC』（以下、J-TOCC）を用いて、話題に対する精通度と言語表現の出現傾向に関する分析をおこなった。まず、話題精通度に関する基本的な統計情報を確認し、話題精通度と各話者の発語数との相関が見られないことを述べた。

　そして、本題として話題精通度と言語表現の出現傾向の関係をコーパスにより実証的に検証した。本稿の意義は、「①理論的に考えられてきたことが、実証的にデータとして示せること」、「②話題に関する定量分析が、談話分析に貢献できる可能性があること」である。

　これから自然会話コーパスは益々充実していくと思われる。一般的には、自然会話コーパスに話題タグは付いていないと思われるため、話題精通度と

言語表現の出現傾向に関する分析から、話し手の話題精通度を推測できる指標が開発できると望ましい。書き言葉でも、話し言葉でも今後のコーパス研究は「誰が書いたか／話したか」により重きが置かれる方向に進むと思われるため、コーパスデータから書き手／話し手の特性が推定できる指標の開発は有用であると思われる。

　また、ケーススタディとして、「た」と話題精通度の関係について掘り下げた。話題精通度の分散に偏りはあるものの、話題によって「た」の一人あたりの使用数には大きな差があることがわかった。さらに個別の例を見ることで、「た」の使用と「自らの体験を語ること」との関係を、定延（2001）の「情報のアクセスポイント」という考え方から検証した[7]。話題精通度の高い「自らの体験を語る」ときに「た」が頻出するという傾向が、本稿で示した「た」と話題精通度の相関の根拠の1つと言えるのではないだろうか。

注

1　類似した概念として、天野・近藤（1999、2000）の単語親密度がある。単語親密度は語のなじみ深さを被験者実験により評定したもので、単語ごとに評定値が付与される。それに対し、本稿の話題精通度は単語ではなく話題に対して付与され、なおかつ評定対象となる会話は自分自身が参与したものであるという点で大きく異なる。

2　女性の話題精通度について、「07. 天気」と最も相関が高かったのは「15. 日本の未来（0.418）」で、次いで「06. 家事（0.370）」と「14. 住環境（0.370）」であった。逆に最も相関が低かったのは「01. 食べる（-0.052）」であった。

3　正確には Comainu では「長単位解析」「中単位境界解析」「短単位解析」の情報が得られる。本稿ではこのうち「長単位解析」の結果を利用している。Comainu の仕様についての詳細は http://comainu.org/ を参照のこと。

4　基本的には UniDic の語彙素で表記しているが、漢字では馴染みが低い語は平仮名に開き、語彙素を括弧内に示した。

5　話題別に集計すると、話題精通度ごとの使用数が少なくなる（例えば「01. 食べること」の話題精通度1は1人）のでどうしても安定度が低くなるのは否めない。

6　定延（2008: 87）によると、「体験の文法は過去形で起動しやすい」とされる。定延のこの説は、井上（2001）や金水（2001）の命題情報を獲得する探索の時点が過去

であることを表すとする説を支持している。これら説から、「た」と話題精通度の相関の高さは、体験談の多寡に影響されているという仮説が立てられる。

7 定延（2008）では「た」に関して、他にも「思い出し」「発見」「思いまどい効果」「反実仮想」などが挙げられているが、J-TOCC は対話コーパスなのでこれらの検証は難しい。

謝辞

本研究は JSPS 科研費基盤研究（B）「話題が語彙・文法・談話ストラテジーに与える影響の解明（研究代表者：中俣尚己）」（課題番号 18H00676）の助成を受けた。記して感謝申し上げます。

参考文献

天野成昭・近藤公久（1999）『日本語の語彙特性』第 1 巻 親密度、三省堂

天野成昭・近藤公久（2000）「NTT データベースシリーズ「日本語の語彙特性」について」『音声研究』4（2）: pp. 44-50. 日本音声学会

井上優（2001）「現代日本語の「タ」―主文末の「…タ」の意味について」つくば言語文化フォーラム（編）『「た」の言語学』pp. 97-163. ひつじ書房

小椋秀樹・小磯花絵・冨士池優美・宮内佐夜香・小西光・原裕（2011）『現代日本語書き言葉均衡コーパス』形態論情報規程集 第 4 版（下）、独立行政法人国立国語研究所

小澤俊介・内元清貴・伝康晴（2014a）「BCCWJ に基づく中・長単位解析ツール Comainu」『言語処理学会第 20 回年次大会論文集』pp. 582-585.

小澤俊介・内元清貴・伝康晴（2014b）「長単位解析器の異なる品詞体系への適用」『自然言語処理』21（2）: pp. 379-401. 言語処理学会

金水敏（2001）「テンスと情報」音声文法研究会（編）『文法と音声Ⅲ』pp. 55-79. くろしお出版

定延利之（2001）「情報のアクセスポイント」『言語』30（13）: pp. 64-70. 大修館書店

定延利之（2004）「ムードの「た」の過去性」『国際文化研究』21: pp. 1-68. 神戸大学国際文化学部紀要

定延利之（2008）『煩悩の文法―体験を語りたがる人びとの欲望が日本語の文法システムをゆさぶる話』ちくま新書［定延（2016）増補版、凡人社］

日本語教材における話題の分布と難易度

橋本直幸

　日本語教科書にはどのような話題の読み物が掲載されているか、また、話題とレベルの関係はどうなっているのか、これらを明らかにするのが本稿の目的である。また、先行研究で示された話題の難易度や J-TOCC のデータとの比較を通して、話題とは何であるかを改めて考える。

　まず 1. では、言語教育の中でこれまで話題がどのように考えられ、位置づけられてきたかを振り返る。2. では、「日本語教科書読み物データベース」を用いて、日本語教材におけるレベルと話題の関係を探る。そして、客観的な指標を用いて話題の難易度を示した山内 (2018) との比較を試みる。3. ではこれまでの日本語教材ではあまり扱われてこなかった話題にも目を向け、日本語教育にどのように取り入れていくか検討する。4. では、J-TOCCに収録されている母語話者の「話題精通度」と、日本語教科書読み物データベース、山内 (2018) の 3 つのデータを比較し、難易度や親密度、個人差など多様な側面から話題について考える。5. は全体のまとめである。

1　はじめに

　この論文では、J-TOCC でもその最大の特徴となっている「話題」という概念について考える。「話の題材」としての「話題」は、「場面」や「機能」などに比べ、言語学でそれほど重視されてきた概念とは言い難いが、言語教育では、教育、学習、評価のよりどころとして非常に重要なものとして位置づけられてきた。ただし、その定義や種類、それぞれの話題の難易度をどのように決めるかなど、明らかになっていないことも多い。橋本 (2008) では、「話題」という概念について、図書分類やインターネット検索サイトに見ら

れる一般的な話題分類のほか、ACTFL ガイドラインや CEFR のような第
二言語教育の指針であるガイドラインやスタンダードでの話題の定義や分類
について概観した。

　第二言語教育においては、主にシラバスの種類について論じる中で「話題
シラバス」という概念とともに広く知られているが、『応用言語学事典』で
は、「話題シラバス」について、以下のように説明されており、話題をめぐ
る本質的な課題をうまく言い当てている。

　　このシラバスは一般の学習者にはわかりやすいことから、多くテクスト
　　やコースブックのシラバス・デザインに採用されているが、言語学者や
　　言語教育者からは問題点が指摘されている。White (1988) は、多くの
　　言語学者がこのシラバスは理論以前（pretheoretical）であると批判して
　　いると述べた上で、「話題」という概念があいまいであり、科学的検討
　　の対象とはなりえないと述べている。　　　　　　　　　　　（和田 2003）

　一方で、山内編（2013）は、「言語活動と言語素材を結びつける」ことを目
標に掲げ、独自に 100 の話題を設定し、話題別の語彙リストとロールカー
ドのリストを提示している。話題そのものに関する明確な定義はないが、想
定しうる話題を網羅することを目指しており、話題についての外延的な定義
としては有効に機能しうるものと考える。さらに山内（2018）は、山内編
（2013）の各話題に収録されている語彙の具体度や親密度・必要度を数値化
し、それをもとに話題の難易度を決定したもので、客観的指標を用いて話題
の難易度を示した唯一の研究である。J-TOCC も山内編（2013）の 100 話題、
および山内（2018）の話題の難易度を参考に、15 話題を決定している。

　この論文では、山内（2018）との比較も視野に入れつつ、レベル別の日本
語読解教材を話題という観点から分類、考察することにより、日本語教育で
話題やその難易度がどのように考えられているかを見ていく。

2　日本語教育と話題

2.1　言語教育における話題観

　最初に述べた通り、言語教育において話題は言語能力を考える際の重要な指標となっている。多くのガイドラインやスタンダードでは学習者が扱える話題の種類や広さを、言語能力の指標の1つと考えており、読解教材や語彙学習教材でも話題を軸として教材を構成しているものが多く見られる。これらの多くは、話題と学習者の言語能力との関連についてほぼ共通の認識をもっており、それは、「学習者が扱える話題は言語能力が上がるにつれて、身近で具体的なものから専門的、社会的なものへと広がっていく」というものである。この見方は経験的にも正しいと思える。この論文では、筆者が作成・公開している「日本語教科書読み物データベース」を使用し、これまでの日本語教材の話題とレベルの関連を見ることによって、この話題観について、改めて実証的に確認をしていきたい。

　なお、日本語教材でとりあげる内容について網羅的に把握した研究としては、中・上級コース教材の話題分類を行った日本語教育学会編(1991)が参考になるが、この調査は当時の調査対象機関が使用していた15冊の教科書のみが対象で、その後に刊行された教科書を含む大規模なデータは存在しない。

2.2　『日本語教科書読み物データベース』について

　「日本語教科書読み物データベース」(以下、データベース)は、日本語教材に収録されている学習者向けの読み物一つ一つに、レベルタグ、話題タグ、キーワードなどを付してタイトルを検索できるようにし、webで公開しているものである[1]。読み物自体をweb上で読むことはできないが、日本語の授業で扱った内容と関連する読み物を探したり、効果的な語彙学習を目指して同じ話題の読み物をまとめて読みたいといった場合に利用することを想定している。2023年10月現在、240冊、4,476の読み物のデータを収録している。

　対象となる読み物は、読解を主目的とした教材(いわゆる「読解教科書」)に掲載されている読み物と、総合教科書の中で読解のタスクとして掲載されている読み物である。日本語能力試験対策の教材は読み物の一部分を部分的

に抜粋しているものも多く、それだけで完結していないものも多いため、対象としていない。224冊の教科書の中には既に絶版となったものも含まれている。また、第二版、第三版と版を改めているものもある。収録しているデータの中でもっとも古いものは、1974年発行『外国人のための日本語読本―初級―1分冊〜7分冊』『外国人のための日本語読本―中級―1分冊〜9分冊』（文部省）であるが、収録する教科書の出版年をとくに規定しているわけではなく、今後も入手しうるものを広く収録し、継続的にデータを拡充していく予定である。

図1　「日本語教科書読み物データベース」画面

　読み物に付した話題タグは、山内編（2013）の100話題であるが、一部修正を加えている。山内編（2013）は当初、語彙分類のために作った話題の分類であったため、日本語教科書の読み物の分類には適していない箇所があったためで、「ジェンダー」「若者論」など日本語教科書に比較的多く取り上げられている話題を新たに追加している。なお、読み物に話題タグを付す作業は、タイトルやその内容から判断して筆者が一人で行っている。

　レベルについては、「初級〜初中級」「中級」「中上級〜上級」としているが、これは読み物自体のレベルではなく、その読み物が収録されている教材に明記されているレベルである。

　本稿では、このデータベースを用いて、それぞれの読み物に付された話題タグとレベルタグの関係をもとに、日本語教育がどのように話題とレベルを考えてきたか見ていく。

　今回分析対象としたのはデータベース収録の読み物のうち、1990年〜2019年までの3,566タイトルである。その内訳は、初級〜初中級の読み物が950タイトル、中級の読み物が1,306タイトル、上級の読み物が1,310タイトルである（以下、読み物の数を表す助数詞を「〜タイトル」として表記する）。

2.3　レベル別の話題の分布

　ここでは、データベースを用いて、レベル別にどの話題が多く掲載されているかを調べた。各レベル上位10話題をまとめたものが以下の表1である。括弧内の数値は読み物の数である。

表1　レベル別読み物数 上位10話題

	初級〜初中級	中級	中級〜中上級
1	食（80）	言葉（102）	言葉（152）
2	町（47）	食（81）	食（131）
3	言葉（39）	環境問題（48）	労働（89）
4	旅行（37）	マナー・習慣（47）	環境問題（85）
5	住／医療・健康（31）	町（45）	医療・健康（80）
6	年中行事（29）	労働（44）	文芸・漫画・アニメ（72）
7	スポーツ（28）	医療・健康／年中行事（41）	国際交流／教育・学び（71）
8	環境問題（26）	旅行／国際交流（40）	人づきあい（64）
9	買い物・消費（25）	ヒト（35）	町（63）
10	交通／労働（24）	人づきあい（30）	ビジネス／テクノロジー（59）

　これを見ると「食」と「言葉」がいずれのレベルにおいても上位3話題の中に含まれており、かつ、その数値を見ても3位以下とは大きく差が開いていることがわかる。全レベルを合わせた数としては、「言葉」が1位で293タイトル、「食」が2位で292タイトルとほぼ同じで、3位の「環境問題」の159タイトルとの間に大きく差が開いている。「食」と「言葉」は、日本語教育の中では突出して多く取り上げられる話題であることがわかる。「食」は言うまでもなく人間の生活の中で最も基本的で身近な活動であるとともに、一方で国や地域による差も大きく、すべての人の関心の対象となりうるものであるためだと考えられる。「言葉」についても同様であり、かつ、日本語を学ぶ学習者にとってはさらに関心の高いものと考えられる。なお、このデータベースでは、読み物がいくつかの話題にまたがる場合は、複数の話題タグを付すことにしている。一般にレベルが上がるほど、内容が複数の話題にまたがる場合が多く、たとえば「食」の場合、「医療・健康」(13タイトル)、「農林業・畜産」(9タイトル)、「国際経済・貿易」(9タイトル)といった話題とまたがることが多い。

　各レベルとそれぞれの上位10話題の重なりを図示したものが図2である。「食」「言葉」のほかにも「町」「環境問題」「医療・健康」の3つの話題

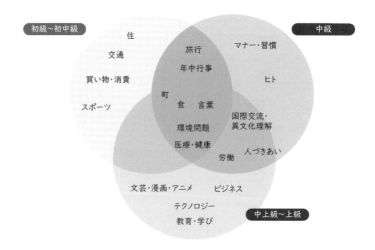

図2　各レベル上位10話題とレベルの重なり

も、全レベルにおいて上位 10 の話題に含まれており、レベルにかかわらず共通してとりあげられる話題だということがわかる。「環境問題」というと、一般には上級の話題という印象があるように感じるが、日本語教育ではどのレベルにおいても定番の話題の 1 つで、中でも地球温暖化、ゴミ問題などは、初級レベルの読み物でも頻出の題材である[2]。環境問題は日本だけでなく世界中の人にとって共通の課題であり、一般的な背景知識であるスキーマの活性化が期待できること、また、成人が多い日本語教育の中で、初級レベルから比較的高度な内容を扱えることがその理由だと考えられる。

　次に、各レベル上位 10 話題の中で、他のレベルには 10 位以内に含まれなかったもの、つまり各レベルの特徴ともいえる話題について見てみる。初級〜初中級では「住」「交通」「買い物・消費」「スポーツ」、中級では「マナー・習慣」「ヒト」、中上級〜上級では「文芸・漫画・アニメ」「ビジネス」「テクノロジー」「教育・学び」である。傾向として、初級〜初中級は主に"日常生活"に関わる話題、中級は"コミュニケーション"に関わる話題、中上級〜上級は"社会"に関わる話題、と言えそうである。自分のこと、身近なことから、徐々に社会的な話題へ広がっていくという、ごく一般的なレベル観と一致していると言ってよいだろう。

2.4　山内（2018）「話題の難易度」との関連

　次に、話題の難易度を客観的な指標を用いて示した山内（2018）と比較してみたい。山内（2018）は、山内編（2013）の 100 話題について、その話題に含まれる名詞を指標としてレベル分けしている。まず名詞を「具体物を表す名詞」と「抽象的概念を表す名詞」に分け、前者は「親密度」、後者は言語活動を遂行する際のその名詞の「必要度」という観点からそれぞれ 3 つのレベルに分けている。その後、各話題について、具体物を表す名詞の数をもとにした「具体度」と、前述のレベル分けされた「親密度」または「必要度」を一定の計算式に基づき算出し、それをもとに、各話題の難易度を出している。具体的な計算式等については、山内（2018）を参照されたい。表 3 はこの計算式から算出した具体度および親密度・必要度によって話題を分類したものである。

表2 話題の難易度一覧（山内（2018）表2・表3を合成）

	親密度・必要度Ⅰ	親密度・必要度Ⅱ	親密度・必要度Ⅲ
具体度A	【AⅠ】食、家族、家電・機械、パーティー、趣味、日常生活、日曜大工、手芸、コレクション（9話題）	【AⅡ】交通、動物、学校（大学）、音楽、農林業、写真、軽工業・機械工業（7話題）	【AⅢ】住、自然・地勢、工芸、重工業（4話題）
具体度B	【BⅠ】旅行、学校（小中高）、町、出産・育児、友達、習い事、容姿（7話題）	【BⅡ】人体、衣、医療、遊び・ゲーム、酒、植物、絵画、映画・演劇、引越し、エネルギー、家事、ふるさと（12話題）	【BⅢ】買い物・家計、通信、建設・土木、水産業、メディア、死、手続き、自動車産業、宇宙、工業一般（10話題）
具体度C	【CⅠ】美容・健康、季節・行事、思い出（3話題）	【CⅡ】スポーツ、結婚、恋愛、マナー・習慣、芸能界、環境問題、芸術一般（7話題）	【CⅢ】労働、歴史、文芸・出版、調査・研究、祭り、芸道、国際経済・金融、文化一般（8話題）
具体度D	【DⅠ】気象、成績（2話題）	【DⅡ】コンピュータ、試験、就職活動、喧嘩・トラブル、ギャンブル（5話題）	【DⅢ】テクノロジー、言葉、戦争、算数・数学、事件・事故、宗教、政治、サイエンス、ビジネス、災害、悩み、社会保障・福祉、差別、選挙、人づきあい、少子高齢化、株、社会運動、経済・財政・金融、外交、性格、会議、税、感情、法律、夢・目標（26話題）

　山内（2018）はこの難易度一覧をもとに「日本語教育の全体像」を提案しており、一般的なレベル分けである初級・中級・上級と以下のように対応させている。

　初級…AⅠ・AⅡ・BⅠ

　中級…BⅡ・BⅢ・CⅠ・CⅡ・DⅠ

　上級…CⅢ・DⅡ・DⅢ

　そして、本稿で実施したデータベースによる日本語教材の分析と、山内
(2018) を対比させたのが以下の表3である。表中ゴシック体で示した部分
は、両者の一致が見られる話題である。

表3　データベースによる日本語教材のレベル別分布と山内 (2018) の対応

データベースによる 日本語教材の分布		山内 (2018)
初級〜初中級	住	中級（具体度A／親密度・必要度Ⅲ）
	交通	**初級（具体度A／親密度・必要度Ⅱ）**
	買い物・消費	中級（具体度B／親密度・必要度Ⅲ）
	スポーツ	中級（具体度C／親密度・必要度Ⅱ）
初級〜初中級 中級	**旅行**	**初級（具体度B／親密度・必要度Ⅰ）**
	年中行事	**中級（具体度C／親密度・必要度Ⅰ）** ※「季節・行事」
中級	**マナー・習慣**	**中級（具体度C／親密度・必要度Ⅱ）**
	ヒト	**中級（具体度B／親密度・必要度Ⅱ）**※「人体」
中級 中上級〜上級	**国際交流・ 異文化理解**	**上級（具体度C／親密度・必要度Ⅲ）**※「外交」
	人づきあい	**上級（具体度C／親密度・必要度Ⅲ）**
	労働	**上級（具体度B／親密度・必要度Ⅲ）**
中上級〜上級	**文芸・漫画・ アニメ**	**上級（具体度B／親密度・必要度Ⅲ）** ※「文芸・出版」
	ビジネス	**上級（具体度C／親密度・必要度Ⅲ）**
	テクノロジー	**上級（具体度C／親密度・必要度Ⅲ）**
	教育・学び	初級（具体度B／親密度・必要度Ⅰ） ※「学校（小中高）」 初級（具体度A／親密度・必要度Ⅱ） ※「学校（大学）」

全レベルに対応する話題

初級〜初中級 中級 中上級〜上級	食	初級（具体度A／親密度・必要度Ⅰ）
	町	初級（具体度B／親密度・必要度Ⅰ）
	言葉	上級（具体度C／親密度・必要度Ⅲ）
	環境問題	中級（具体度C／親密度・必要度Ⅱ）
	医療・健康	中級（具体度C／親密度・必要度Ⅰ） ※「美容・健康」 中級（具体度B／親密度・必要度Ⅱ）※「医療」

※は山内（2018）の話題分類とデータベースの話題分類の名称が異なる部分。最も近い
ものを対応させている。

　基本的には両者の対応に大きなずれは見られない。つまり、山内（2018）
が提案した客観的な指標に基づく話題の難易度分けと、実際に使用されてい
る日本語教材における話題とレベルの関係がほぼ一致しているということで
ある。データベースで中級〜中上級の話題であった「教育・学び」について
は、山内（2018）の「学校（小中高）」と「学校（大学）」と対応させている。「教
育・学び」は日本語教材の中で、とくに学校に限定した話ではないが、子ど
もあるいは大人の教育や学びに関する読み物が多く収録されていたことから
データベース作成時に追加したものであり、主に具体度の点で山内（2018）
の「学校（小中高）」「学校（大学）」との間でずれが見られたと考えられる。
　山内（2018）では初級から上級までの連続的なコース設計を考える場合に
は、文法やタスクではなく「話題」を軸にしたコース設計が有効だとした上
で、新しい初級テキストのシラバスを提案している。このような話題を軸に
した新たな教材開発が今後求められると同時に、現在の読解教材などもおお
むね適切に話題とレベルが対応していることが明らかになったので、これら
の既存教材を「話題」という観点から組み合わせながら活用していくことも
可能と言えるだろう。

3 「定番」ではない話題

前節で見たように、定番の話題があるということは、一方で当然ながら扱われない話題もあるということである。もちろん多人数の学習者が学ぶ環境であれば、どの学習者にとっても必要かつ基本的な話題を抑えておくことは重要であるし、また無難な話題を選ぶということも大事である。

一方で、本来学習者の興味関心は多様なものであり、また、日本語学習の目的も目指すゴールも異なる。学習者の多様化に伴ってその傾向が一層強くなってくると、それに対応できる様々な教材が準備されていることも重要であろう。

例えば、海外の日本語教育機関で日本語を学ぶ学習者を対象とした調査である国際交流基金（2020）の中の「日本語学習の目的」という調査を見てみると、1位は学習者の66%が回答した「アニメ・マンガ・J-POP、ファッション等への興味」、2位は61.4%が回答している「日本語そのものへの興味」、3位は52.4%が「歴史・文学・芸術等への関心」である（複数回答）。

データベースで「アニメ・マンガ」関連の読み物を検索してみると、2000年以降増えてきたとは言え、全レベルを通して50タイトルと決して多くはない。『オタジャパ！―オタクな例文で覚える上級表現＆文型』（『オタジャパ！』製作委員会（編著）、2012年、国書刊行会）という、漫画やアニメというテーマに特化した教材が刊行されていることも興味深いが、このような特定の話題に特化した教材が今後さらに増えてくることを期待したい。

また、J-TOCCにも採用されている話題で、同じく日本語学習者のニーズも高いと思われる「ゲーム」関連の読み物について見てみると、全レベルの合計でも15の読み物しか見つからない。

「食」や「言葉」のように誰にとっても必要でかつ無難な話題ではないため、総合教科書などにはなかなか取り入れにくいテーマかもしれないが、多読教材やオンライン教材、語彙学習教材などモジュール型の教材として用意することは可能であろう。学習者の興味関心の広さに合わせたより多彩な話題の教材が必要であると言える。

限られた学習時間の中で扱う話題に優先順位をつけることは必要である

が、特殊な話題であっても、自分自身の興味関心について日本語で読めたり
話せたりするということは動機付けの面からも学習者にとって非常に大事な
ことである。

4　話題「衣」と「少子高齢化」— J-TOCC からの示唆

　最後に J-TOCC の話題との関連についても触れておきたい。ここでは
J-TOCC の 15 話題の中から「02. ファッション」と「15. 日本の未来」を取
り上げる。J-TOCC では調査協力者への話題提示の際に会話の論点がわかり
やすいように、より詳細な指示内容もあわせて提示している場合がある。
「02. ファッション」は「＜指示内容なし＞」となっており、「15. 日本の未来」
の方は、「少子化・高齢化をどう考えるか」という指示が出ている。以下で
は、データベースおよび山内（2018）の話題分類と合わせるためそれぞれ
「衣」と「少子高齢化」と対応させながら考察する。

　これらの話題の難易度について見てみると、山内（2018）では、「衣」が「親
密度・必要度 II」「具体度 B」という中級の話題、「少子高齢化」が「親密度
・必要度 III」「具体度 D」で上級の話題に位置づけられている。また、デー
タベースを用いて日本語教材のレベル別分布を見てみると、「衣」は初級〜
初中級が 11 タイトル、中級が 16 タイトル、中上級〜上級が 12 タイトルで
あり、一方の「少子高齢化」は初級〜初中級が 6 タイトル、中級が 20 タイ
トル、中上級〜上級が 35 タイトルである。山内（2018）が示すレベルとほぼ
一致した傾向となっている。「衣」より「少子高齢化」のほうが難しい、と
いう一般的な話題観とも一致していると考えてよいだろう。

　興味深いのは、J-TOCC 参加者の話題精通度との関連である。J-TOCC
は、調査終了後に、全ての話者に、フェイスシートで 15 の話題それぞれの
話題精通度を 5 段階で尋ねている。その話題に対する詳しさ・自信の度合い
であるが、「衣」（J-TOCC では「02. ファッション」）と「少子高齢化」（J-TOCC
では「15. 日本の未来」）の話題精通度の全参加者平均はそれぞれ、「2.87」と
「2.80」とほぼ同じで 15 話題の中で、もっとも低い 2 つである。「データベ
ース」、山内（2018）、J-TOCC の情報をまとめたものが以下の表 4 である。

表4　データベース、山内（2018）、J-TOCC の比較

		衣 （02. ファッション）	少子高齢化 （15. 日本の未来）
データベース	初級～初中級	11	6
	中級	16	20
	中上級～上級	12	35
山内（2018）	親密度・必要度	II	III
	具体度	B	D
	レベル	中級	上級
J-TOCC	話題精通度	2.87	2.80

　興味深いのは、データベースでも山内（2018）でも、「衣」と「少子高齢化」の差が大きいのに対し、J-TOCC の話題精通度については、ほぼ同じであるという点である。話題精通度は、参加者にとっての難易度と置き換えて考えることもでき、実際に以下のように、それぞれの話題に対するメタ的言及として、話題そのものの難易度について述べたやりとりが随所に見られる。

【02. ファッション】
（1）　ファッション難しいわ。　　　　　　　　　　　　　（W-217.txt）
（2）　身近な分野じゃないと時間の経過が遅く感じるね（笑）。（E-204-.txt）
（3）　弱いなあ、この話題は。　　　　　　　　　　　　　（E-120.txt）
（4）　うわー、（E-120-2M：うーん）ちょっと無理だなあ。　（E-120.txt）

【15. 日本の未来】
（5）　急にめちゃめちゃ難しくなった。　　　　　　　　　（E-112.txt）
（6）　むず。え、どうやろ。　　　　　　　　　　　　　　（E-210.txt）
（7）　めっちゃ難しい。　　　　　　　　　　　　　　　　（E-216.txt）
（8）　難しいな。／難しいなー。　　　　　　　　　　　　（W-117.txt）

これまでも指摘されていることではあるが、「話題」の難易度を考える際に「個人差」をどう考えるか、というのは非常に難しいところである。

話題の難易度を示した山内（2018）や、その元となった山内編（2013）では、各話題を構成する語のうち、具体物を表す名詞に「親密度」を付してその難易度の根拠にしているが、親密度の基準は「一般的な日本人が身近に感じるかどうか」である。

個人の興味・関心に大きく左右されると考えられる「親密度」をどのように難易度に入れていくか更なる検討が必要であるが、J-TOCC がその会話データとともに示した「話題精通度」は、話題の難易度にこの「個人差」をどう加えていくかを考えるうえで、非常に大きな手掛かりとなるだろう。J-TOCC が提示する言語データを話題精通度の観点から丹念に分析していくことが重要である。

5　おわりに

この論文では、「話題」という概念について主にその難易度という点から、学習者向け日本語教材のレベル別分布を確認し、山内（2018）との比較も試みた。また、「話題」を考察する際に必ず問題となる「個人差」について、J-TOCC の「話題精通度」が参考になることを述べた。

「話題」という概念があいまいであり、科学的検討の対象とはなりえないという先行研究の指摘が過去のものになるよう、J-TOCC や「日本語教科書読み物データベース」など、「話題」を指標の1つにもつ客観的データが今後も蓄積されていくことを期待したい。

注

1　データベースは以下の URL で公開している。
　　https://opac.jp.net/Opac/search.htm?s=-oDweME36ExwrOmGKNkV41okBHd

2　初級～初中級レベルの「環境問題」の読み物例として、「もったいない」（『日本語読み書きのたね』）、「地球はどうなる？」（『みんなの日本語初級Ⅱ　初級で読める

トピック 25』)、「21 世紀の海の高さ」(『日本語を楽しく読む本　初中級』) などがある。

謝辞
本研究は JSPS 科研費 17K02860、18H00676 の助成を得た。

参考文献
国際交流基金 (2020)『海外の日本語教育の現状　2018 年度 日本語教育機関調査より』
日本語教育学会 (編) (1991)『日本語教育機関におけるコース・デザイン』凡人社
橋本直幸 (2008)「日本語教育における「話題」の扱い」『人文学報』398: pp. 58-76. 首都大学東京都市教養学部人文・社会系、東京都立大学人文学部
橋本直幸 (2022)「「日本語教科書読み物データベース」の作成と公開」『福岡女子大学国際文理学部紀要　文藝と思想』86: pp. 45-55.
山内博之 (2018)「話題による日本語教育の見取り図」岩田一成 (編)『現場に役立つ日本語教育研究 6　語から始まる教材作り』pp. 3-15. くろしお出版
山内博之 (編)　橋本直幸・金庭久美子・田尻由美子 (2013)『実践日本語教育スタンダード』ひつじ書房
和田稔 (2003)「話題シラバス」小池生夫ほか (編)『応用言語学事典』pp. 95-96. 研究社
White, R.V. (1988) *The ELT curriculum: Design, innovation, and management*. Oxford: Blackwell.

話題と統語的複雑さ

堀内仁

　本稿では、話題タグ付け『名大会話コーパス』を用いて、自然談話の話題と各話題の下で産出された発話に見られる統語的複雑さとの関連について調査した。その結果、自然談話の話題によって統語的複雑さ（文の長さや従属節の埋め込みの多さ・深さ）に違いが見られることが分かった。また、話題は統語的複雑さの直接の要因とはなりにくいものの、【社会】【学術】といった上位概念に属する話題は統語的複雑さの高い言語表現を産出しやすく、【日常生活】【身の回り】といった上位概念に属する話題は統語的複雑さの低い言語表現の産出につながりやすいことが分かった。また、この結果を基に日本語教育における話題の配列順に関する提案も行った。

1　はじめに

　一般に、言語によるコミュニケーションには伝達内容が存在し、その伝達内容はそのまとまりとしての「話題」から構成される。日本語教育でも様々な「話題」に関する伝達内容の産出や理解を促す指導が求められることがある。例えば、中級以上のレベルでは、学習者のニーズや関心に基づくトピックシラバスのコースデザインやそれに基づく教科書（例：近藤・丸山編(2001)）が採用されることがあり、JF スタンダードに準拠する日本語教育では、習熟度を示す Can-Do のレベル記述に用いられる「話題」を意識する必要がある（国際交流基金 2017）。

　このように、「話題」の重要性は日本語教育において認識されているものの、それと文法や言語習得に必要な言語要素との関連が明らかではなく、ト

ピックシラバスや状況・場面シラバスに基づく内容重視の日本語教育の問題点となっている（日本語教育学会編 2005）。

　本稿は、第二言語・外国語としての日本語の習熟度や発達段階の測定尺度を構成する「統語的複雑さ」という観点から「話題」について考察する。とりわけ、「話題」によって母語話者の産出する文の統語的複雑さは異なるのか、異なるならその違いを日本語教育にどう反映すべきか提案を試みる。

2　話題と統語的複雑さの関係をめぐって

2.1　話題と文法

　前節で述べたように、話題と文法（あるいは言語要素）との関係は明らかではないが、従来は以下のような2つの異なる立場が見られる。まず、山内編（2013: 527）では、「機能語と実質語のうち、機能語は、話題という概念には従属しないであろうと考えられる。つまり、ある話題でよく使われる機能語というものは想定しにくいということである」とされ、話題と文法の関係性に否定的な立場がとられている。一方、Nakamata（2019）では、接触場面の会話コーパス研究の結果に基づき、多くの機能語は話題に従属することを主張し、話題と文法の関係性に肯定的な立場を表明している。

　本稿では、基本的には後者の立場を仮説とし、その妥当性を示すのに「統語的複雑さ」という指標を用いる。

2.2　統語的複雑さ

　統語的複雑さは、第二言語作文や第二言語習得論（SLA）の分野で研究されてきた。第二言語・外国語の習熟度や言語発達レベルを測定する必要性から、CAF（Complexity, Accuracy, Fluency）と呼ばれる研究が発展してきたが、その中で、複雑さ（Complexity）、正確さ（Accuracy）、流暢さ（Fluency）という3つの観点に関する第二言語・外国語の習熟度・言語発達の測定指標・尺度が主に研究されてきた（Wolfe-Quintero et al. 1998, Ellis and Barkhuisen 2005, Housen et al. 2012, 等）。その「複雑さ」の中でもとりわけ活発に研究されたのが、「統語的複雑さ（syntactic complexity）」であり、その測定指標

・尺度として、文の長さ（1文に何語含まれるか）と深さ（1つの文や節にいくつ従属節が含まれているか）に関する議論が活発に行われた。

2.3　統語的複雑さの測定

　統語的複雑さの測定指標・尺度となる文の長さは、T単位の平均長（Mean length of T-unit: MLTU）によって測定されることが多い。T単位（T-Unit: minimally terminable unit）とは、主節とそれに付随する全ての従属節から成る単位（Hunt 1965: 36）で、単文と等位節・並列節を除く複文を意味する。尚、T単位はもともと英語母語話者の作文教育の研究から提案されたものだが、Larsen-Freeman（1978）がそれをSLA研究に導入してからは、CAF研究において統語的複雑さの測定指標・尺度として一般に用いられるようになった。一方、文の深さは、T単位中の節（Clauses per T-unit: C/TU）、即ちT単位中の従属節の埋め込みの多さといった指標・尺度によって測定されることが多い。

　こうした統語的複雑さの測定には問題がないわけではない。Bardovi-Harlig（1992）では、T単位分析より等位節・並列節を含む文分析の優位性が論じられ、等位接続指標（coordination index）により等位接続から従属節の埋め込みに推移する統語的複雑さの変化が把握できることが指摘された。本稿でも、T単位ではなく文分析を用いる。

2.4　L2作文における「話題」と統語的複雑さ

　SLAでは、統語的複雑さの要因に関する研究も活発に行われてきた。中でも、Peter Robinsonの「認知仮説（The Cognition Hypothesis）」は、タスクの「認知的複雑さ（Cognitive Complexity）」が表現内容にかかわる概念や機能の複雑さに反映され、産出される表現の統語的な複雑さをもたらし、ひいてはそれが言語発達を促す（Robinson and Gilabert 2007, 濵田 2015）というものであり、タスク中心の教授法（Task-Based Language Teaching: TBLT）の研究者の関心を集めた。

　認知仮説の検証は第二言語作文研究においても行われ、認知的複雑さの異なる「話題」に関する作文を書かせるタスクを与え、統語的複雑さにどう関

与するのか研究が行われている。Yang et al.（2015）では、認知的複雑さを構成する因果推論（causal reasoning）を要する話題で書いた作文では、そうでないものより統語的に複雑な表現を産出するという結果が得られた。しかし、Yoon（2017）では、認知的複雑さを要する話題より、学習者に関連性・関心の高い話題の方が統語的に複雑な表現を産出するという結果を示した。

このように、第二言語作文における「話題」の認知的複雑さと統語的複雑さとの関連性については先行研究で意見の一致を見ていない。また、Biber and Conrad（2019: 48）では、「一般に話題の違いは文法的違いの決定には影響が少ない」（筆者訳）と、話題と統語的複雑さの関係に関して否定的な見解を示している。

しかしながら、「話題」が日本語によるコミュニケーション活動で伝達される内容のまとまりであるなら、上記の L2 作文のタスクのような限定された話題、しかも書き言葉の調査だけでは、話題と統語的複雑さの関係を明らかにすることはできない。そうした SLA の先行研究の不備を補うためにも、広範な話題を含む産出データに基づく研究が行われるべきである。本稿では、話題アノテーションが付与された大規模な自然談話コーパスを用いて、話題毎に分類された発話データに見られる統語的複雑さを調査する。

3　話題タグ付き『名大会話コーパス』に基づく研究

3.1　研究課題

本節では、本研究の枠組みを提示する。まず、その出発点となるのは、以下の 3 つの研究課題である。1）自然談話の話題によって統語的複雑さ（文の長さや従属節の埋め込みの多さ・深さ）に違いが見られるか、2）もしそれが見られるなら、その違いはどのようなもので何故生じるのか、3）その違いは日本語教育にどう反映されうるか。課題 1）2）3）の答えはそれぞれ第 4 節、第 5 節、第 6 節で明らかになる。

3.2　研究方法

前節で述べたように、本研究では広範な話題を含む大規模な自然談話コー

パスをデータとして用いる。本研究で用いるのは、『名大会話コーパス』の
データに話題アノテーションを付与して作成した『名大会話コーパス』話題
別分割ファイルである。このアノテーション付与作業には、山内編 (2013)、
橋本 (2018) の「話題」を基に追加・修正・削除されて構成されたタグセッ
ト (104 話題タグ) が用意されたが、実際には 97 の話題タグが使用された。

　本研究には、97 の話題別分割ファイルのうち、語数が 800 以上の 87 ファ
イルを使用した。このファイルのアノテーションの詳細については、中俣他
(2020) を参照のこと。尚、このファイルは「GSK2020-B 自然会話コーパス
話題アノテーション情報」として言語資源協会より配布されている[1]。

　次に、プレーンテキストで保存された 97 の話題別分割ファイルを「Web
茶まめ」で形態素解析にかけ、CSV ファイルで出力し、語数 800 までの 87
話題ファイルを Excel 形式で保存した[2]。

　統語的複雑さを数量的に測定するため、本研究では文の長さ (＝語数／文
境界数) と従属節の埋め込み (＝接続助詞数／文境界数) を算出した。前者に
関しては、T 単位ではなく Bardovi-Harlig (1992) の提案に従い、「文」を基
本的な単位とした。後者に関しては、連体修飾節のような従属節の埋め込み
も可能ではあるが、本研究では接続助詞を伴う節のみを対象とした。

　文の長さの測定に関与する語数に関しては、記号 (＊、句読点、括弧、等)
や感動詞・フィラーを除外した。また、ID 番号、固有名称、数詞などは数
字や文字が 1 つずつ形態素と分析されてしまうため、それらをそれぞれ 1 つ
の ID 番号・固有名称・数詞にまとめる作業を行った。

　文の長さと従属節の埋め込みを集計し、87 の話題群を降順で並べ替え、
格付けを行った。特に、話題による統語的複雑さの違いの検証のため、文の
長さと従属節の埋め込みに関して、それぞれ格付け上位 20 位までの話題群
を上位群、格付け下位 20 位までの話題群を下位群と見做し、両グループの
差を独立性のある t 検定により検証した。また、文の長さに関する話題の格
付けと従属節の埋め込みに関する話題の格付けとの間の相関に関しては、相
関分析を用いて、両者の相関関係を検証した。

4　結果―話題によって統語的複雑さは異なる

4.1　結果 1―文の長さ（上位 20・下位 20）

　まず、87 話題ファイルの会話データの文の長さを測定したところ、全体としては、8.30 であった（語数：848,213，文境界：102,160）。本稿では、上位 20 話題を上位群、下位 20 話題を下位群と見做し、両者の差を比べた。文の長さに関する話題の上位群、下位群は表 1、表 2 の通りである。

<table>
<tr><td colspan="3" align="center">表 1　文の長さ（上位 20）</td><td colspan="3" align="center">表 2　文の長さ（下位 20）</td></tr>
<tr><th>順位</th><th>話題</th><th>文長</th><th>順位</th><th>話題</th><th>文長</th></tr>
<tr><td>1</td><td>死</td><td>11.65</td><td>68</td><td>自然・地勢</td><td>7.68</td></tr>
<tr><td>2</td><td>政治</td><td>11.50</td><td>69</td><td>美容</td><td>7.67</td></tr>
<tr><td>3</td><td>社会保障・福祉</td><td>11.42</td><td>70</td><td>交通</td><td>7.66</td></tr>
<tr><td>4</td><td>国際交流・異文化理解</td><td>10.84</td><td>71</td><td>社会活動</td><td>7.57</td></tr>
<tr><td>5</td><td>外交・国際関係</td><td>10.61</td><td>72</td><td>ものづくり</td><td>7.39</td></tr>
<tr><td>6</td><td>人生・生き方</td><td>10.44</td><td>73</td><td>ギャンブル</td><td>7.36</td></tr>
<tr><td>7</td><td>建設・土木</td><td>10.39</td><td>74</td><td>町</td><td>7.35</td></tr>
<tr><td>8</td><td>事件・事故</td><td>10.35</td><td>75</td><td>年中行事</td><td>7.24</td></tr>
<tr><td>9</td><td>育児</td><td>10.13</td><td>76</td><td>芸能界</td><td>7.21</td></tr>
<tr><td>10</td><td>ビジネス</td><td>10.09</td><td>77</td><td>絵画</td><td>7.16</td></tr>
<tr><td>11</td><td>宗教・風習</td><td>10.07</td><td>78</td><td>ふるさと</td><td>7.11</td></tr>
<tr><td>12</td><td>言葉</td><td>10.02</td><td>79</td><td>動物</td><td>7.08</td></tr>
<tr><td>13</td><td>買い物</td><td>10.01</td><td>80</td><td>食</td><td>7.01</td></tr>
<tr><td>14</td><td>少子高齢化</td><td>10.01</td><td>81</td><td>写真</td><td>6.87</td></tr>
<tr><td>15</td><td>調査研究</td><td>9.88</td><td>82</td><td>祭り</td><td>6.82</td></tr>
<tr><td>16</td><td>サイエンス</td><td>9.84</td><td>83</td><td>日常生活</td><td>6.80</td></tr>
<tr><td>17</td><td>芸術一般</td><td>9.71</td><td>84</td><td>遊び・ゲーム</td><td>6.39</td></tr>
<tr><td>18</td><td>喧嘩・トラブル</td><td>9.56</td><td>85</td><td>贈り物</td><td>6.08</td></tr>
<tr><td>19</td><td>酒</td><td>9.44</td><td>86</td><td>工芸</td><td>5.51</td></tr>
<tr><td>20</td><td>思い出</td><td>9.30</td><td>87</td><td>持ち物</td><td>5.13</td></tr>
</table>

　一見、上位群と下位群では文の長さに差があるように見える。本稿では、便宜上、これら上位群・下位群は 20 ずつとりあげたのだが、両者の平均値の間に有意な差があるか t 検定を行った。まず、等分散性を確認したところ、両者の得点の分散には有意差は認められなかったため（$F(19,19) = .901$, $p = .411$）、等分散と判断し、通常の t 検定を行った。その結果、上位群と下位群の話題の間に有意差が認められた（$t(38) = 15.40$, $p < .05$）。また、これらの基本統計量は表 3 の通りである。

表 3　基本統計量（文の長さ）

文の長さ	N	M	SD
上位群	20	10.26	0.44
下位群	20	6.95	0.49

4.2　結果 2―従属節の埋め込み（上位 20・下位 20）

　次に、87 話題ファイルの会話データの従属節の埋め込みを測定したところ、全体としては、0.45 であった（接続助詞数：45,954, 文境界：102,160）。従属節の埋め込みに関する話題の上位群、下位群は表 4、表 5 の通りである。

表 4　節の埋め込み（上位 20）　　　　表 5　節の埋め込み（下位 20）

順位	話題	埋込
1	社会保障・福祉	0.86
2	少子高齢化	0.75
3	死	0.73
4	事件・事故	0.66
5	喧嘩・トラブル	0.65
6	人生・生き方	0.61
7	国際交流・異文化理解	0.61
8	育児	0.61
9	芸術一般	0.59
10	ビジネス	0.56
11	マナー・習慣	0.55
12	衣	0.55
13	家事	0.55
14	調査研究	0.55
15	外交・国際関係	0.54
16	宗教・風習	0.54
17	言葉	0.54
18	住	0.54
19	悩み	0.53
20	サイエンス	0.52

順位	話題	埋込
68	友達	0.38
69	映画・演劇	0.38
70	メディア	0.38
71	ギャンブル	0.38
72	年中行事	0.38
73	食	0.36
74	贈り物	0.36
75	写真	0.35
76	絵画	0.35
77	工芸	0.35
78	歴史	0.35
79	祭り	0.35
80	町	0.33
81	コレクション	0.33
82	テクノロジー	0.33
83	遊び・ゲーム	0.30
84	持ち物	0.30
85	芸能界	0.28
86	ふるさと	0.28
87	音楽	0.23

　一見、上位群と下位群では従属節の埋め込みに差があるように見える。これらの平均値の間に有意な差があるか t 検定を行った。まず、等分散性を確認したところ、両者の得点の分散には有意差が認められたため（$F(19,19) = 4.554, p < .05$）、等分散ではないと判断し、Welch の t 検定を行った。その結果、上位群と下位群の話題の間に有意差が認められた（$t(27) = 12.10, p < .05$）。また、これらの基本統計量は表 6 の通りである。

表 6　基本統計量（従属節の埋め込み）

節の埋め込み	N	M	SD
上位群	20	0.60	0.01
下位群	20	0.34	0.00

4.3　結果 3―文の長さと従属節の埋め込みの相関

　以上、文の長さと従属節の埋め込みという異なる尺度において、話題間に統語的複雑さの違いが見られることが分かったが、全 87 話題分について、これらの尺度間の関係を散布図に描くと以下のようになる。

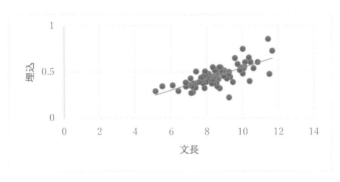

図 1　文の長さと節の埋め込みの相関

　この散布図は正の相関を示している。相関係数を計算すると、文の長さと節の埋め込みの間には強い正の相関がみられた（$r = .72, p < .01$）。この相関は文が長くなれば埋め込みも多くなる、あるいはその逆も真であることを意味する。

4.4　結果のまとめ

　以上、本節では、文の長さ・従属節の埋め込みといった統語的複雑さの尺度に関して、自然談話の話題は上位群と下位群との間で統計的な有意差を示すことが分かった。また、文の長さと従属節の埋め込みという異なる尺度間

には、一方が増えると他方も増えるといった強い正の相関を示すことも分かった。これらの結果から、研究課題1)「自然談話の話題によって統語的複雑さ（文の長さや従属節の埋め込みの多さ・深さ）に違いが見られるか」に関しては、肯定的な答えができる。

5 話題は統語的複雑さの決定要因なのか？

5.1 複雑群と単純群の相違点

次に、研究課題2)「自然談話における話題によって統語的複雑さに違いが見られるなら、その違いはどのようなもので何故生じるのか」について考察する。以下、統語的複雑さの高い話題（第4節、表1・表4の「上位群」）を「複雑群」、それが低い話題（第4節、表2・表5の「下位群」）を「単純群」と呼ぶ。

以下では、主に次の観点から、文の長さと従属節の埋め込みに関する複雑群と単純群の違いの特徴づけを行う。その観点とは、山内編（2013）及び橋本（2018）で「話題」の上位概念として用いられた16の〈分野〉に基づくものである（以下、話題は「　」、分野は〈　〉で区別する）。複雑群・単純群それぞれに固有の分野と両者に共通の分野を判別し、前者（固有分野）に共通する上位カテゴリーを抽出する。複雑群・単純群それぞれに固有の分野が特定でき、それぞれの固有分野に共通の上位概念が抽出できれば、両者の違いが明らかになるだろう。ただ、固有分野に共通の上位概念が抽出しにくい場合は、〈分野〉という概念とは独立に共通の上位概念を案出する。一方、複雑群・単純群に共通する共通分野に関しては、それぞれに属する話題の質に違いはあるか検討する。

5.1.1 固有分野の観点から

まず、複雑群、単純群どちらか一方でしか見られない固有分野を示したのが、それぞれ表7と表8である。

表7　複雑群の固有分野	
固有分野	話題
1) 経済・消費・労働	ビジネス、買い物
2) 産業	建築・土木
3) 政治	外交・国際関係、政治
4) サイエンス	サイエンス
5) 教育・研究	調査研究

表8　単純群の固有分野	
固有分野	話題
6) n.a.	贈り物、持ち物
7) メディア	芸能界、メディア
8) 自然	自然・地勢
9) ヒト・生き物	美容、動物
10) 歴史	歴史

　表7の複雑群の固有分野は、1)〈経済・消費・労働〉、2)〈産業〉、3)〈政治〉、4)〈サイエンス〉、5)〈教育・研究〉といったものである。1)〜3)は【社会】、4)と5)は【学術】といった上位概念に区分できそうである(以下では、上位概念を【　】で示す)。

　一方、表8の単純群の固有分野は、6)〈n.a.〉、7)〈メディア〉、8)〈自然〉、9)〈ヒト・生き物〉、10)〈歴史〉といったものである。6)〈n.a.〉は山内編(2013)及び橋本(2018)のリストにはない話題「贈り物」「持ち物」を作業者が追加し、それらの所属する分野として便宜上作られた「その他」のようなカテゴリーである。これらの固有分野と結びつく特徴的な上位概念は、一見、抽出しにくい。

　固有分野に関する単純群の特徴づけに関しては、分野自体ではなく、そこに含まれる下位話題の質を手がかりに行う。まず、固有の分野に属する下位話題のうち、「贈り物、持ち物、芸能界、メディア、美容」などはいかにも雑談に出てきそうな【日常生活】や【身の回り】の話題と見ることが出来る。一見こうした上位概念と両立しにくい「自然・地勢」「動物」「歴史」については、元データのテキストを読み、確認したところ、「自然・地勢」は一度行ってみたい日本や海外の場所や世界遺産についての話、「歴史」はレポートのテーマ(民族の歴史)に関するブレーンストーミングのような話、そして「動物」は身の回りにいる「犬」の話であった。これらの内容から、「自然・地勢」「動物」「歴史」も、【日常生活】や【身の回り】といった上位

概念に結び付けられると考える。

5.1.2　共通分野の違いについて

　次に、複雑群と単純群に共通する分野（共通分野）と各共通分野に現れる話題をそれぞれ表9、表10のように整理する。

　複雑群と単純群の両者で共通するのは、〈社会〉、〈人生・生活〉、〈芸術・趣味〉、〈宗教・風習・祭り〉、〈文化〉といった分野である。各共通分野に含まれる話題を比較すると、複雑群と単純群との間に以下のような違いが観察される。

表9　複雑群

共通分野	話題
社会	社会保障・福祉、国際交流・異文化理解、事件・事故、少子高齢化
人生・生活	死、人生・生き方、育児、思い出、家事、悩み
芸術・趣味	芸術一般
宗教・風習・祭り	宗教・風習
人間関係	喧嘩・トラブル、マナー・習慣
文化	言葉、酒、衣、住

表10　単純群

共通分野	話題
社会	社会活動、テクノロジー
人生・生活	交通、町、ふるさと、日常生活
芸術・趣味	ものづくり、ギャンブル、絵画、写真、遊び・ゲーム、工芸、映画・演劇、コレクション、音楽
宗教・風習・祭り	祭り
人間関係	友達
文化	年中行事、食

　まず、〈社会〉について言えば、複雑群の特徴を捉える上位概念【社会】と重複するが、共通分野としての〈社会〉においても、複雑群では、「社会保障・福祉、国際交流・異文化理解、事件・事故、少子高齢化」など典型的な社会問題を含むのに対し、単純群では、「社会活動、テクノロジー」といった比較的身近な話題を含んでいる。

　次に、〈人生・生活〉という分野は、一見、身近な【日常生活】【身の回り】

といった概念に関連するように思われる。しかし、複雑群では、「死、人生・生き方、育児、思い出、家事、悩み」といった対話や議論を必要とするような比較的重い話題が含まれるのに対し、単純群としては、「交通、町、ふるさと、日常生活」のように雑談や日常会話で話される身近で軽い【日常生活】【身の回り】に関する話題が含まれている。

　第三に、〈芸術・趣味〉という分野では、複雑群と単純群とに含まれる話題に大きな違いが見て取れる。そもそもこの分野は〈芸術〉という複雑群の【学術】という上位概念に関連するものと、〈趣味〉といった単純群の【日常生活】【身の回り】といった上位概念に関連するものが混在している。そのため、複雑群には「芸術一般」といった相対的に高尚で重い話題が、単純群には「ものづくり、ギャンブル、絵画、写真、遊び・ゲーム、工芸、映画・演劇、コレクション、音楽」といった非常に身近な話題が含まれている。また、第四の〈宗教・風習・祭り〉という分野に関しても、それ自体が〈宗教・風習〉といった一般性の高い【学術】に関連するものと、〈祭り〉のように具体的で【日常生活】に根差すようなものとが混在しており、複雑群では「宗教、風習」、単純群では「祭り」を話題として含んでいる。

　次の〈人間関係〉という分野に関しては、一見【日常生活】【身の回り】のような上位概念に属するように思われるが、複雑群の「喧嘩・トラブル」「マナー・習慣」といった話題は、単純群の「友達」と比べて、社会問題に発展しやすい話題と言えるかもしれない。

　最後に、〈文化〉という分野についても、複雑群の「言葉」という話題については、一見身近なものと思いがちではあるが、『名大会話コーパス』では、日本語教育関係者や日本語・言語学関係の大学・大学院生などの会話が多く含まれ、彼らにとっての身近な話題が、ある意味で、【学術】的であったり【社会】的な問題であったりすると考えられる。一方、単純群の「年中行事、食」等は日頃の雑談でよく出てくる【日常生活】【身の回り】に関するものと考えて差支えないと思われる。特に、『名大会話コーパス』では、食事をしながらの雑談というケースが多いという点は注意しておきたい。

5.1.3　残る問題

　以上のように、【社会】【学術】といった上位概念に属する話題（複雑群）は統語的複雑さの高い言語表現を産出しやすく、【日常生活】【身の回り】といった上位概念に属する話題（単純群）は統語的複雑さの低い言語表現の産出につながりやすいと見ることができる。一方、「人生・生活」や「文化」のように複雑群と単純群の両者に結び付けられる分野の場合は、それに属する下位話題の質の違いが統語的複雑さに関与していると見ることもできる。

　しかし、話題と統語的複雑さの関係はあくまでも以上のような「傾向」であり、話題が必ずしも統語的複雑さの決定要因とはならないことには注意すべきである。例えば、先に「文化」という分野に属する「食」という下位話題が【日常生活】【身の回り】といった上位概念と結びつく単純群であるとすると、表1の「酒」や、表4の「衣、住」といった話題が、「食」と同様に【日常生活】【身の回り】に根差すものであるにもかかわらず、何故統語的複雑さを示すのか、納得のいく説明は難しい。

5.2　複雑群と単純群の決定要因

　本稿では、話題と統語的複雑さの関係を明らかにすることが目的なので、これ以上立ち入った主張は控えておくが、自然談話の統語的複雑さを決定する要因として他にどのようなことに注意すべきか1つの仮説を提案しておく。その仮説とは、会話の参加者の共有知識の多少が統語的複雑さにつながるというものである。つまり、「話題に関して会話の参加者間で共有された知識が多ければ、言語表現は統語的複雑さの低いものになりやすいが、共有知識が少なければ、言語表現は統語的複雑さの高いものになりやすい」ということである。

　この仮説の検証は他稿に譲るが、以下、「人生・生活」という同一分野の複雑群と単純群の会話例のうち、それぞれで最も統語的複雑さの高い文とその使用文脈を比較・検討し、同仮説の可能性を指摘する（以下の会話例では、（従属）節の区切りを斜線で示す）。

（1）　複雑群【死】：（死んだ人の霊が見える G 先生がお葬式に行った時の話を紹介する文脈で）「そいでね、じゃあその前の女性はね、何ですか／っていったら／、この子はいい子でねえ／、前のあの家の前のお嬢さんでね／、僕が具合悪くなって／車いすのときにね、引いてくれたりね／、あの、おじさまお散歩し／、あの、連れていってあげます／とかいってね／、連れていってくれたりして／、もう感謝してるって／おっしゃる／んですって／」(87 語、13 節)

（2）　単純群【ふるさと】：（学生の間で帰省のことが話題になっている時、以前ある先生が学生の帰省を知っているかのような口ぶりで話したことを思い出し、そのことを他の学生に伝えようとする文脈で）「で、C 先生が、／なんで、なんでか知らんけど／、京都に帰る人もいるかもしれませんが／とか言われて／、ああ、C 先生ツーカーやん／、もう、みんな知ってんじゃん／みたいな／」(42 語、7 節)

（1）では、話し手は自分しか知らない（つまり、聞き手が知らない）過去の出来事（葬式での経験）について話しており、その未共有の知識を伝達するために、統語的に語数や従属節数の多い複雑な文を産出した。一方、（2）では、情報を多く共有する聞き手と話し手が発話時に話題になっている休みの間の帰省の予定といった内容について話すため、最小限必要な情報のみが伝達され、統語的な複雑さも相対的に低く、語数や従属節数が少なくなっている。

6　話題シラバス学習項目配列案

　最後に、研究課題 3)「話題による統語的複雑さの違いは日本語教育にどう反映されうるか」の答えとして、本研究の結果に基づき、表 11 のような日本語の話し言葉教育における話題シラバスの学習項目配列案を提案する。

表11　日本語の話し言葉教育における話題シラバス学習項目配列案

初級：【日常生活】【身の回り】に関する話題
年中行事、食、祭り、ギャンブル、絵画、写真、遊び・ゲーム、工芸、町、ふるさと、芸能界、メディア、自然・地勢、美容、動物、歴史、贈り物、持ち物
中級前半（45～67位の話題）
ヒト、友達、通信、恋愛、スポーツ、旅行、伝統文化・芸道、自動車、自然・地勢、農林業・畜産、夢・目標、試験
中級後半（21～44位の話題）
教育・学び、大学、習い事、コンピュータ、結婚、出産、医療、就職活動、お金、労働、会議、人づきあい、植物、文芸・漫画・アニメ
上級：【社会】【学術】に関する話題
社会保障・福祉、国際交流・異文化理解、事件・事故、少子高齢化、外交・国際関係、政治、ビジネス、買い物、建築・土木、宗教・風習、祭り、死、人生・生き方、育児、芸術一般、喧嘩・トラブル、言葉、サイエンス、調査研究

　とは言っても、単に表7・表9の複雑群と表8・表10の単純群を、それぞれ上級・初級に配置しただけで、各話題間の順序は考慮していない。また、中級の話題に関しては、複雑群・単純群を除く47話題を2つに区切り、中級前半と中級後半の2レベルに対応付けただけである。

7　おわりに

　以上、本稿では、統語的複雑さという側面から自然談話の話題と文法との関係に関する考察を試みた。先行研究で指摘されるように、自然談話の話題と産出される文の統語的複雑さの間にある種の対応関係が見られたが、統語的複雑さの決定要因は話題ではなく、会話の参加者間の話題に関する共有知識量であるという可能性を指摘した。また、本研究の結果を基に、日本語教育への応用として、初級から上級までのレベル別に話題シラバスの学習項目配列案を提案した。

注

1　https://www.gsk.or.jp/catalog/gsk2020-b/

2　https://chamame.ninjal.ac.jp/

謝辞

本研究は JSPS 科研費 JP18H00676、JP18K00690 の助成を受けたものです。

参考文献

国際交流基金(2017)『JF日本語教育スタンダード【新版】利用者のためのガイドブック』

近藤安月子・丸山千歌(編)(2001)『中・上級日本語教科書　日本への招待　テキスト』東京大学出版会

中俣尚己・建石始・堀内仁・小西円・山本和英(2020)「自然談話コーパスに対する話題アノテーションの試み」『言語処理学会第26回年次大会発表論文集』: pp. 9-12.

日本語教育学会(編)(2005)『新版日本語教育事典』大修館書店

橋本直幸(2018)『話題別読解のための日本語教科書読み物リスト』(科学研究費報告書)

濱田典子(2015)「認知的複雑さとタスクの配列の違いが学習者の言語形式への焦点化に与える影響―タスクタイプの違いに着目して」『広島大学大学院教育学研究科紀要　第二部第64号』: pp. 197-206.

山内博之(編)(2013)『実践日本語教育スタンダード』ひつじ書房

Bardovi-Harlig, Kathleen. (1992) A Second Look at T-Unit Analysis: Reconsidering the Sentence. *TESOL Quarterly*, 26-2: pp. 390-395.

Biber, Douglas and Susan Conrad. (2019) *Register, Genre, and Style [Second Edition]*. Cambridge University Press.

Ellis, Rod and Gary Barkhuisen (2005) *Analysing Learner Language*. Oxford: Oxford University Press.

Ellis, Rod and Fangyuan Yuan. (2005) The effects of careful within-task planning on oral and written task performance. In Ellis, Rod. (ed.), *Planning and Task Performance in a Second Language*: pp. 167-192. Amsterdam: John Benjamins Publishing Company.

Housen, Alex, Folkert Kuiken, and Ineke Vedder. (eds.) (2012) *Dimensions of L2 Performance and Proficiency: Complexity, Accuracy and Fluency in SLA*. Amsterdam: John Benjamins Publishing Company.

Hunt, Kellogg W. (1965) Grammatical structures written at three grade levels. *NCTE Research Report No. 3*. Champaign, IL, USA: NCTE.

Larsen-Freeman, Diane. (1978) An ESL Index of Development. *TESOL Quarterly*, 12-4: pp. 439-448.

Nakamata, Naoki. (2019) Vocabulary depends on topic, do does grammar. *Journal of Japanese Linguistics*, 35 (2) : pp. 213-234.

Robinson, Peter and Roger Gilabert. (2007) Task complexity, the Cognition Hypothesis and second language learning and performance. *International Review of Applied Linguistics in Language Teaching*, 45: pp. 161-176.

Wolfe-Quintero, Kate, Shunji Inagaki, and Hae-Young Kim. (1998) *Second Language Development in Writing: Measures of Fluency, Accuracy & Complexity*. Honolulu, HI: Second Language Teaching & Curriculum Center, University of Hawaii.

Yang, Weiwei, Xiaofei Lu, and Sarah Cushing Weigle. (2015) Different topics, different discourse: Relationships among writing topic, measures of syntactic complexity, and judgments of writing quality. *Journal of Second Language Writing*, 28: pp. 53-67.

Yoon, Hyung-Jo. (2017) Linguistic complexity in L2 writing revisited: Issues of topic, proficiency, and construct multidimensionality. *System*, 66: pp. 130-141.

話題は類義語分析に使える

建石始

　本稿では、『話題別日本語語彙表』を用いて、「話題」という観点が類義語分析に援用できることをいくつかのケーススタディをもとに主張した。具体的には、人との出会いに関する類義語、授受に関する類義語、教える人に関する類義語、自動詞と他動詞に関する類義語、恐怖に関する類義語、ほめに関する類義語を取り上げ、「話題」という観点から特徴の違いを分析した。また、『話題別日本語語彙表』は類義語分析だけでなく、反義語分析にも活用でき、反義語分析には新たな可能性があることを提示した。具体的には、「狭い」と「広い」、「やせる」と「太る」という反義語を取り上げ、反義語であっても異なる話題で特徴語となっていることを分析した。以上の考察を通して、「話題」という観点がさまざまな分析に利用できることを主張した。

1　はじめに

　類義語分析とは、似た意味を持つ単語について、その違いをさまざまな観点から説明することである。筆者は岩田編（2018）で、類義語分析のためのチェックリストを作成した。そのチェックリストでは、使用する人物の違い、書き言葉と話し言葉の違い、使用される場面・状況の違いなど、10項目を提示した。本稿では、そのチェックリストに「話題」という観点も追加できることをいくつかの具体例とともに主張する。また、『話題別日本語語彙表』[1]は類義語分析だけでなく、反義語分析にも役に立つことを提示し、「話題」という観点がさまざまな分析に利用できることを主張する。

2　類義語分析のチェックリストとは

2.1　類義語の説明

　例えば、以下の類義語があった場合、その違いをどのように説明するだろうか。

（ 1 ）　うまい・おいしい／バイク・単車／超・めっちゃ
（ 2 ）　競う・争う／非常に・とても／なぜなら・というのは
（ 3 ）　参加する・参列する／怒る（おこる）・腹を立てる
（ 4 ）　噂・評判／腕前・技量／大雑把・おおらか
（ 5 ）　集める・揃える／欲しい・要る
（ 6 ）　近づく・近寄る／育てる・育む
（ 7 ）　住居・住まい／手並み・手際
（ 8 ）　割る・砕く／味・味わい／すね・ひざ
（ 9 ）　合併する・併合する／上がる・上る（のぼる）
（10）　寝る・眠る／すぐ・もうすぐ

　（ 1 ）から（10）にあげた単語はいずれも類義語であるが、分析する観点がそれぞれ異なっている。例えば、（ 1 ）は男性と女性、若者と老人のような使用する人物の違い、（ 2 ）は書き言葉と話し言葉の違い、（ 3 ）は使用される場面・状況の違い、（ 4 ）はプラスイメージ、マイナスイメージといったイメージの違い、（ 5 ）は結びつく表現、つまりコロケーションの違いという観点から分析できる。また、（ 6 ）は有生と無生の違い、（ 7 ）は敬語の有無の違い、（ 8 ）は比喩的・慣用的な用法の有無の違い、（ 9 ）は動詞の自他の観点の違い、（10）は意志性の違いという観点から分析できる[2]。

2.2　類義語分析のためのチェックリスト

　類義語分析では、その違いを分析するために、注目するポイントや手がかりがある。具体的には、2.1 の（ 1 ）から（10）の類義語を分析する際に取り上げた観点がそれに相当する。類義語分析の際に注目するポイントや手がか

りを活用した教材を作成する必要があるのではないかという問題意識から、建石 (2018) では、日本語教師や中上級の日本語学習者が各自で類義語分析を行う際に役立つチェックリストを作成した。それが表 1 である。

表 1　類義語分析のためのチェックリスト

		チェック項目	分析に困ったときは
【1】		その類義語を使用する人物に特徴の違いはありますか	名大会話コーパス
【2】		その類義語に書き言葉／話し言葉の違いはありますか	BCCWJ と 名大会話コーパス
【3】		その類義語が使用される場面や状況に違いはありますか	BCCWJ
【4】		その類義語にプラスイメージ／マイナスイメージの違いはありますか	NLB
【5】		その類義語が結びつく表現に違いはありますか	NLB
【6】		その類義語の主語や目的語に有生／無生の違いはありますか	NLB
【7】		その類義語に敬語や敬意の違いはありますか	NLB
【8】		その類義語に比喩用法や慣用的用法の有無の違いはありますか	国語辞典
【9】		その類義語に動詞の自他の観点で違いはありますか	国語辞典
【10】		その類義語に意志性の観点で違いはありますか	NLB

（建石 2018: 57）

　表 1 で示した「類義語分析のためのチェックリスト」では、類義語分析の観点だけでなく、分析に困ったときに利用できるツールも提示されている。

2.3　問題の所在

　「類義語分析のためのチェックリスト」では、使用する人物の違い、書き言葉と話し言葉の違い、使用される場面・状況の違い、イメージの違い、結

びつく表現の違い、有生と無生の違い、敬語・敬意の違い、比喩的・慣用的な用法の有無の違い、動詞の自他の観点の違い、意志性の違いという 10 項目を提示した。建石 (2018) では、分析に困ったときのツールとともに類義語分析のためのさまざまな観点が示されているが、そこに新たに「話題」という観点も追加できるのではないだろうか。

　以上のような問題提起をもとに、本稿では語彙表を用いた類義語分析を行う。また、類義語分析に「話題」という観点を加えることができるだけでなく、反義語分析も可能になるという提案を行う。

3　「話題」の観点から見た類義語分析

3.1　類義語分析の対象

　本稿で考察の対象とする類義語は、田・泉原・金 (1998)『類義語使い分け辞典』(研究社) に記載されているものとする。その中からケーススタディとして、いくつかの類義語を取り上げる。

3.2　人との出会いに関する類義語

　最初に取り上げるのは「会う」と「出会う」である。「会う」と「出会う」について、田・泉原・金 (1998) では、以下のように説明されている。

> 　会う：移動可能な両者が、一方にとって意味を持つ範囲にまで近づく。
> 　出会う：人が外出中に、偶然知っている人に会うか、何かを発見する。
> 　　　　　　　　　　　　　　　　　　　　　　　　　　（田・泉原・金 1998: 8）

また、両者の使い分けについては、以下のような記述が見られる。

> 　「出会う」に置き換わるのは、偶然性のある事柄・マイナス評価を感じさせないもので、動かないものにでも使うことができる。「強盗［事故・熊］に遭う」というと災難、「出会う」にすると恐ろしさがなくなり、ここから面白いお話が展開して、強盗と飲み屋でおしゃべりしたか、野

次馬になったか、熊が遊んでいるのを見て楽しんだという感じになる。

（田・泉原・金 1998: 9）

「会う」と「出会う」は類義語ではあるものの、偶然性や評価性という点で違いがあると説明されている。それでは、「話題」という観点からみると、どのような違いがあるだろうか。

表2　「会う」と「出会う」

会う	人づきあい (82) [3]・恋愛 (80)・友達 (32)・家庭 (31)・思い出 (12)
出会う	人生・生き方 (72)

「会う」は「人づきあい」「恋愛」「友達」のように、まさに人と人が会う話題で特徴語となっているのに対して、「出会う」は「人生・生き方」でのみ特徴語となっている。

(11)　F082：でもねえ、やっぱりいい方に出会い、いいものに出会ってるからだと思います。それでそれはすごく感謝してます。だからいい方に出会って、いいものに出会ったからやっぱり主人も 63、私も 60 ね、過ぎましたけど、あのー、どちらも身体、あの、人間ドックに、1 日人間ドックに入ったときにもう全部いいんですよね。　　　　　　　　　　　　　　　（data033）[4]

(12)　F082：だからねえ、あのー、ほんとにこの本にもっと早く出会ってたらいい子どもができたかもしれない。　　　　（data033）

「出会う」は「人生・生き方」で特徴語となっているが、(11)から話し手とその主人が健康な人生を送っていることが分かる。また、(12)では、この本との出会いがよい子どもができるという人生の流れと関連させている。このような場合はやはり「出会う」が使われやすいということになるだろう。

3.3 授受に関する類義語

　次に、「あげる」「くれる」「もらう」を取り上げる。これらの動詞は授受動詞と呼ばれ、日本語学習者にとって特に使い分けが難しいとされる。「あげる」「くれる」「もらう」については、以下のように説明されている。

> 　AがBにCをあげる：AからBへCが移動する。Bに話し手が来ない。
> 　AがBにCをくれる：「あげる」と同じ。Bは話し手またはその関係者。
> 　AがBに[から]Cをもらう：「あげる」とは逆にBからAへCが移動。
>
> （田・泉原・金 1998: 22）

(13)　誕生日のお祝いにと言って、お父さんがすてきな腕時計を<u>くれました</u>。

（田・泉原・金 1998: 22）

　「お父さんに腕時計をもらいました」と、意味上は同じ。ただ「くれる」は、話し手の感情的色彩の強いときに使われ、特にAに対する感謝を表すときに使う。「もらう」は「あげる」と対になる言葉で、誰をAにして授受関係の中心にするかで使い分け、客観的な説明・描写をするにすぎない。例の場合は「くれる」の方がふさわしい。

（田・泉原・金 1998: 22）

　「あげる」「くれる」「もらう」は主語の役割、物の移動の方向、話し手の位置という点から違いが説明されている。そして、「話題」という観点からみると、以下のようになる。

表3 「あげる」「くれる」「もらう」

あげる	贈り物(43)・マナー・習慣(37)・写真(25)・工芸(19)
くれる	年中行事(12)
もらう	贈り物(110)・お金(45)・食(28)

　「あげる」と「もらう」は「贈り物」で特徴語となっているため、プレゼントのやり取りという話題では「あげる」と「もらう」が使われていること

が分かる。また、「お金」の話題では、「もらう」が特徴語となっている。一方、「くれる」は(14)のような「年中行事」の話題でしか特徴語となっていない。

(14)　F024：お歳暮って結構さー、ほら、おせちに使えるやつとか<u>くれる</u>やん。（あー）今回、鮎屋の昆布巻（はー）とかさ、あってさー、かずのこも箱いっぱい送られてきたしさ。　　　　（data100）

3.4　教える人に関する類義語

「先生」や「教師」を中心として、広い意味で誰かに何かを教える人を取り上げる。まず、「先生」と「教師」の説明は以下のとおりである。

> 先生：学問・技芸などを指導する人。敬意などをこめて呼びかけに使われる。
> 教師：学問・技芸などを教授する人。学校などの組織や個人で仕事をする人。　　　　　　　　　　　　　　　　　（田・泉原・金 1998: 456）

両者の使い分けについて、以下のようにまとめられている。

> 「教師」は「彼女は学校［カルチュアセンター・ピアノ・ダンス］の教師をしている」など、組織や、習う人に一定の強制力を持つ教育システムで、教えている人（の職業）を指し、敬意をこめて「先生」に置き換わる。　　　　　　　　　　　　　　　　　　（田・泉原・金 1998: 456）

上記の説明によると、「教師」に敬意が込められると「先生」に置き換わるようだが、「話題」という観点ではどうなるだろうか。

表4 「先生」「教師」「日本語教師」「家庭教師」「教授」「指導教官」

先生	学校(小中高)(204)・大学(167)・習い事(79)・調査・研究(45)・教育・学び(33)・就職活動(14)
教師	教育・学び(17)・就職活動(15)
日本語教師	人生・生き方(13)
家庭教師	労働(46)
教授	就職活動(41)・外交・国際関係(27)
指導教官	大学(51)

　「教師」と「先生」を比べると、「先生」は広範囲で特徴語となっており、「学校(小中高)」「大学」はもちろんのこと、「習い事」「調査・研究」「教育・学び」など、さまざまな話題で特徴語となっている。一方、「教師」は「教育・学び」で特徴語となるとともに、(15)のような「就職活動」でも特徴語となっている。

(15)　M018：何か、教師だけだっていう、何か器量がせまい人が教師になっても結局一緒だと思ってさあ。
　　　　F128：そのとおり。
　　　　M018：とりあえず何か就職活動で会社説明会とか、その程度は行ってみようかなーと思う。　　　　　　　　　　　　　　(data004)

　また、「日本語教師」は(16)のような「人生・生き方」、「家庭教師」は(17)のような「労働」、「教授」は(18)のような「外交・国際関係」において特徴語となっている。

(16)　F114：私、今ね、日本語教師の方向すごい考えてんの。
　　　　F137：うーん、そうなんだ。いいね。日本語教師ってどこでやんの、仕事。海外？
　　　　F114：うん。

　　　F137：　日本じゃなくて？

　　　F114：　あたしは海外でやりたい。　　　　　　　　　　（data066）

(17)　M023：　あー、じゃあわかるな。じゃ、あれは、<u>家庭教師</u>は。

　　　F128：　<u>家庭教師</u>は全然振り込みじゃないから。<u>家庭教師</u>入れたらも
　　　　　　　う余裕で超えとるけど。　　　　　　　　　　（data005）

(18)　F122：　いや、いまさら部活とかだと、しんどいじゃないですか。（は
　　　　　　　い）で、無理やなーと思っとったら、うちの研究科の<u>教授</u>で、
　　　　　　　助教授か何かで空手が強い人がおって、でまあ、国際交流も
　　　　　　　兼ねて、そういうお気楽空手サークルを作ってはって。

　　　　　　　　　　　　　　　　　　　　　　　　　　　（data063）

3.5　自動詞と他動詞に関する類義語

　自動詞と他動詞についても、類義語は存在する。ここでは、「生まれる」
と「生む」を取り上げる。「生まれる」と「生む」について、以下のような
違いが示されていた。

　　「生まれる」は動物が母体から生命を得た後、子ども・ひなが生きるた
　　めに出現すること。「生む」が他動詞で、比喩的に「新しい説［国・流派］
　　が生まれる・金が金を生む・長年の努力が新しい発見［発明・作品・傑
　　作］を生んだ」など、やはり何らかの母体から生じることを表し、無か
　　ら偶然何か新しいものが生じる「できる」とは違いがある。

　　　　　　　　　　　　　　　　　　　　　　（田・泉原・金 1998: 445）

　「生まれる」は生命・子どもの誕生と結びついているのに対して、「生む」
は比喩的に使われることもあるという説明であるが、「話題」という観点か
らはどうなるだろうか。

表5　「生まれる」と「生む」

生まれる	出産（83）・絵画（21）・育児（17）・芸術一般（17）・人生・生き方（12）
生む	出産（126）

　上記の説明とは逆に、「生む」は「出産」のみで特徴語となっているが、「生まれる」はかなり幅広く使われている。具体的には、「生まれる」は「絵画」「芸術一般」といった創造性の高い話題で特徴語となっている。

(19)　M004：それが、人間がこう、5本の指で（うん）握る、何か描く、創
　　　　　造する、作るという、基本的なものを持ってる。（ふーん）え
　　　　　え。だから、感ずる、生まれたものを、感じたものを、
　　　F130：それは感じたものを描いているんですか。　　　　（data113）

　(19)は頭の中に生まれたものや感じたものを絵として描写することを述べている。このような話題で「生まれる」が使用されている。

3.6　恐怖に関する類義語

　次は「恐ろしい」と「怖い」である。いずれも恐怖を感じるという点では共通しているが、どのように違いが説明されているだろうか。

　　　恐ろしい：ある対象が危害を加えるなどの気がして、避けていたい気分。
　　　怖い：ある状況や対象に身の危険などを感じて、逃げ出したくなる気
　　　　　分。　　　　　　　　　　　　　　　　　　（田・泉原・金 1998: 178）
(20)　こんな高いもの、親に相談しないで買うと、後で恐ろしい目にあうよ。
　　　　　　　　　　　　　　　　　　　　　　　　（田・泉原・金 1998: 178）
　どちらも「ヘビが恐ろしい・怖い」など主体の気分・感情を表すと同時に、「ヘビは恐ろしい・怖い」などそんな気持ちにさせる対象の状態や状況・場面・環境などを表す。「恐ろしい」は実際に自分が直面し、実感して使われるよりも、想像して客観的に述べる場合に多く使われる。

「怖い」は実際に見たり、そんな場に出くわして「助けて‼怖い‼」と
叫んで感嘆詞のように使われたり、想像する場合でも背筋が寒くなる感
じを伴っている場合に使われる。　　　　　　（田・泉原・金 1998: 178）

「恐ろしい」は想像して客観的に使われる場合、「怖い」は実際に見た場合
という違いがあるようだが、「話題」という観点ではどうだろうか。

表6　「恐ろしい」と「怖い」

恐ろしい	少子高齢化 (31)・社会問題 (10)
怖い	遊び・ゲーム (76)・自動車 (43)・事件・事故 (33)・映画・演劇 (32)・出産 (22)・ヒト (22)・動物 (21)・宗教・風習 (13)

「恐ろしい」は「少子高齢化」をはじめとする「社会問題」に特化してい
るのに対して、「怖い」は日常生活にも関係するような多くの身近な話題で
特徴語となっている。

(21)　F126：いや、今、100 歳以上の方いっぱいいらっしゃいますから。
　　　 F044：いやー私もうそれが恐ろしくて恐ろしくてね。〈笑い〉私 100
　　　　　　 まで生きたらどーしようと思っちゃってね。　　　（data030）

(21)は自分が 100 歳まで生きることを想定しながら、少子高齢化のこと
を話題にしている。このような場合、「恐ろしい」が使われている。

3.7　ほめに関する類義語

　類義語のケーススタディの最後として、人をほめる時に使われる単語を取
り上げる。「上手だ」は以下のように説明されているが、その他の表現も含
めてまとめておく。

　上手だ：表現・仕上がり・出来ばえ・技巧が、優れていると判断・評価

する。

「すばらしい」は（中略）結果として内容が分析できるもの・感覚に訴えるものに使われ、非常に優れている・質（品質・性能）が高いという強いプラス評価の判断を、感激・感動・感嘆を込めて表す。

「立派だ」は「すばらしい」とは異なり、感覚に訴えるもの・人間の内面的な状態は表さない。

「見事だ」は見るべき事・見る価値（値打ち）のある物事・見ごたえのある事柄を表し、外観から受けるプラス評価を示すので、「立派」には使える「職業・履歴・家柄・出身校」など、内容を価値判断するものには使うことができない。　　　　　　　　　　　　（田・泉原・金 1998: 405-407）

　それぞれの単語について、表現、仕上がり、感覚、内面的な状態、外観といった観点から分析が行われているが、「話題」という観点はどうだろうか。

表7　「上手」「素晴らしい」「立派」「見事」

上手	映画・演劇 (17)・性格 (17)
素晴らしい	芸術一般 (13)
立派	住 (17)
見事	植物 (11)

　「上手」は「映画・演劇」「性格」、「素晴らしい」は芸術的なこと、「立派」は「住」、「見事」は「植物」で特徴語となっている。

(22)　F004：え、でもさー、セリフがさー、（うん）韓国語でわからないとー、（うん、上手か）演技がほんとに<u>上手</u>かどうかってわかんなくない？

　　　M034：あのね、その人はわかる、ほんとに。

　　　F004：本当？

　　　M034：すごく<u>上手</u>だっていうのがわかる。（へー、そっか）うん。

F004：　なんだっけ。前、A先生が言ってたよ。三船、(敏郎) 敏郎？
　　　　(うん) は海外にすごく人気があってー、　　　　(data092)

(23)　M032：僕は旅行に行くたびに。

F135：　え、ね、美術館とか行く？

M032：ああ、イタリアでは行ったよ。ウフィツィー、(ウフィッツィとか？) ウフィッツィとか。あれも見ましたよ。メディチ家のなんとか礼拝堂とか。(ああ) あれはすばらしい一品でございました。

F135：　ウフィッツィ。

M032：ミケランジェロが一生懸命作ったという。　　　(data126)

(24)　F128：家が建ってた、今。ホームレスの家が。

M023：お、R通の下なんか、そればっかだよ。ホームレスだらけだもん。

F128：　ていうか今、しかもすごい立派な家だった。(〈笑い〉) デコレーションまでしてあった。　　　　(data087)

(25)　F066：箱根もきれいですもんね、確かに紅葉。

F002：　そこ、お庭全部モミジなんですよ。

F066：　ああ、そうだわ、これはそう。見事じゃないですか。これいつごろのやつ？　　　　(data032)

(22) はある人の演技が上手かどうかを話題にしており、(23) は美術館の礼拝堂を評価している。(24) は家の評価、(25) は庭の紅葉をほめている。それぞれ何かをほめる際に使用しているが、話題によって使用される言葉が異なっている。

4　反義語分析の可能性

4.1　反義語の説明

3節では類義語分析を行ったが、4節では反義語分析の可能性について論じる。反義語分析は、類義語分析ほど多種多様な分析や研究の積み重ねがあ

るわけではない。「話題」という観点を加えることで反義語分析にも興味深い分析が可能となり、語彙の分析の可能性が広がることを主張したい。なお、反義語についても、田・泉原・金（1998）に記載されているものを考察の対象とする。その中からケーススタディとして、「狭い」と「広い」、「やせる」と「太る」という反義語を取り上げる。

4.2 「狭い」と「広い」

一つ目のケーススタディとして、「狭い」と「広い」を取り上げる。「狭い」は以下のように説明されている。

> 狭い：面積・幅など、主に二次元的範囲・程度の小ささを感覚的に判断
> 　　　する。　　　　　　　　　　　　　　　　　　（田・泉原・金 1998: 452）

また、「狭い」と「広い」については、以下のように述べられている。

> 「狭い・狭苦しい」に対応する言葉は「広い・広々と（する）」であるが、
> 「広々」の方は、「広々とした」＋「宇宙・空・海」など、広くてゆとり
> のある場合は、実際に身を置かなくても、想像力が羽ばたくのか、使う
> ことができる。　　　　　　　　　　　　　　　　（田・泉原・金 1998: 452）

「狭い」は二次元的範囲・程度の小ささという点から説明されており、「広い」との対応が指摘されているが、「話題」という観点ではどうだろうか。

表8 「狭い」と「広い」

狭い	住（43）・動物（14）・交通（13）
広い	住（22）

「狭い」と「広い」はいずれも「住」の特徴語となっており、その話題では反義語となっている。しかし、「広い」が特徴語となる話題は「住」だけ

なのに対して、「狭い」は「動物」「交通」でも特徴語となっている。

(26)　F114：野生の金魚って見たことないんだけど。

　　　　F147：そうだよね。（うん）改良に改良を重ねられた（うん）だもんね。

　　　　F114：そっか、そういう運命なのかなー。（ねえ）<u>せまい</u>よね、ほん
　　　　　　　と、動物園の動物とかもさ。

　　　　F147：うーん、<u>せまい</u>よ。

　　　　F114：うーん、住んでる場所が<u>せますぎる</u>。　　　　　　（data065）

(27)　F052：正倉院展の博物館あるでしょ。あそこからタクシーに乗った
　　　　　　　けど、全然進まない、タクシーが。

　　　　F142：渋滞で？

　　　　F052：うん。（はー、へー）だったよ。京都とか奈良って、道が<u>狭い</u>
　　　　　　　じゃんね、だから、もう渋滞になったら、全然動かない。

　　　　　　　　　　　　　　　　　　　　　　　　　　　　　（data055）

　　（26）は動物園の動物が住んでいる場所が狭いこと、（27）は京都や奈良は
道が狭く、渋滞になるとタクシーが進まないことを話題にしている。「狭い」
と「広い」は反義語であるが、同じ話題で特徴語となっている部分もあるも
のの、「狭い」のほうが多くの話題で特徴語となっている。反義語であれば、
特徴語となる話題も同じになるわけではないことが分かる。

4.3　「やせる」と「太る」

　次に、「やせる」と「太る」を取り上げよう。「やせる」については、以下
のような記述が見られた。

　　やせる：変化動詞として体重が減る。状態性形容動詞として細い・力が
　　ない。　　　　　　　　　　　　　　　　　　　（田・泉原・金 1998: 685）

　また、「やせる」と「太る」については、次のような記述となっていた。

「やせる」は「ウェスト・胴回り・足・首・腕・手・指・胸・顔・頬」
など、体の部分にも使えるが、(中略)「太る」は「太い」からきた言葉
なので、面としてとらえる胸・頬には使えない。「太った顔」という人
がいれば、顔を頭部として棒状に考えていることになる。

(田・泉原・金 1998: 685)

　「やせる」と「太る」では、使用される部位が異なるという記述であるが、
「話題」という観点でも違いが見られるだろうか。

表9　「やせる」と「太る」

やせる	美容(116)・恋愛(13)
太る	医療・健康(80)・ヒト(56)・恋愛(24)・音楽(14)

　「やせる」も「太る」も「恋愛」で特徴語となっていることは共通してい
る。それだけ「恋愛」には体型や体格が関係しているということだろう。し
かし、「やせる」ことは「美容」が関係するのに対して、「太る」ことは「医
療・健康」が問題となる。

(28)　F092：うん。なんか違うねー。髪型かな、やっぱり。
　　　F073：なんだろうね。
　　　F092：やせた、そんときより。
　　　F073：ああ、うーん。やせた。
　　　F092：だからかな。やっぱバーム飲んでもっとやせな。　　(data077)
(29)　F128：カロリーメイト。
　　　M023：もっと生きたものが食べたい。
　　　F128：生きたもん。確かにね、カロリーメイト死んどるよね。
　　　M023：死んどるだろ。いいよ。夜中食うと太っちゃう。
　　　F116：太ってきた？
　　　M023：ああ、確実に太ったね。

　　F116：　やっぱりな。
　　M023：2 〜 3 キロ増。
　　F116：　だってあんなん、食べてすぐ寝るもん。絶対<u>太る</u>て。体に悪
　　　　　　いよ。　　　　　　　　　　　　　　　　　　　　　　　（data005）

　（28）はある人物が以前よりもやせたことを話題にして、自分もやせるこ
とを述べる「美容」の話題になっているのに対して、（29）はカロリーメイ
トを夜中に食べると太って体に悪い、つまり「医療・健康」に影響が出るこ
とを問題にしている。「やせる」と「太る」は反義語であるが、特徴語とな
る話題は全く同じではなく、異なる話題で特徴語となっている。

5　おわりに

　本稿では、「話題」という観点が類義語分析に役立つことを主張した。具
体的には、人との出会いに関する類義語、授受に関する類義語、教える人に
関する類義語、自動詞と他動詞に関する類義語、恐怖に関する類義語、ほめ
に関する類義語を取り上げ、「話題」という観点から特徴の違いを分析した。
また、「狭い」と「広い」、「やせる」と「太る」という反義語を取り上げ、
語彙表は反義語分析にも役立つことを観察した。以上のことから、「話題」
という観点はさまざまな分析に利用できることを主張した。
　今後の課題であるが、特徴語となる話題が数多くある語とそうではない
語、つまり使用域の広い語と狭い語の違いを検討することが問題になる。ま
た、今回の分析では語彙表の 11 以上（10.83 以上）の単語を取り上げたが、
それ以下の数値のものもうまく扱うことができないかを検討する必要があ
る。例えば、数値を 8 以上に設定すると、「耐える」と「我慢する」という
類義語分析も可能となる。具体的には、「耐える」が特徴語となる話題は「出
産（8）」なのに対して、「我慢する」が特徴語となる話題は「衣（9）」という
違いが出てくる。いずれにしても、「話題」という観点を用いて類義語分析
や反義語分析することには、大きな可能性が広がっている。

注

1　以下では、単に語彙表と呼ぶこととする。
2　詳細は建石（2018）を参照。
3　カッコ内は特徴語の指標として使用されている対数尤度比（LLR）の値であり、11
　　以上（厳密には 10.83 以上）を取り上げている。詳細は第 1 部第 3 章を参照。
4　例文は全て『名大会話コーパス』（NUCC）からのものである。

謝辞

本研究は JSPS 科研費 18H00676 の助成を得ている。

参考文献

庵功雄・高梨信乃・中西久実子・山田敏弘（2001）『中上級を教える人のための日本語
　　文法ハンドブック』スリーエーネットワーク
岩田一成（編）（2018）『語から始まる教材作り』くろしお出版
グループ・ジャマシイ（編）（1998）『教師と学習者のための日本語文型辞典』くろしお
　　出版
砂川有里子（2014）「コーパスを活用した日本語教師のための類似表現調査法」『日本語
　　／日本語教育研究』5: pp. 7-27. 日本語／日本語教育研究会
高見敏子（2003）「「高級紙語」と「大衆紙語」の corpus-driven な特定法」『大学院国際
　　広報メディア研究科言語文化部紀要』44: pp. 73-106. 北海道大学
建石始（2018）「類義語分析のためのチェックリスト」岩田一成（編）『語から始まる教
　　材作り』pp. 45-58. くろしお出版
田忠魁・泉原省二・金相順（1998）『類義語使い分け辞典』研究社
中俣尚己（2014）『日本語教育のための文法コロケーションハンドブック』くろしお出
　　版
中俣尚己（編）（2017）『コーパスから始まる例文作り』くろしお出版
中俣尚己・小口悠紀子・小西円・建石始・堀内仁（2021）「自然会話コーパスを基にし
　　た『話題別日本語語彙表』」『計量国語学』33（3）: pp. 194-204. 計量国語学会
益岡隆志・田窪行則（1992）『基礎日本語文法─改訂版』くろしお出版
森篤嗣・庵功雄（編）（2011）『日本語教育文法のための多様なアプローチ』ひつじ書房
山内博之（2013）「日本語教師の能力を高めるための類似表現研究」『日本語／日本語教
　　育研究』4: pp. 5-20. 日本語／日本語教育研究会

J-TOCC と『話題別日本語語彙表』を活用した タスクベースの日本語指導

小口悠紀子

　本稿は大学の中級日本語コースにおいて J-TOCC や『話題別日本語語彙表』を活用したタスクベースの言語指導 (TBLT) 実践について報告する。TBLT はコミュニケーション能力の育成を目指す指導アプローチであるが、ある話題について実際にどのようなコミュニケーションが行われているのか、教師自身があらゆる目標談話を収集・分析して使用することは非現実的である。一方で、日本語教育において、話しことばコーパスに基づいた語彙リストはまだ作成されておらず、語彙の選定に関しては「教師の勘どころ」に頼らざるを得ない現状がある。これに対し、本稿では話しことばコーパスをもとに抽出された特徴語(ある話題に特徴的な語彙)に着目してタスクを作成し、実践を行った。

1　なぜ TBLT 実践にコーパスが必要なのか

1.1　TBLT とは

　近年注目されるタスクベースの言語指導 (TBLT) は、第二言語習得研究の理論に支持されて発展してきたアプローチの 1 つであり(畑佐 2018)、習得研究と教育実践の接点として近年注目されている(向山 2016)。

　タスクの定義は研究者によって様々な見解があるものの、Van den Branden (2006: 4) では "an activity in which a person engages in order to attain an objective, and which necessitates the use of language"(ある目的を達成するために人が行う活動で、言語を使用する必要があるもの)と述べられており、ここでいう「ある目的」とは、例えば「"〜ている"という形式を用い

て文を作る」というような特定の文型や語彙に着目したものではなく、「オンラインで映画のチケットを予約する」や「メールでお願いして締め切りを延長してもらう」などを指す。このように学習者の実生活に近いコミュニケーションの機会を教室内で与えることは、学習者の談話能力やインターアクション能力の育成に貢献するだけでなく、動機付けを高めることでも注目されている。また、学習者の注意を意味と形式の両方に向けられることから言語習得を引き起こすことも期待される。

1.2 TBLT における目標談話分析

　Long（2005、2015）は、TBLT は現実のニーズに即して行われる指導であるとし、学習者が現実場面で行う必要のある事柄を目標タスク（target tasks）と呼んでいる。そして、目標タスク作成の際には、目標言語の実際の使用場面、即ち、目標談話（target discourse）を観察・分析することが必要であるとし、これを目標談話分析（target discourse analysis）と呼んでいる。

　目標談話分析の事例を取り上げると、ハワイ大学にある3箇所のコーヒーチェーン店において、店員と客のやりとり248例を収集した Bartlett（2005）は、このうち168例のやりとりから一定のパターンを抽出することに成功した。そして、市販教材の類似場面で提示される会話例と実際のやりとりを比較した結果、複数の相違点を見つけた。例えば、実際のやりとりに現れた "There you go"、"That'll be"、"Can I get" のような表現が、市販教材の類似場面で扱われている例はほとんどなかった。こうした結果を引用しながら、Bartlett（2005）や Long（2015）は、目標談話分析に基づく教材を作成することの重要性を指摘している。確かに目標談話分析をもとに、文法や語彙の指導項目を抽出することは、コミュニケーションに必要な表現形式を効率的に習得したり、学習者の動機付けを高めたりする上で重要であろう。しかし、現実的な問題として、日々の授業や授業準備を行いながら、目標談話分析を並行して行うことは教師にとって負担が大きい。

1.3 日本語教育の語彙指導における課題

　上記の実情を考慮すると、話しことばコーパスに基づく語彙リストの存在

は、実際のコミュニケーションにつながる効率的な学習支援を行いたいと考える教師にとって非常に有用である。しかし、日本語教育では、英語教育のように大規模な話しことばコーパスの分析結果に基づいた語彙リストがまだなく、専門家の主観や書き言葉のみに基づいた語彙リストの提示に留まっている。森（2016: III-V）では、日本語教育において、語彙が文法に比べ軽視されてきたことを指摘し、場当たり的とも言える単語リストを批判している。また岩田（2018: III）では、語彙重視の日本語教材を作成する提案が行われている。これらを鑑みると、今後のコミュニケーション能力育成を重視した日本語教育実践においては、導入する語彙の選定について再考する必要があり、教師側の意識改革も必要であると言える。

　そこで本稿では、コーパス研究の成果を応用することで、実際のやりとりで使用される表現や語彙をふまえた目標タスクを設定し、TBLT アプローチに基づく実践を行った。具体的には、以下の 2 点について検討した上で、中級レベルの学習者を対象に日本語教育実践を行った。

（1）　ある話題において、よく用いられる特徴的な語彙について、『話題別日本語語彙表』を用いて調べ、タスクの作成に活かす。
（2）　ある話題について、実際にどのようなコミュニケーションが行われているのかについて、J-TOCC を用いて調べ、タスクの作成に活かす。

2　実践の概要

　本研究では日本国内の大学で開講された中級日本語コースにおいて、筆者が担当した全 15 回分（1 回 90 分、計 27 時間）の語彙授業を実践の対象とした。学習者は、学部・大学院に所属する留学生、もしくは大学院進学を目指して研究生として在籍する男女で、コース開始前に機関独自のプレースメント・テストを受験した上でクラス分けがされた。出身は、中国、台湾、タイ、ベトナム、インドネシア、ケニア、ラトビア、ニカラグア、ミャンマーである。学生数は 15 名で、そのうち単位取得を必須とする学習者は 2 名のみであった。学習者の所属は、工学部、医学部、教育学部など多様であった。

コース開始直後の聞き取りにおいて、学習者たちは日本語能力検定試験の受験を目標としておらず、授業や指導教員による研究指導、論文執筆などの場においては英語を使用する環境にいることが分かった。その一方で、日常生活や日本人学生との私的な交流、指導教員やゼミのメンバーとのやりとりにおいて、より高い日本語力を獲得することの必要性を感じており、日本語学習の継続を望んでいることが分かった。具体的には、「日本語が話せると日本人の友人がもっとたくさんできると思う」「ゼミメンバーと日本語でやりとりできれば、もっと仲が深まると思う」「指導教員が他の学生に日本語で言っていることをもっと理解できるようになりたい」「日本の文化や話題を知ることは日本語を話すのと同じくらい大切だと思うし、人間関係構築においても大事だと思う」など、日本語や日本文化に対する理解を深め人間関係を円滑にすることが主な学習動機となっていた。

これらのことから、本実践に参加する留学生たちは、日常生活や大学生活においてすぐに日本語運用が必要であり、日本語運用の機会に恵まれていること、クラス全員の学習ニーズが限定的で明白であること、試験対策のような正確な言語知識の獲得より、自発的で創造的な言語運用の経験がより求められていること、という特徴から、執筆者はタスクベースの言語指導を行うのが適したクラスであると判断した。

3　授業計画

3.1　学習者のニーズに合わせた「話題」の選定

Willis and Willis (2007: 64) は、学習者の動機を高める1つの方法として、教師が提示した話題リストから学習者に好きな話題を選ばせる方法を提案している。また、自分たちで学びたい話題を選ぶという作業そのものが、意思決定タスクになり、学習者のエンゲージメントを高めるとも述べている。

そこで本実践でも初回の授業において、学習者全員に勉強したい話題とその理由を尋ねる調査を行った。簡易なものではあるが、本稿ではこれをニーズ調査と呼ぶことにする。

選択肢となる話題は、無限に考えられるが、本実践ではこの授業の参考テ

キストであった『日本語語彙力アップトレーニング』の目次に提示された話題を J-TOCC における話題一覧と照合し、合致するもの（表1下線部）を抽出した。J-TOCC で扱われている話題を参照した理由は、J-TOCC と共通の話題が選定されれば、のちに日本人大学生同士の自然談話を分析して授業内で使用できると考えたからである。最終的には、上記基準で抽出した6つの話題（表1の①〜⑤、⑧）に加え、参考テキストにはあるが J-TOCC にはない話題2つ（表1の⑥⑦）を加えた合計8話題を選択肢に含めた。⑥⑦を加えた理由について、⑥は大学生同士の会話や人間関係を円滑にしたいという学習者のニーズと合致すると考えたからである。⑦はアカデミックなスキルを日本語でも身につけたいと考える学習者がいる可能性に備えた。

　ニーズ調査は初回授業のガイダンスの際に行い、教師から事前に授業内に「学習のモチベーションを高めるため、授業で扱う話題をニーズ調査によって決めたい。」と日本語、及び、英語で説明し、その後、オンラインフォームに授業を受講する学習者が記入する形で行った。実際の調査フォームに記入した質問文は「どのトピックについて（1ばんめに／2ばんめに／3ばんめに）べんきょう したいですか。」「どうして そう おもいますか。」であった。

　最終的に学習者15名中、13名から回答が得られた。表1に学習者が学びたい「話題」に関するニーズ調査の結果を示す。なお、学習者13名の希望を第一希望は3点、第二希望は2点、第三希望は1点に換算した結果を表の右欄に示し、点数が高いものを上から順に並べている。

表1　学習者が学びたい「話題」に関するニーズ調査結果（n＝13）

話題	第一希望	第二希望	第三希望	換算
①　旅行、世界遺産、名所紹介	5	2	3	22
②　食べること、料理	5	3	1	22
③　夢・将来設計、目標	2	2	3	13
④　住環境、家探し	0	3	1	7
⑤　ファッション、服選び	1	1	1	6

⑥	結婚、性格や価値観があう	1	0	1	4
⑦	グラフを読む	0	2	0	4
⑧	天気、行事、季節	0	0	1	1

　上位 3 つの話題の点数が特に高かったことから、学習者と相談しつつ、「旅行」「食べること」「夢・将来設計」の 3 つを授業で扱うことに決めた。学習者がそれぞれの話題を希望した理由は、次の通りであった。

　まず、①旅行、世界遺産、名所紹介について「専門と繋がっている。」「趣味」「(新型コロナウイルスのパンデミックでまだ) 日本に行ったことがないから。」「旅行に行く機会が多いので使える表現を知りたい。」「このクラスの学習者は皆、いろいろな国から来ている。例えば、私は A さんの出身国であるラトビアについて全然知らない。みんながどんな国から来たのかを学んだり話したりすることは、日本語力を伸ばすのにいい機会だと思う。」「きれいで歴史的な場所はいつも私にとって魅力的であるから。」という意見があった。

　次に②食べること、料理については、「生活にとって大事なもので、日本はいろんな種類の美味しい食べ物があるから。」「日本の料理を理解したい。」「日本食が好き。」「一日 3 回食事をするから。」「使える。」という理由であった。

　③夢・将来設計、目標については、「他の人がどのような夢を持っているのか知りたい。」「夢について他の人が語るのを聞くとき、新しい概念を知り、学ぶことができるから。」「(就職活動や大学院入試の) 面接に役立つトピックだから。」「自分の将来の目標をもっと明確に表現したいから。」という意見が聞かれた。

3.2　「話題」を深めるための「語彙」の選定

　本実践では、各話題において特徴的な語彙を探るため、『話題別日本語語彙表』を利用した。特徴語の詳細については、第 1 部「『話題別日本語語彙表』の解説」を参照されたい。本実践においては、「旅行」、「食べること」、

「夢・将来設計」という話題において特徴語（LLR が 10.83 以上）を抽出し、それらを優先的に導入する語彙としてリスト化した。ここでは、例として「食べること」についての特徴語を表 2 に示す。なお、日本語学校など日本語能力試験の受験を想定した教育機関での利用可能性を考慮し、表 2 の全ての特徴語には日本語読解学習支援システム「リーディングチュウ太」を用いて、日本語能力試験（JLPT）の級を並べて表示した。基本的にはサイト検索で表示されたままのものを表にしているが「御腹一杯」は「おなか」「いっぱい」、「食べれる」は「食べ」「れる／られる」、「温かい」は「あたたかい」、「御勧める」は「おすすめ」と検索した結果を用いた。2022 年現在、この判定は旧日本語能力試験 1 〜 5 級の出題基準に基づくものであるが、サイト上の表記に従い N1 〜 N5、級外と表記する。

表 2　『名大会話コーパス』の「食」の話題に特徴的な動詞と形容詞

	動詞	LLR	JLPT	形容詞	LLR	JLPT
1	食べる	2,514	N5	美味しい	1,735	N5
2	入れる	210	N5	好き	154	N5
3	飲む	140	N5	固い	88	N4
4	頂く	135	N5	甘い	88	N5
5	煮る	134	N2N3	そう - 様態	77	N2N3
6	食べれる	129	N5 + N4	御腹一杯	71	N5 + N4
7	作る	121	N5	旨い	67	級外
8	焼く	93	N4	大好き	60	N5
9	食う	88	N2N3	不味い	55	N5
10	食える	65	級外	酸っぱい	54	N2N3
11	買う	63	N5	辛い	42	N5
12	頼む	54	N5	生	41	N2N3
13	茹でる	44	N2N3	熱い	37	N5

14	炒める	38	N1	良い	36	N5
15	温める	38	N2N3	宜しい	33	N4
16	失礼する	35	N4	脂っこい	29	級外
17	売る	34	N5	安い	28	N5
18	入る	32	N5	冷たい	28	N5
19	貰う	28	N4	嫌い	26	N5
20	召し上がる	27	N4	軟らかい	23	N4
21	切る	27	N5	恥ずかしい	19	N4
22	御座る	27	N4	濃い	17	N2N3
23	交ぜる	26	N2N3	少ない	16	N5
24	空く	25	N4	温かい	14	N5
25	余る	24	N2N3	苦手	13	N2N3
26	要る	24	N5	丸い	12	N5
27	御勧める	24	級外			
28	注文する	23	N2N3			
29	飲める	21	N2N3			
30	有る	19	N5			
31	剥く	18	N2N3			
32	付く	16	N2N3			
33	飼う	14	N2N3			
34	包む	13	N4			
35	御願いする	12	N5			

3.3 「話題」が共通する大学生同士の会話例の選定

　本実践で扱ったタスクのもとになる「話題」は、J-TOCC と共通するものであった。このことから、J-TOCC の各話題における大学生同士の会話を参考にしてタスクを作成したり、授業内で素材の1つとして扱ったりした。例

えば、下記の例は「食べること」に収録された会話例である。具体的には大意を聞き取らせるタスクとして利用し、「辛い」「酸っぱい」など表 2 に抽出された語彙の導入や、「無理」や「苦手」、「おいしくない」など、食に対するネガティブな評価を話者がどのように表しているかという点に学習者が気づくように仕向けた。

（1）　W-305-1F：焼きナスみたいのは無理なん。

　　　　W-305-2F：あの、ポン酢付けて食べるやんと好きやねん。

　　　　W-305-1F：うん、それ、そのまま食べへんやんな。だれも。

　　　　　　　　　　　　　　　　　　　　　　　　（食べること W-305-01）

（2）　（トムヤンクンについて）

　　　　E-206-2M：辛くて酸っぱい。

　　　　E-206-1F：あれ、おいしいじゃん。

　　　　E-206-2M：え、あれ俺苦手なんだけど。（E-206-1F：へー）何か、辛いと思ってたの。（E-206-1F：うん）ただ辛いだけだと思ってたの。そしたら、何か、酸っぱくて、（E-206-1F：へー）タイで食ったら（E-206-1F：うん）何か、むず、こんなもんだよって言われたけど、おいしくなかった。（後略）　　　　　　　　　　　　（食べること E-206-01）

　J-TOCC は、本実践の対象者と同年代である大学生同士の会話が収録されているため、学習者からは「本物の会話だったのでモチベーションが上がった」「研究室で聞こえてくるような会話だけど、いつも聞き取れないので、授業で習えてよかった」「相手に苦手なものを勧められた場合「すみません、ちょっと」と言うと昔習ったが、友人同士で経験について語る際には「おいしくない」「無理」などを使ってもいいと気づいた」という感想が聞かれた。

3.4　「話題」「語彙」「会話例」からタスク・シラバスの作成

　本実践では学習者へのニーズ調査によって選ばれた「話題」に従い、その「話題」の特徴語である「語彙」、そして大学生同士がその「話題」について

話したJ-TOCCの「会話例」からタスク・シラバスを作成することを試みた。表3にその一部を示す。タスク・シラバスとは、タスクをもとに構成したシラバスである。作成時に意識した点が2つある。

1つは、タスク遂行の過程が、人間が行う自然な認知プロセスに沿っていることである。認知プロセスとは言語を使うとき、目的に応じて、頭の中で行っている作業であり、例えば「比較する」「選択する」のようなプロセスを指す。本稿では、小口（2018）を参考に、Willis and Willis（2007: 66）で紹介されている「話題からタスクを生成するツール（The task generator）」（図1）を利用し、「話題」から認知プロセスを意識したタスクを作成し、シラバスとした。

表3 話題「食べること」から作成したタスク・シラバス（一部）

回	授業で扱った主なタスク	認知プロセス
2	日本の旬の食材についてリストアップし、母国の旬の食材と比較した作文を書く。母国の旬の食材の食べ方を共有し、比較する。	比較する、個人的経験の共有
3	自分の生まれ育った地域の郷土料理をクラスメイトに紹介し、「思い出（おふくろ）の味」を共有する。	個人的経験の共有
4	郷土料理について、調理方法が似ているクラスメイトを見つけて、相違点・類似点をリストアップする。クラスメイトを国に招待した時、連れて行きたい飲食店のリストを作り、理由を説明する。	比較する、一致させる、並べる
5	「地産地消」という言葉が生まれた背景を知り、自国の状況と比較しながら、食を取り巻く問題の解決策を考える。東広島市の「地産地消」促進のため、食材とアイデアを考える。	比較する、問題解決、創造的活動

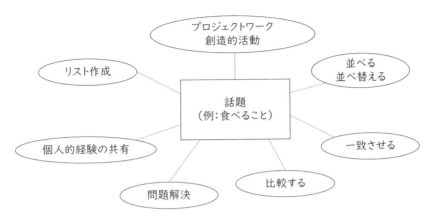

図1　話題からタスクを生成するツール

（Willis and Willis 2007: 66 Figure 4.2 参照、訳は筆者）

　もう1つは、特徴語である語彙やコーパスの会話例からタスクを生み出すことである。語彙に関しては参考テキストに含まれる語彙・表現をなるべくカバーできるように工夫しつつ、特徴語の出現頻度を高く設定するようにした。例えば、調理方法に関する語彙（例：炒める、揚げる、むく、炊く、ゆでる、煮る、チンする、など）を用いることが必要なタスクを意図的に設定しているが、聴解・読解教材では特徴語の出現頻度が他より高かったり、使用を促したりするような構成にした。会話例に関しては、パターンの抽出ができるよう、できる限り多くのコーパスデータの用例を観察し、典型的な例だと思われる会話例に関しては、ほとんど修正せずに聴解教材として利用したり、表現を抜き出してフィードバックとして与えたりした。

4　「食べること」についてのタスクを用いた授業実践例

　初級から中級学習者を対象とした日本語教科書のほとんどには「自分の国の料理を説明する」という練習が含まれる。しかし、近年の日本語母語話者、及び、学習者の言語行動を観察していると、レシピを共有したい場合は、インターネット検索に頼っており、中にはレシピ動画を見ながら料理を

するので言語はほとんど不要だという者もいる。かつてのように、第二言語で手順を追って細かい作り方を口頭で説明する場面は、減っているのではないだろうか。一方、留学生と日本人の交流の中では、一緒に食事に行くときや、手料理をご馳走するとき、留学生の出身地のレストランへ行くときなど、お互いが知らない料理についてどのような料理なのか簡単に説明する機会はありえる。例えば、広島のお好み焼きが何か分からない留学生に対し、日本人学生は下記のように説明していた。

（3）　留学生：お好み焼きはどんな？
　　　　学　生：ジャパニーズピザ？広島で一番有名な食べ物なんだけど、えーと、卵と野菜と、あ、キャベツ、あと小麦粉？とか？とやきそば、わかりますか？やきそば、麺。あ、うどんもあります。それを順番に乗せて鉄板で焼く、みたいな。

（2022年11月筆者収集）

そのため本実践では、ある料理がどのようなものであるか、簡単に説明をするというタスクを取り入れることにした。

　ここで紹介するのは、自分の生まれ育った地域の郷土料理をクラスメイトに紹介し、「思い出（おふくろ）の味」を共有する、というタスクである。

　このタスクを実施する前に、旬の食材について学び、学習者たちは母国で旬の食材をどのようにして調理して食べるのが一般的かという話し合いをしている。そのため、その際に必要な調理語彙は既出であり、文法的フィードバックも受けていた。

　郷土料理の共有は、畑佐・福留（2021）『文化で学ぶ上級日本語―めしあがれ―』のオンラインサイト（https://one-taste.org/meshiagare/）にある地図上（図2）に写真と日本語の説明をつけて投稿することにした。なお、このサイトのページは、オンライン掲示アプリpadletを利用したものである。

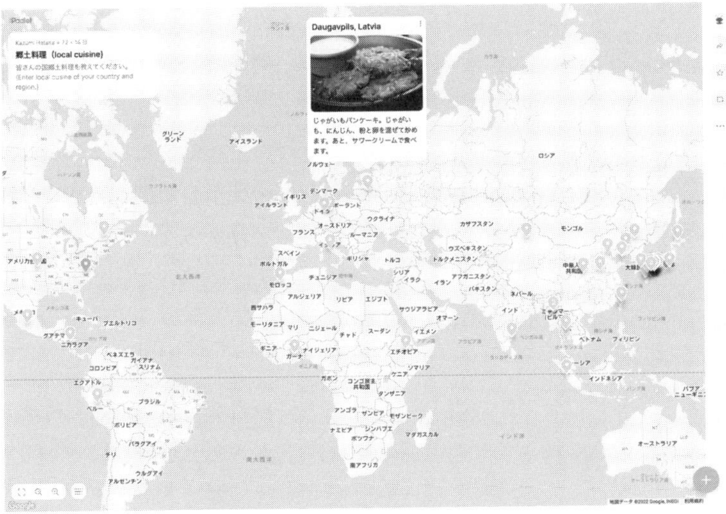

図2　学習者が郷土料理を投稿したオンラインサイト

学習者が投稿したもののうち、一部を下記に抜粋する（図3）。

Daugavpils, Latvia

じゃがいもパンケーキ。じゃがいも、にんじん、粉と卵を混ぜて炒めます。あと、サワークリームで食べます。

Sumatera Barat, Indonesia

サテパダンはスマトラバラト（南スマトラ）の郷土料理です。牛肉から作ります。日本に焼き鳥のような食べ物ですけど、このサテはソースを使います。ソースは米粉から作ります。

中国陝西省宝鸡市

肉夹馍（ロオジャーモー）

白い蒸（む）しパンを焼き、これに煮込（にこ）んだ肉の切（き）りを挟（はさ）む料理である

中国辽宁省

鍋包む肉。豚肉は小麦粉をまぶして揚げて甘酸っぱい味です。

図3　学習者が作成・投稿した郷土料理の紹介文

　学習者は個々で投稿作業を行ったのち、3名ずつのグループに分かれて、発表や質疑応答を行った。その後、教師から語彙や文法の間違いなどに対し、フィードバックを行った。フィードバックの後、「私の国の面白い食べものについて、どんな食べ物で、いくらくらいで買えるのかをシェアし、一番食べてみたいものを選ぶ」として、再び、オンラインサイトの異なる地図上に料理の紹介を投稿するというフォローアップのタスクを行なった。

　その次の回では、郷土料理について、調理方法が似ているクラスメイトを見つけて、相違点・類似点をリストアップする、というタスクを実施したところ、「包む」料理について話題になった。

　例えば、インドネシアやニカラグアなどではバナナの葉で包む料理が一般的に食べられるのに対して、他の地域では入手することが難しいという話題になった。一方で、他の地域で料理を包むものとしては、笹、小麦、パン、

図4　学習した語彙や表現に関する復習用教材

油揚げなどの意見が出た。ゆでる料理と煮る料理に関してはゆで卵と煮卵と生卵の違いという話題から各国の卵料理の話題で盛り上がった。

語彙の復習用教材（図4）における動詞語彙については、授業中に学習者がつまずいた語彙（例：チンする、揚げる等）のほか、特徴語（切る、炒める、剥く、茹でる等）を優先的に使用し、Google Forms を用いて作成した。

5　学習者による授業の評価

最後に、授業実践を行なった結果、学習者から得られた授業に対する評価を述べる。以下、基本的には原文のまま記述するが、英語で記述されたものは筆者による和訳を付した。

まず、学期末の自由記述アンケートから、学習者のニーズに合わせた「話題」の選定を行ったことに対して「It was especially interesting to learn because the teacher focused on the topics we as students wanted to learn, thus motivation to learn was always present.（特に、先生が私たち生徒の学びたい話題にフォーカスしてくれたので、学ぶ意欲が常に湧いてきて興味深かったです。）」という肯定的なコメントが寄せられた。

毎回の授業後のコメントからは、例えば「食べること」という話題について、「やっぱり食べ物についてのことみな興味があります。私は（授業で習った）「とりあえず生で」このセンテンスが一番好きです。おもしろいです。日常生活で役に立つと思います。」などの声が聞かれた。「旅行」という話題については「今日の授業は面白かった。「紅葉狩り」この言葉は初めて知りました。たくさんの単語が習いました。とても役に立つと思います。日本語もたくさん話しました。どんどん話せるようになります。」「コロナが終わったら、クラスメイトの地元へ旅行したいです。」などの声が聞かれた。授業を受講する学習者のニーズに合わせて話題を選ぶことは、学習者自身が動機付けを維持しながら学びたいことを学べるという点においてメリットになろう。

また、タスクベースの授業展開に対しては、「Being divided into breakout rooms allowed us to speak to each other thus getting to know other students, talking in a relaxed way and practice Japanese in a stress-free environment.（ブレイクアウトルームでは、他の学習者と話すことができ、リラックスして日本語を練習することができました。）」と学習者間でのタスク遂行を楽しんだ様子が受け取れ、「Asking to provide a short feedback after each lesson, including the new words a student has learned motivated to keep notes of the lessons to get back to them and review the new vocabulary and phrases.（各レッスン終了後、生徒が覚えた新しい単語を含む短いフィードバックをしてくれることで、レッスンのメモを取り、新しい単語やフレーズを復習するモチベーションが上がりました。）」という声が聞かれた。

　なお、小口（2019）におけるタスクベースの日本語指導実践では、ある学習者の教授アプローチに対するビリーフスが強く、タスクをあくまで文型練習の機会であると捉えていたため、限定的なアウトプットしか得られず、学習者に不安を抱かせたという事例があった。この反省から、本実践においては、教員側があらかじめタスクベース型の授業を行う意図を説明した。また、語彙リストや例文を提示する際に、コーパスデータに収録された会話や特徴語を選んできたという説明を添えるようにした。この点に関して、学習者からの特別なフィードバックは得られなかったものの、『話題別日本語語彙表』を利用することで、大量の語彙リストを前に途方に暮れる学習者に対し、優先順位の高い語彙を示すことが可能になったことは非常に大きな成果であり、学習者に対しても一定の説得力を持つと考える。また、タスク作成や授業計画の段階で教師が優先すべき語彙を「教師の勘どころ」以外の指標を用いて把握し、学習者に示すことができることも非常に有用であった。

6　まとめと課題

　本稿では、J-TOCC、および、『話題別日本語語彙表』を活かして、ある話題に基づくタスク作成の際に優先すべき語彙や実際のやりとりに基づくTBLT実践を行い、報告した。こうした部分は、従来、「教師の勘どころ」に頼って進められてきた節があるが、それが実際の言語運用とは異なっていることは先述のとおりである。今後、日本語の目的別の発話コーパス（例：

アカデミック・スピーキング・コーパス、ビジネス・コーパス）などの開発
が進んでいけば、目的別の TBLT 実践に対し、教師がその現場の経験者で
なくても、より現実的で有用なデータを提供することができると考える。

　最後に、本実践の限界と今後の課題として、特徴語を指標とした語彙の抽
出方法について述べる。中俣・麻 (2022) では、LLR という指標の限界とし
て、特徴語を効率よく抽出できる一方で、多義語など、他の話題の影響で値
が低くなる可能性を指摘している。また、特徴語の中には、使用者が限定的
であった語も含まれると考えられる。これらのことから、中俣・麻 (2022)
では、日本語教育に役立てることを目的としてコーパス・ベースの語彙表を
公開するには、LLR に基づく特徴語のほか、話者のうち何％が使用したか
という使用率 (UR) を合わせた情報公開が必要であると主張している。しか
し、本稿では話題別日本語語彙表の活用例として特徴語のみを参考にしてお
り、多くの話者が使用する語彙であるかどうかは教師の直感に頼っていた。
今後は、ある話題に関する特徴語を UR と合わせて分析し抽出することで、
より妥当なデータを提供できるようになろう。

　ここまで本実践ではコーパス研究の成果を活用することで、TBLT 実践に
活かす試みを紹介してきたが、日本語教員が現状の J-TOCC や『話題別日
本語語彙表』を用いて日々の授業を組み立てるには、操作自体は容易である
ものの、まだまだ手間がかかると感じる部分もあった。この点に関しては、
今後日本語教育に向けた情報サイトが整備・構築されていくことを心待ちに
したい。

謝辞
本実践にあたり、帖佐幸樹氏より協力を受けた。また、パデュー大学の畑佐一味氏よ
り、『文化で学ぶ上級日本語―めしあがれ―』のテキスト、および、オンラインサイ
ト (https://one-taste.org/meshiagare/) の授業での活用方法について助言をいただいた。
ここに謝意を表する。なお、本実践と本稿の執筆には、JSPS 科研費 18H00676、
22H00668、22K13147、21K00598 による支援を受けた。

参考文献

岩田一成 (2018)「まえがき」岩田一成 (編)『現場に役立つ日本語教育研究 6　語から始
　　まる教材作り』pp. iii-xii. くろしお出版

浦野研 (2017)「大学での英語指導の考え方と工夫」松村昌紀 (編)『タスク・ベースの
　　英語指導—TBLT の理解と実践』pp. 201-223. 大修館書店

木下謙朗・三橋麻子・丸山真貴子 (2015)『身近なテーマから広げる！　にほんご語彙
　　力アップトレーニング』アスク出版

小口悠紀子 (2018)「スタンダードを利用したタスク・ベースの言語指導 (TBLT)」岩
　　田一成 (編)『現場に役立つ日本語教育研究 6　語から始まる教材作り』pp. 17-
　　30. くろしお出版

小口悠紀子 (2019)「大学の初級日本語クラスにおけるタスクベースの言語指導—マイ
　　クロ評価に基づく考察を中心に」『日本語教育』174: pp. 56-70.

中俣尚己・麻子軒 (2022)「『日本語話題別会話コーパス：J-TOCC 語彙表』の公開と日
　　本語教育むけ情報サイトにむけた指標の検討」言語資源ワークショップ 2022
　　発表論文集

畑佐一味・福留奈美 (2021)『文化で学ぶ上級日本語—めしあがれ』くろしお出版

畑佐由紀子 (2018)『日本語の習得を支援するカリキュラムの考え方』くろしお出版

向山陽子 (2016)「真正性を高めたタスク教材を用いた指導の効果—ビジネスメール・
　　ビジネス文書作成に焦点を当てて」『日本語教育』164: pp. 94-109.

森篤嗣 (2016)「まえがき」森篤嗣 (編)『現場に役立つ日本語教育研究 6　語から始まる
　　教材作り』pp. iii-xii. くろしお出版

Bartlett, N. D. (2005) A double shot 2% mocha latte, please, with whip: Service encounters
　　in two coffee shops and at a coffee cart. In M. H. Long (Ed.), *Second language needs
　　analysis* (pp. 305–343). Cambridge University Press.

Ellis, R. (2003) *Task-Based Language Learning and Teaching*. Oxford: Oxford University
　　Press.

Long, M. H. (2005) Methodological issues in learner needs analysis. In M. H. Long (ed.),
　　Second language needs analysis (pp. 19–76). Cambridge University Press.

Long, M. (2015) *Second language acquisition and task-based language teaching*. Chichester,
　　UK: Wiley-Blackwell.

Nunan, D. (2004) *Task-based Language Teaching*. Cambridge: Cambridge University Press.

Nunan, D. (2010) A task-based approach to materials development. *Advances in Language
　　and Literary Studies*, 1 (2): pp. 135-160.

Van den Branden, K. (2006) *Task-based language teaching: from theory to practice*. Cambridge:

Cambridge University Press.

Willis, D., and Willis, J.（2007）*Doing Task-based Teaching.* Oxford: Oxford University Press.

話題を制する者は日本語教育を制す

山内博之

　本稿では、（1）初級テキストへの話題シラバスの導入と、（2）話題選択型口頭能力テストの開発を試みることにより、『話題別日本語語彙表』の有効性を示した。

　（1）については、まず、『話題別日本語語彙表』を利用することによって、『みんなの日本語　初級Ⅰ』（スリーエーネットワーク）で使用されている動詞を話題別に分類し直した。『みんなの日本語　初級Ⅰ』では、第4課〜第7課、第9課〜第11課、第13課〜第25課の計20課において動詞が導入されているので、次に、話題ごとに分類した動詞を、それら20課に配分し直すための具体的な案を示した。その案に従って教科書を作り直すことができれば、『みんなの日本語　初級Ⅰ』への話題シラバスの導入が成功したことになる。

　（2）については、まず、『話題別日本語語彙表』を利用することによって、従属する名詞の多い60の話題を選び出した。従属する名詞が最も多かった話題は「食」であり、逆に、従属する名詞が最も少なかったのは、それら60の話題の中では「絵画」と「酒」であった。次に、「絵画」と「酒」の2つの話題について、初級から超級までを測定できるタスク（質問文）を作成し、従属する名詞が少ない話題であっても、その話題に関する口頭能力を測定できるタスク（質問文）が作成できることを示した。

1　はじめに

　本稿では、日本語教育における『話題別日本語語彙表』（以下、語彙表）の活用法について述べる。具体的には、以下の2点について述べる。

（1）　計画的に動詞が導入できるよう、『みんなの日本語』に話題シラバス
　　　を採り入れることを試みる。
（2）　話題選択型の口頭能力テストの雛形を示す。

　まず、（1）については、『みんなの日本語』（スリーエーネットワーク）で
使用されている動詞を話題別に分類し、同じ話題に属する動詞を、課ごとに
まとめて提示できる案を示す。次に、（2）については、語彙表の話題の中
から、従属する名詞の数が多い話題を 60 選び、それぞれの話題に従属する
名詞をヒントにして、初級から超級までを測定できるようなタスク（質問）
をいくつか作成してみる。
　本稿の主張は、現在の日本語教育における話題の重要性である。上記の
『みんなの日本語』は、文法シラバスによるテキストである。そのため、文
法項目の導入については周到に計画されているのだが、語彙については導入
の計画性がほとんど感じられない。学習者が身につける日本語の両輪を文法
と語彙であるとすると、その一方においての導入の計画性が欠落してしまっ
ていると言える。では、どうすれば語彙を計画的に導入できるのか。その答
えは「話題シラバスを導入すればよい」ということである。語彙は、基本的
に話題に従属するものであるので、話題シラバスをうまく導入できれば、そ
れに従って語彙も導入できるはずである。
　また、既存の口頭能力テストにおいても、話題は計画的にとりあげられて
いるわけではない。たとえば、ACTFL-OPI（以下、OPI）においては、「場
面・話題」は、「総合的タスク／機能」「テキストの型」「正確さ」とともに、
言語能力を構成する要素の 1 つとされている。しかし、OPI のマニュアル
の中では、話題については、「身近で具体的な話題」であるのか「専門的・
抽象的な話題」であるのかが区別されているのみであり、具体的にどの話題
をインタビューでとりあげればよいかということは標準化されておらず、テ
スターの判断に委ねられている。したがって、仮に OPI で「上級−中」と
判定されたとしても、その被験者が、具体的にどの話題が扱えてどの話題が
扱えないのか、ということは不明である。本稿では、話題をベースにした口
頭能力テストの雛形を示す。

本稿では、2で上記の（1）について述べ、3で（2）について述べる。

2　『みんなの日本語』に話題シラバスを導入する

　2では、語彙表を利用して、『みんなの日本語』に話題シラバスを導入することを試みる。

　『みんなの日本語』は、初級では圧倒的なシェアを誇る日本語テキストである。文法シラバスによるテキストであり、このテキストを使用している教師たちは、それぞれの課で扱われる文法項目やその提出順序など、細かいところまで記憶しているのではないだろうか。

　『みんなの日本語』において問題であると思われるのは、動詞の提出にルールが感じられないことである。『みんなの日本語』では、第14課でテ形が導入され、その後、ナイ形、辞書形、タ形が導入されていき、第20課で普通形が導入される。そのため、第14課以降は、絵カード等を利用して動詞の活用の練習することが多くなる。つまり、動詞の練習にかける時間が多くなるのだが、にもかかわらず、動詞の提出順にはルールが感じられない。

　このように、初級の段階であっても、たとえば、『みんなの日本語』であれば、第14課から、明らかに動詞の比重が増える。動詞は、他動詞であれば目的語を伴うので、必然的に名詞の使用に対しても意識が向けられることになる。さらに、初級から上級までの過程を考えると、文法に対する語彙の比重は、レベルが上がるにつれて大きくなっていく。それなら、初級のうちから話題を意識し、語彙を計画的に導入できるようにするべきなのではないだろうか。

　ここでは、『みんなの日本語』の初級Ⅰに話題シラバスを採り入れる方法を考えていく。具体的には、以下の作業を行う。

（3）　『みんなの日本語』で扱われている動詞が、語彙表のどの話題に従属するかを調べる。

（4）　従属する動詞数が最大になる20話題を選び、初級Ⅰの各課に当てはめていく。

　まず、（3）の作業を行う。『みんなの日本語』で扱われている動詞は、『みんなの日本語』の『文法・翻訳解説』から取り出した。複数の意味を持つ場合でも1語としてカウントすると、初級Ⅰと初級Ⅱで扱われている動詞の数は、それぞれ130と183であった。そして、これら130と183の動詞がどの話題に従属しているのかを語彙表で調べる。ある話題に動詞が従属するか否かは、その話題に対するその動詞の対数尤度比（LLR）の値で決める。ここでは、中俣他（2021）を参考にして、対数尤度比の値が11以上の場合に、その動詞がその話題に「従属している」と考えることにした。（3）の作業の結果を、次の表1に示す。

表1　『みんなの日本語』の動詞と従属する話題の有無

	語彙表に収録あり		語彙表に収録なし	合計
	従属話題あり	従属話題なし		
初級Ⅰ	99	11	20	130
初級Ⅱ	103	21	59	183

　初級Ⅰでは、130の動詞のうち、110が語彙表に収録されており、そのうち、99が何らかの話題に従属していた。そして、初級Ⅱでは、183の動詞のうち、124が語彙表に収録されており、そのうち、103が何らかの話題に従属していた。初級Ⅰと初級Ⅱのいずれにおいても、語彙表に収録されている動詞のうちの大部分が話題に従属していることが確認できた。

　そこで、次に、初級Ⅰを対象にして、（4）の作業を行う。『みんなの日本語』の初級Ⅰは25課で構成されているが、動詞が導入されているのは、そのうちの20課である。第1課から第3課までは名詞文のみを扱っており、動詞は登場しない。そして、第8課と第12課では形容詞文を扱っているため、これらの課でも動詞は登場しない。これら5つの課を除く残りの20課で動詞が扱われているので、（4）の作業では、従属する動詞の数が最大になる20の話題を選び、第4課〜第7課、第9課〜第11課、第13課〜第25課のそれぞれに割り振っていく。（4）の作業の結果を、次の表2に示す。

表2　話題シラバスによる動詞の導入案

課	話題	動詞
4	旅行	行く、運転する、泊まる、乗る
5	パーティー	遊ぶ、行く、かかる、来る、作る、飲む、呼ぶ
6	音楽	歌う、覚える、聞く、知る、吸う、習う、弾く
7	食	ある、要る、入れる、売る、切る、食べる、作る、飲む、入る、もらう
9	通信	送る、換える、かかる、切る、かける、調べる、使う、電話する、持つ、わかる
10	住	洗う、置く、換える、貸す、住む、引く
11	教育・学び	ある、言う、思う、教える、終わる、考える、使う、とる、勉強する、休む、読む
13	人生・生き方	言う、動く、生まれる、思う、考える、できる、なる、働く
14	交通	歩く、行く、動く、押す、降りる、下ろす、かかる、着く、出る、乗り換える、乗る、曲がる、渡る
15	衣	換える、着る、脱ぐ、履く、待つ、見せる、持つ
16	工芸	開ける、あげる、ある、入れる、送る、作る、つける、とる、脱ぐ
17	医療・健康	歩く、起きる、触る、疲れる、直す、なる、寝る、飲む
18	お金	下ろす、返す、かかる、出す、足りる、使う、働く、払う、持つ、もらう
19	文芸・漫画・アニメ	洗う、書く、作る、出る、直す、見る、持つ、読む
20	喧嘩・トラブル	言う、思う、かける、来る、心配する、着く、電話する、寝る、待つ、呼ぶ
21	調査・研究	言う、書く、考える、研究する、調べる、出す、読む
22	芸能界	いる、結婚する、知る、出る、登る、見る、わかる
23	言葉	言う、歌う、書く、聞く、調べる、使う、出る、話す、読む、わかる
24	人づきあい	言う、行く、いる、貸す、聞く、来る、知る、話す、呼ぶ
25	遊び・ゲーム	遊ぶ、行く、消す、知る、とる、乗る、負ける、回す

初級Iで扱われている動詞のうち、99語が何らかの話題に従属していたのであるが、表2には、そのうちの90語が掲載されている。動詞が多く従属している話題を20選んだ結果、99語のうちの9語はそこには入らず、90語が選ばれて表2に掲載されることになった。なお、1つの動詞が必ずしも1つの話題のみに従属しているわけではなく、複数の話題に従属していることもある。そのため、表2に掲載されている動詞は、異なりでは90語だが、述べでは169語となった。

語彙表を使って20の話題を選ぶプロセスは客観的であり、恣意が入り込む余地はほとんどないのだが、その20の話題を第4課〜第7課、第9課〜第11課、第13課〜第25課のいずれに割り振るかは、筆者の直感によって決めたとしか言いようがない。とはいえ、大まかな方針はある。

『みんなの日本語』では、第4課から動詞が導入され始め、第7課までの間に、動詞とともに、動詞がとる基本的な格助詞が登場する。そのため、第4課から第7課までの間に、ヲ格をとる動詞、ニ格をとる動詞、ヲ格とニ格をとる動詞が含まれるようにした。実は、ガ格のみをとる動詞、たとえば、「起きる、寝る」を第4課に入れたかったのだが、それはできなかった。

「起きる、寝る」は《日常生活》という話題に含まれる語であり、もし《日常生活》を選んでいたら、第4課の話題を《日常生活》とし、「起きる、寝る」を提出することができた。しかし、《日常生活》には、「起きる、寝る」の他には「遊ぶ、触る」の2語しかなく、さらに、「起きる、寝る」は、「歩く、触る、疲れる、直す、なる、飲む」とともに第17課の《医療・健康》に含まれている。そのため、《日常生活》という話題をとりあげること自体がためらわれた。

ただし、第4課の話題は《旅行》なので、そこに「起きる」「寝る」を入れることはそれほど不自然ではないのではないかと思う。ちなみに、《旅行》における「起きる」と「寝る」の対数尤度比は -2 と 1 なので、決して高くはない。

また、テ形の導入が第14課なので、それ以前の課では、テ形を作らなくても使うことができそうな動詞を入れるようにした。一方、第14課は話題を《交通》とし、テ形で用いやすそうな動詞を入れるようにした。たとえば、

道順を説明する会話文を扱えば「〜てください」という文型を導入できるので、「京王線に乗ってください」「渋谷駅で乗り換えてください」「3番出口から出てください」「右に曲がってください」「道路を渡ってください」「歩いて5分です」などというように、「乗る」「乗り換える」「出る」「曲がる」「渡る」「歩く」などのテ形を示すことができる。

　その後、ナイ形・辞書形・タ形が提出され、第20課で普通形が完成する。第20課の話題は《喧嘩・トラブル》なので、普通体での会話文が示されていてもおかしくはないだろうと思う。第21課以降は、文法上の制約がぐっと少なくなるので、話が広がりそうな話題を入れるようにした。

　第4課に「起きる」「寝る」を後から加える提案をしたが、同じ話題に属する他の動詞を表2に加えることは難しいことではない。語彙表を使えば、容易に動詞を加えていくことができる。同じ話題に対する対数尤度比の値が11以上である動詞を語彙表から選び、それを課ごとにリストアップしたのが、次の表3である。表3には、異なりで85語、述べでは91語が掲載されている。語彙表を使用すれば、100語近くを『みんなの日本語』に楽に追加できるということである。

表3　各課に追加できる動詞のリスト

課	話題	動詞
4	旅行	旅行する
5	パーティー	集まる、準備する、用意する
6	音楽	踊る、違う、流行る
7	食	温める、余る、注文する、煮る、焼く
9	通信	変わる、計算する、公開する、つなぐ、間違える、メールする
10	住	買う、探す、引っ越す
11	教育・学び	受ける、サボる、使う、続ける
13	人生・生き方	生きる、避ける、育てる、出会う

14	交通	遅れる、混む、捕まる、通る、止まる、慣れる、乗せる、走る、間に合う
15	衣	買う、着替える、似合う、見える、見せる
16	工芸	飾る、壊れる、取る
17	医療・健康	上がる、運動する、かむ、倒れる、直る、入院する、測る、吐く、太る
18	お金	買う、稼ぐ、たまる、ためる、足りる、なくなる、減る、渡す
19	文芸・漫画・アニメ	伝わる
20	喧嘩・トラブル	遅れる、怒る、気付く、喧嘩する、投げる、走る、酔う、酔っ払う
21	調査・研究	思いつく、発表する、学ぶ、まとめる
22	芸能界	売れる、似る、離婚する
23	言葉	しゃべる、違う、伝える、届ける
24	人づきあい	会う、断る、誘う、伝える、話しかける、連絡する、別れる
25	遊び・ゲーム	はまる

　『みんなの日本語』が、動詞の提出に関してどのようなポリシーを持っているのかはよくわからないが、「同じ話題に従属する動詞を集める」という方針で扱う動詞を決めるのであれば、表2に掲載されている動詞のみでなく、表3に掲載されている動詞を追加することも可能である。また、語彙表に掲載されている語の数には限りがあるので、教科書作成者・シラバス作成者の言語直感に従って、同じ話題に属すると思われる動詞をさらに追加してもよい。また、もし不必要であると感じられれば、表2から動詞を削除することも可能である。追加や削除がしやすいのは、「同じ話題に従属する動詞を集める」という方針を持つからこそではないだろうか。つまり、話題シラバスを導入するからこそ、シラバスへの語の出し入れが容易になるのである。

　ここで、もう一度、表1を見ていただきたいのだが、『みんなの日本語』

の初級 I で扱われている動詞 130 のうち、語彙表に収録されていなかった 20 語というのは、以下の動詞である。

（5）　浴びる、案内する、送る、買い物する、帰る、勝つ、見学する、
　　　　残業する、散歩する、閉める、修理する、出張する、食事する、
　　　　洗濯する、連れて行く、連れて来る、持って行く、持って来る、
　　　　役に立つ、辞める

　語彙表には、中・長単位解析器 Comainu によって『名大会話コーパス』から切り出されてきた語のうち、出現頻度が 10 以上のものが収録されている。上記の語は、『名大会話コーパス』での出現が少なかったのかもしれないが、Comainu によって切り出されてくる単位とは異なっているために語彙表には収録されていない、という可能性もある。もしそうであれば、直感に頼ってもいいので、属するにふさわしい話題を見つけ、表 2 に入れていくべきであろう。
　また、語彙表に収録されていた 110 語のうち、従属する話題のない 11 語というのは、以下の動詞である。

（6）　集める、急ぐ、泳ぐ、する、出かける、なくす、始める、迎える、
　　　　予約する、留学する、忘れる

　従属する話題がないということは、特定の話題において対数尤度比が高くはなかったということであり、逆に言えば、比較的広い話題で使用できる可能性があるということである。これらの語は、それほど不自然ではない形で、表 2 のどこかの課に入れられるのではないかと思う。
　従属する話題のある 99 語のうち、表 2 に入れられなかったのは、以下の 9 語である。

（7）　かぶる、借りる、くれる、紹介する、捨てる、説明する、掃除する、
　　　　手伝う、止める

これらは、表2に示した20話題以外の話題に従属している動詞である。したがって、表2に入れるのは困難なのかもしれないが、しかし、「かぶる」を《衣》に入れ、「借りる」を《お金》に入れるなどというのは、ごく自然であるように感じられる。

いったん、語彙表によって表2を作ったら、その後は、それほど語彙表にはこだわらず、自らの言語直感によって語を出し入れすればよいのではないだろうか。「杓子定規に考えず、いいとこどりをする」というのが、語彙表の有効な使い方ではないかと思う。

3　話題選択型の口頭能力テストを作成する

次に、3では、語彙表を利用して、話題選択型の口頭能力テストの雛形を示すことを試みる。

日本でよく知られている口頭能力テストと言えば、OPIであるが、OPIには以下のような特徴がある。

（8）「機能・タスク」に強く、「話題」に弱い。インタビューにおける「話題」の選択はテスターに任されている。

（9）被験者への教育的なフィードバックがしにくい。「機能・タスク」ではなく、「話題」でフィードバックしたい。

OPIでは、外国語能力を測定するために、話題を考慮してはいるのだが、「身近で具体的な話題」と「専門的・抽象的な話題」を区別する程度であって、語彙表のような細かい話題に関するテスターへの指示はない。どんな話題をインタビューで扱うかは、テスターの裁量に任されている。そのため、高度な議論をしなければならない超級レベルのインタビューにおいては、テスターがつい自分の得意な話題を持ち出してしまうということも起こりかねない。OPIは、機能・タスクには強いが、話題には弱いと言える。

OPIでは、教育に活かせるような効果的なフィードバックを行うこともなかなか難しい。たとえば、OPIで想定している話題が60あって、今のイ

ンタビューではそのうちのどの話題とどの話題を扱い、そして、その出来が
どうだったのか、というようなフィードバックができれば理想的なのだが、
そのようなフィードバックは OPI ではできない。

　そこで、語彙表を利用した「話題選択型の口頭能力テスト」の作成を目指
し、その雛形をここで示したい。そのために、以下の作業を行う。

(10)　語彙表の 97 の話題から、従属する名詞の多い 60 の話題を選び、そ
　　　の話題に関する中級・上級・超級のタスクを作る。
(11)　タスクを作る際には、その話題に従属している名詞をヒントにする。

　ある名詞がある話題に従属するか否かの判断には、ここでも「対数尤度比
が 11 以上である」という基準を使用した。従属する名詞の多い 60 の話題
を選ぶわけであるが、60 という数字自体にはあまり深い意味はない。その
話題を、テストだけでなく授業でも扱うことを考えた場合、60 は約数が多
いので、前期と後期で半分に分けたり、1 学期と 2 学期と 3 学期に分けたり、
クォーターに分けたりというのが楽なのではないかと考えた。(10) の作業
の結果を、次の表 4 に示す。

表 4　従属する名詞の多い上位 60 話題

名詞の数	話題
144	【食】
71	【教育・学び】
64	【大学】
55	【調査・研究】
52	【交通】
46	【医療・健康】
44	【言葉】
43	【町】

40	【思い出】【家庭】
39	【恋愛】
36	【就職活動】
35	【衣】【趣味】
33	【映画・演劇】【学校】【旅行】
31	【労働】【動物】
30	【習い事】
29	【友達】【名大会話】
28	【試験】【文芸・漫画・アニメ】
27	【人生・生き方】【通信】
26	【事件・事故】
25	【音楽】【結婚】【住】【パーティー】
24	【育児】
23	【買い物・消費】【喧嘩・トラブル】【農林業・畜産】【ヒト】【人づきあい】
22	【家事】【スポーツ】【写真】【メディア】
21	【ものづくり】
20	【国際交流・異文化理解】【死】【出産】
19	【贈り物】【自動車】
18	【遊び・ゲーム】【工芸】【植物】【テクノロジー】【年中行事】【美容】
16	【お金】【芸能界】【コンピュータ】【性格】
15	【日常生活】
14	【家電】
13	【絵画】【酒】

　従属する名詞が最も多い話題が《食》で、144 の名詞が従属している。一
方、従属する名詞が最も少ない話題が《絵画》と《酒》で、従属する名詞の
数は 13 である。

　次に、(11) の作業を行う。つまり、表 5 の話題について、その話題に従属する名詞をヒントに、中級・上級・超級のタスクを試作してみる。なお、中級・上級・超級というレベルの設定は、基本的に OPI の判定基準に準拠する。また、レベルの判定方法についても、OPI と同じように考える。つまり、中級タスクにうまく対応できなかったら「初級」、うまく対応できれば「中級」である。同様に、上級タスクにうまく対応できなかったら「中級」で、うまく対応できれば「上級」である。そして、超級タスクにうまく対応できなかったら「上級」で、うまく対応できれば「超級」である。中級タスク→上級タスク→超級タスクという順で被験者に課していけば、OPI と同様、初級から上級までを判定できることになる。

　タスクを作成する際には名詞をヒントにする。他の品詞より、名詞をヒントにする方がタスクが作りやすいからである。たとえば、《酒》話題において対数尤度比が高い 5 語は「飲む（動詞）」「ワイン（名詞）」「いえ（感動詞）」「ビール（名詞）」「ます（助動詞）」であるが、タスクを作る際のヒントになりやすいのは、やはり「ワイン（名詞）」と「ビール（名詞）」であろう。動詞でも悪くはないのかもしれないが、動詞より名詞の方が端的にその話題らしさを表していることが多いし、数自体も圧倒的に多い。形容詞についても同様である。また、助動詞や感動詞だと、その話題について思い浮かぶ事柄がほとんどない。

　なお、従属する名詞が多い話題ほどヒントが多くなり、タスク作成が楽になるものと思われる。そのため、ここでは、従属する名詞が最も少なかった《絵画》と《酒》についてタスクを作ってみる。まず、《酒》のタスクから作ってみる。《酒》に従属している 13 の名詞は、以下のとおりである。

(12)　ワイン、ビール、店、ご免、グラス、飲み会、匂い、味、香り、喉、
　　　今日、J 先生、カラオケ

　この中の「ワイン、ビール」をヒントにしてタスクを作ってみる。作成したタスクは、以下のとおりである。中級と上級については 2 種類ずつ示すので、実際のテストではどちらを使用してもよい。

（13）《導入》どんなお酒が好きなんですか？

　　　《中級》①どんな時にそのお酒を飲むんですか？

　　　　　　②どうしてそのお酒が好きなんですか？

　　　《上級》①そのお酒と（ビール）はどう違うんですか。詳しく教えてください。

　　　　　　②そのお酒をすごく美味しく飲むための方法を教えてください。

　　　《超級》社会や人間にとって、お酒とはどのようなものでしょうか。お酒が社会や人間に対してどのような影響を与えているのか、あなたの考えを聞かせてください。

　いきなり中級のタスクを被験者にぶつけるのではなく、1語の単語のみで答えられる簡単な疑問文を最初に投げかけることによって、中級タスクへの導入とした。

　次に、「店」をヒントにしてタスクを作ってみる。作成したタスクは、以下のとおりである。導入と上級については2種類ずつ示すので、実際のテストではどちらを使用してもよい。

（14）《導入》①お店に行ってお酒を飲むことがありますか？

　　　　　　②お気に入りのお店がありますか？

　　　《中級》どんな時にお店に行ってお酒を飲むのか、教えてください。

　　　《上級》①お店でお酒を飲むのと家で飲むのと、どんな点がどのように違うのか、詳しく教えてもらえませんか？

　　　　　　②あなたのお気に入りの店についてですが、どんな点がどのように他の店と違うのか、詳しく教えてもらえませんか？

　　　《超級》もしあなたがお酒を出す店を作るとしたら、どんな店を作りますか。どのような店を作れば、自分の理想を実現させつつ利益を得ることができるのか、あなたの考えを聞かせてください。

　最後に、《絵画》のタスクを作ってみる。《絵画》に従属している 13 の名詞は、以下のとおりである。

(15)　絵、奥さん、雪、Ｊさん、美術館、コピー、季節、美術、色、先週、
　　　物、邪魔、イタリア人

　上記の中から「絵」をヒントにしてタスクを作ってみる。中級については、2 種類のタスクを示す。

(16)　《導入》何か印象に残っている絵はありますか？
　　　《中級》①それは、いつどこで見た絵ですか？
　　　　　　　②どうして印象に残っているのですか？
　　　《上級》その絵がどんな絵なのか、つまり、何がどこにどのように描
　　　　　　　かれているのか、その絵を見ていない私にもわかるように説
　　　　　　　明してもらえませんか？
　　　《超級》絵を描く、あるいは、絵を見る、ということは、人間にとっ
　　　　　　　てどのような意味があると思いますか？　絵画が人間に与え
　　　　　　　る影響について、あなたの意見を聞かせてください。

　以上、従属する名詞が最も少なかった《酒》と《絵画》について、タスクを作ってみた。従属する話題が最も少ない話題でもタスクができたので、他の話題でもタスクの作成は可能なのではないかと思う。60 の話題すべてについてタスクを作成すれば、話題選択型の口頭能力テストは完成である。
　この話題選択型の口頭能力テストには、様々な使用法が考えられる。たとえば、学習者に話題を選ばせてテストし、その結果をカウンセリングシートに記入していけば、個々の学習者の口頭能力プロファイルができあがる。学習者はそれを見て、苦手な話題を克服する、あるいは、得意な話題にさらに磨きをかける、などと努力していくことが可能である。もしその機関が話題シラバスを採用しているのであれば、効果はさらに大きなものになるだろう。

4 おわりに

　以上、本稿では、初級テキストへの話題シラバスの導入と、話題選択型口頭能力テストの開発を試みることにより、『話題別日本語語彙表』の有効性を示してきた。日本語教育の初級から超級までを俯瞰し、さらに、シラバスとテストを結びつけることができるのは、やはり話題である。また、ややもすれば文法中心となってしまう現在の日本語教育に、語彙という要素を計画的に採り入れることができるのも、やはり話題を通してである。

　話題を制する者は日本語教育を制す、と言わざるを得ないのではないだろうか。

謝辞
本研究は JSPS 科研費 18H00676 の助成を受けました。記して感謝の意を表します。

参考文献
スリーエーネットワーク（編）(2012)『みんなの日本語 初級 I 第2版 本冊』スリーエーネットワーク
スリーエーネットワーク（編）(2013)『みんなの日本語 初級 II 第2版 本冊』スリーエーネットワーク
スリーエーネットワーク（編）(2012)『みんなの日本語 初級 I 第2版 翻訳・文法解説 英語版』スリーエーネットワーク
スリーエーネットワーク（編）(2013)『みんなの日本語 初級 II 第2版 翻訳・文法解説 英語版』スリーエーネットワーク
中俣尚己・小口悠紀子・小西円・建石始・堀内仁 (2021)「自然会話コーパスを基にした『話題別日本語語彙表』」『計量国語学』33-1: pp. 1–16.
山内博之 (2005)『OPI の考え方に基づいた日本語教授法―話す能力を高めるために』ひつじ書房
山内博之（編）(2013)『実践日本語教育スタンダード』ひつじ書房

編者・執筆者紹介

石川慎一郎 (いしかわ　しんいちろう)

神戸大学大学教育推進機構／国際文化学研究科／数理・データサイエンスセンター教授

主な著書・論文——『ベーシックコーパス言語学 (第 2 版)』(ひつじ書房、2021)、*The ICNALE Guide: An Introduction to a Learner Corpus Study on Asian Learners' L2 English* (Routledge, 2023) など。

太田陽子 (おおた　ようこ)

一橋大学国際教育交流センター教授

主な著書・論文——『文脈をえがく―運用力につながる文法記述の理念と方法』(ココ出版、2014)、『超基礎・日本語教育のための日本語学』(くろしお出版、2021、編著) など。

加藤恵梨 (かとう　えり)

愛知教育大学教育学部准教授

主な著書・論文——「母は親切です。」(『一語から始める小さな日本語学』、ひつじ書房、2022)、『感情を表す形容詞の意味分析』(日中言語文化出版社、2023) など。

小口悠紀子 (こぐち　ゆきこ)

広島大学大学院人間社会科学研究科准教授

主な著書・論文——「大学の初級日本語クラスにおけるタスク・ベースの言語指導―マイクロ評価に基づく考察を中心に」(『日本語教育』174、2019)、「上級日本語学習者の語りは母語話者とどう異なるのか―語りを肉付けする評価方略に着目して」(『日本語教育』184、2023、共著) など。

小西円 (こにし　まどか)

東京学芸大学国際交流／留学生センター准教授

主な著書・論文──「日本語学習者の習熟度別に見たフィラーの分析」(『国立国語研究所論集』第 15 号、2018)、「「わーい」っていつ使う？」(『一語から始める小さな日本語学』、ひつじ書房、2022) など。

澤田浩子 (さわだ　ひろこ)

筑波大学人文社会系准教授

主な著書・論文──「7　文章論と談話分析」(『基礎日本語学』、ひつじ書房、2019、共著)、「第 2 章　「アドバイス」課題のポイント」(『現場に役立つ日本語教育研究 4 自由に話せる会話シラバス』、くろしお出版、2023、共著) など。

清水由貴子 (しみず　ゆきこ)

聖心女子大学現代教養学部准教授

主な著書・論文──「第 7 章　逆接を表す表現」(『現場に役立つ日本語教育研究 5　コーパスから始まる例文作り』、くろしお出版、2017)、「第 8 章　文法（1）」・「第 9 章　文法（2）」(『超基礎・日本語教育のための日本語学』、くろしお出版、2021) など。

建石始 (たていし　はじめ)

神戸女学院大学文学部教授

主な著書・論文──『日本語の限定詞の機能』(日中言語文化出版社、2017)、『名詞研究のこれまでとこれから』(くろしお出版、2021、共著) など。

中俣尚己☆ (なかまた　なおき)

大阪大学国際教育交流センター准教授

主な著書・論文──『日本語教育のための文法コロケーションハンドブック』(くろしお出版、2014)、『「中納言」を活用したコーパス日本語研究入門』(ひつじ書房、2021) など。

橋本直幸 （はしもと　なおゆき）

福岡女子大学国際文理学部准教授
主な著書・論文──『実践日本語教育スタンダード』（ひつじ書房、2013、共著）、「第3章　語彙習得を促す「話題別読解」の提案」（『現場に役立つ日本語教育研究6　語から始まる教材作り』、くろしお出版、2018）など。

堀内仁 （ほりうち　ひとし）

国際教養大学専門職大学院日本語教育実践領域准教授
主な著書・論文──「拡大主要部理論に基づく「句の包摂」現象の分析」（『レキシコンフォーラム4』、ひつじ書房、2008）、A corpus-based analysis of the paradigmatic development of semi-polite verbs in Chinese and Korean learners of Japanese. (*Journal of Japanese Linguistics* Vol. 30, 2014, De Gruyter Mouton) など。

森篤嗣 （もり　あつし）

武庫川女子大学教育学部教授
主な著書・論文──『日本語教育文法のための多様なアプローチ』（ひつじ書房、2011、共編）、『日本語の乱れか変化か―これまでの日本語、これからの日本語』（ひつじ書房、2021、共編）など。

山内博之 （やまうち　ひろゆき）

実践女子大学文学部教授
主な著書・論文──『プロフィシェンシーから見た日本語教育文法』（ひつじ書房、2009）、『［新版］ロールプレイで学ぶ　中級から上級への日本語会話』（凡人社、2014）など。

話題別コーパスが拓く日本語教育と日本語学

Japanese Topic-Oriented Conversation Corpus: A New Field of Japanese Linguistics and Japanese Language Education

Edited by NAKAMATA Naoki

発行　　　2023 年 12 月 15 日　　初版 1 刷
定価　　　3000 円＋税
編者　　　ⓒ 中俣尚己
発行者　　松本功
装丁者　　三好誠（ジャンボスペシャル）
印刷・製本所　日之出印刷株式会社
発行所　　株式会社 ひつじ書房
　　　　　〒 112-0011 東京都文京区千石 2-1-2　大和ビル 2 階
　　　　　Tel.03-5319-4916　Fax.03-5319-4917
　　　　　郵便振替 00120-8-142852
　　　　　toiawase@hituzi.co.jp　　https://www.hituzi.co.jp/

ISBN978-4-8234-1194-6

[刊行書籍のご案内]

「中納言」を活用したコーパス日本語研究入門

中俣尚己著　　定価 1,800 円＋税

コーパス検索アプリケーション「中納言」の初の解説書。3 部構成。第 1 部「検索してみよう」では「中納言」での検索の仕方や様々な機能について解説する。第 2 部「分析してみよう」では結果をダウンロードした後、表計算ソフトやテキストエディタを活用し、どのように結果を集計、数値を比較すれば良いかを解説する。第 3 部「研究してみよう」ではどのようにコーパス研究を行うべきか、また、レポート・論文にまとめる上での注意点を実例をもとに解説する。

一語から始める小さな日本語学

金澤裕之・山内博之編　　定価 2,600 円＋税

「わーい」はいかにも話し言葉だが、実際に「わーい」と発話することはほとんどない。それはなぜなのか。本書には、このような問題意識から出発し、一語にこだわった分析を行う 17 本の論文が収録されている。ネタ・素材に触れた時の発想・着想がとても重要で、一方、論証は最小限でよい。これが、本書の提案する「小さな日本語学」である。

執筆者：岩田一成、奥野由紀子、加藤恵梨、金澤裕之、小口悠紀子、小西円、嶋ちはる、建石始、田中祐輔、中石ゆうこ、中俣尚己、橋本直幸、本多由美子、茂木俊伸、森篤嗣、栁田直美、山内博之